U0817003

CIETAC

ARBITRATION AND LAW

仲裁与法律

第147辑

中国国际经济贸易仲裁委员会
中国国际商会仲裁研究所 主办

中国法制出版社
CHINA LEGAL PUBLISHING HOUSE

图书在版编目（CIP）数据

仲裁与法律．第147辑 / 中国国际经济贸易仲裁委员会，中国国际商会仲裁研究所编．—北京：中国法制出版社，2022.7

ISBN 978－7－5216－2720－6

Ⅰ.①仲…　Ⅱ.①中…　②中…　Ⅲ.①仲裁－研究－丛刊　Ⅳ.①D915.704－55

中国版本图书馆CIP数据核字（2022）第102770号

责任编辑：秦智贤　　封面设计：杨泽江

仲裁与法律·第147辑

ZHONGCAI YU FALÜ · DI－147 JI

编者/中国国际经济贸易仲裁委员会　中国国际商会仲裁研究所

经销/新华书店

印刷/三河市国英印务有限公司

开本/710毫米×1000毫米　16开　　印张/13　字数/192千

版次/2022年7月第1版　　2022年7月第1次印刷

中国法制出版社出版

书号 ISBN 978－7－5216－2720－6　　定价：50.00元

北京市西城区西便门西里甲16号西便门办公区

邮政编码：100053　　传真：010－63141600

网址：http：//www.zgfzs.com　　**编辑部电话：010－63141798**

市场营销部电话：010－63141612　　**印务部电话：010－63141606**

（如有印装质量问题，请与本社印务部联系。）

仲裁与法律
第147辑

主　编：徐延波
副主编：姚俊逸
编　委：杨　帆　陆　菲　粟　撒　赵　英　卢雅函
　　　　吴绍轩　田雨酥　陈　宓　潘楚婧　许天舒

地　　　址：北京市西城区桦皮厂胡同2号国际商会大厦6层
邮 政 编 码：100035
电　　　话：(010)82217788　64646688
传　　　真：(010)82217766　64643500
电 子 信 箱：law@ cietac. org
网　　　址：http://www. cietac. org

目录 Contents

年度特稿

《中华人民共和国仲裁法（修订）（征求意见稿）》专家研讨会会议综述

2021年8月11日，中国国际经济贸易仲裁委员会（以下简称贸仲）组织召开专家会议（以下简称研讨会），就司法部新近公布的《中华人民共和国仲裁法（修订）（征求意见稿）》[①]（以下简称《征求意见稿》）进行专门研讨。为使中国仲裁法响应时代要求，满足发展需要，成为广受认可的仲裁法律规范，作为中国最早设立的仲裁机构，贸仲发挥专业优势，就征求意见稿广泛听取意见，专门组织了专家和专业人士召开会议，邀请来自司法部、高等院校、法院、行业协会、企业、律师事务所等领域近30位领导和专家等出席发言讨论。研讨会由贸仲副主任兼秘书长王承杰主持，主要分为领导致辞、专家发言、总结评述以及总结发言四个环节。

一、领导致辞

本次《仲裁法》修法工作由司法部组织研究并起草《征求意见稿》，为更好展开研讨，贸仲邀请司法部公共法律服务管理局二级巡视员石海作为此次修法的负责部门领导出席会议并作开场致辞。

石海巡视员回顾了此次修法的历程，并就此次修法的重要考虑进行了说明和阐释。他指出，这次《仲裁法》修改重点考虑了一个取向问题，即如何通过《仲裁法》的修改让中国的仲裁制度适应国内和国际重大而深刻的形势变化，使仲裁获得更充分、更健康、更快速的发展。在明确本次修法价值取向的基础上，石海巡视员说明了《仲裁法》内容修改上的几点考虑：第一，通过修改

---

① 《中华人民共和国仲裁法（修订）（征求意见稿）》，载司法部官网，www.moj.gov.cn/pub/sfbgw/zlk/202107/t20210730_432958.html，最后访问日期：2021年7月30日。

《仲裁法》完善仲裁制度，发挥好仲裁解决国内外纠纷的作用；第二，尽可能扩大可仲裁的范围，使《仲裁法》涵盖更多适宜用仲裁解决纠纷的类型；第三，通过完善仲裁协议效力规则来鼓励当事人更多地用仲裁解决纠纷，即只要有仲裁的意思表示就允许当事人选择仲裁解决纠纷；第四，在仲裁程序上尽可能快地推进仲裁程序，提高仲裁的效率；第五，在仲裁裁决的执行方面，在司法监督守住原则、底线和红线的前提下，法院以尽可能尊重当事人意思自治为基础来支持仲裁。

石海巡视员表示，希望通过这次公开征求意见，能更充分、更广泛、更深入地听取社会各界对《仲裁法》修改的意见，也希望参加本次研讨会的各位专家提出建设性、高质量的修法建议。

二、专家发言

研讨会的第二个环节为专家发言。贸仲仲裁员及有关领域的专家陶景洲、李玉泉、卜祥瑞、曹欣光、李洪积、秦玉秀、陶修明、刘郁武、曹丽军、陈红健、陆效龙、王雪华、唐功远、蒋敬业、康明、王嘉杰、杜新丽、赵秀文、朱江、沈四宝、张勇健、贾东明等人分别从各自的专业专长出发，围绕《仲裁法》的修改对《征求意见稿》各条文的修改提出了方方面面的意见与建议。各位专家的意见既涵盖诸如修法的基本思路、《仲裁法》的语言和逻辑风格等宏观问题，又涵盖《征求意见稿》的总则、可仲裁事项、仲裁员任职资格、临时措施、仲裁协议效力的认定、涉外仲裁、临时仲裁/专设仲裁、对仲裁决定/裁决的修改、对仲裁裁决的司法监督等微观问题。

（一）关于《仲裁法》修改的宏观问题意见与建议

仲裁员秦玉秀和沈四宝对《仲裁法》修改的宏观问题发表了意见与建议。

仲裁员秦玉秀发现《征求意见稿》有大量程序性条款，而这些条款多由仲裁规则来规定。因此，他建议《仲裁法》不必规定得太细，规定一些原则以及主要权利义务即可，其他能由仲裁规则规定的事项则交由仲裁规则规定。

仲裁员沈四宝教授也阐述了跟秦玉秀同样的意见。此外，沈四宝教授还认为《仲裁法》的修改需要遵循“强制性和自治性相结合”的基本思路。目前《征求意见稿》的强制性较多，多处出现“应当”和“不得”等强制性用语。建议增加《征求意见稿》关于仲裁自治性的规定，给仲裁机构和仲裁员处理纠纷以及最高人民法院出台有关司法解释留出空间。

（二）关于《仲裁法》修改的微观问题意见与建议

考虑到不同专家发表的意见较为分散且存在重叠之处，现以《征求意见稿》的章节划分为标准来综述各位专家在《仲裁法》修改的微观问题上的意见与建议。

1.《征求意见稿》第一章：总则（第1—10条）

《征求意见稿》总则共有10条，涵盖了立法目的、可仲裁事项、仲裁遵循的基本原则等规定，与会专家所提意见与建议几乎涉及总则的每一个条款。

《征求意见稿》第1条规定了《仲裁法》的立法目的，仲裁员唐功远认为《仲裁法》最主要的目的是规范仲裁行为，而这恰恰是《征求意见稿》第1条没有规定的，应对此予以补充。

《征求意见稿》第2条规定了《仲裁法》的调整范围，即可仲裁事项，仲裁员王雪华、唐功远和贾东明对该条提了若干修改意见与建议。第一个意见涉及可仲裁事项涵盖范围的宽窄。王雪华认为第2条所规定的可仲裁事项范围较窄，一是需要考虑把投资者与国家之间的投资仲裁（以下简称投资仲裁）以及体育仲裁纳入《仲裁法》的调整范围；二是建议可仲裁事项不限于“合同纠纷和其他财产权益纠纷”，还可以涵盖当事人愿意以仲裁解决的不涉及财产权益的纠纷。贾东明没有对《仲裁法》能否调整投资仲裁发表意见，但认为不宜把体育仲裁纳入《仲裁法》的调整范围，因为体育仲裁有其区别于商事仲裁的独特性。第二个意见涉及立法方式。唐功远认为可以参考“负面清单”的做法来规定可仲裁事项，即规定不得仲裁的事项，其余事项皆可仲裁。

仲裁员贾东明对《征求意见稿》第3条提了修改意见与建议。该条对现行《仲裁法》的第4条作出了修改，规定“当事人采用仲裁方式解决纠纷，应当双方自愿，达成仲裁协议”，删除了现行《仲裁法》第4条中“没有仲裁协议，一方申请仲裁的，仲裁委员会不予受理”这句话。贾东明认为删除这句话并不妥当，可能导致仲裁委员会受理“无仲裁协议”的案件，给仲裁秩序造成麻烦，因而建议保留“没有仲裁协议，一方申请仲裁的，仲裁委员会不予受理”这一规定。

《征求意见稿》第4条规定：“仲裁应当诚实善意、讲究信用、信守承诺。”该条实际上规定了诚实信用原则。该条引起了热议，仲裁员卜祥瑞、陶修明、陆效龙、王雪华和沈四宝对该条规定发表了意见与建议。第一方面的意见涉及该条的用语和表述。仲裁员卜祥瑞认为该条的表述并非法言法语，建议直接援用《民法典》中关于诚实信用原则的规定。仲裁员王雪华也表达了类似的意见，认为从“讲究信用、信守承诺”这一表述看不出独立的概念，表述应该更加简练。第二方面的意见涉及该条规定的明确性。仲裁员卜祥瑞、陶修明和王雪华认为该条并未明确诚实信用原则的义务主体，建议对此明确，例如卜祥瑞认为诚实信用原则是对当事人和仲裁员的要求。第三方面的意见涉及条文的顺序安排。仲裁员陆效龙认为诚信要求指的是仲裁程序中的诚信善意，因而不宜把该原则放得这么靠前，建议把这一规定放到第 6 条之后。仲裁员沈四宝注意到该条规定是现行《仲裁法》中没有规定的，从表达上的精炼来看，建议合并《征求意见稿》第 4 条和第 7 条。第四方面的意见涉及内容上的补充。仲裁员卜祥瑞建议在该条诚实信用原则的基础上，补充强调遵守契约精神。

仲裁员陆效龙和赵秀文对《征求意见稿》第 5 条提出修改意见与建议。该条规定：“当事人达成仲裁协议，一方向人民法院起诉的，人民法院不予受理，但仲裁协议无效的除外。”陆效龙认为这一规定并不完整，建议补充两方面的内容，一是设定当事人的义务，规定当事人达成仲裁协议之后不得向法院起诉；二是在但书后面加上“仲裁协议无法执行”这一情形。赵秀文则结合《征求意见稿》第 5 条、第 28 条第 3 款和第 4 款以及第 40 条发表意见与建议，她认为这几条的规定过于烦琐，让当事人在法院和仲裁机构之间来回折腾，在实践中也容易导致麻烦和混乱，建议简化规定，即规定对于仲裁协议无效、失效或者不能履行的情形，当事人向法院起诉的，法院受理即可。

仲裁员陶修明和蒋敬业对《征求意见稿》第 9 条第 2 款提了修改意见与建议。该条款规定：“裁决被人民法院依法裁定撤销的，当事人就该纠纷可以根据双方重新达成的仲裁协议申请仲裁，也可以向人民法院起诉。”陶修明认为这一规定并不妥当，因为尽管仲裁裁决被撤销了，当事人之间的仲裁合意还存在，因此不宜规定当事人要重新达成仲裁协议才能申请仲裁。蒋敬业同意陶修明的意见，并结合《征求意见稿》第 82 条关于不予执行的规定进一步提出了完善建议。他建议，第 9 条区分不同情形作出规定，对于仲裁裁决因仲裁协议无效或不存在仲裁协议而被撤销的，可以规定当事人根据重新达成的仲裁协议提起仲裁或提起诉讼；对于仲裁裁决因其他情形被撤销的，当事人无需重新达成仲裁协议即可申请仲裁。

《征求意见稿》第 10 条规定：“人民法院依法支持和监督仲裁。”仲裁员陈红健、唐功远和沈四宝一致认为不必作此规定，尤其是不必规定“人民法院依法支持仲裁"，因为这一规定容易让人误以为中国仲裁不具独立性，人民法院依法监督仲裁就是对仲裁最好的支持。

2.《征求意见稿》第二章：仲裁机构、仲裁员和仲裁协会（第11—20条）

《征求意见稿》第12条第3款涉及外国仲裁机构在中国国内设立业务机构，仲裁员刘郁武认为有关部门在监管上应该采取更开放的做法。

《征求意见稿》第15条规定了仲裁机构应当具备的条件，其中第4项条件是"有聘任的仲裁员"。仲裁员王嘉杰认为，"聘任"一词让人误以为仲裁员是专职的，这与实践不符，建议把这一条件改为"有推荐的仲裁员名册"。

《征求意见稿》第18条对担任仲裁员的积极条件和消极条件作出了规定。仲裁员陶景洲、卜祥瑞、王雪华和杜新丽对该条款提出了修改建议。卜祥瑞认为，对于一些不符合该条所列条件的专家（例如医学专家），应允许《仲裁法》授权国务院行政审批部门授予其仲裁员资格。王雪华则把第18条和第89条（关于从事涉外仲裁的仲裁员的任职资格）结合来看，认为这两条规定的衔接存在问题，很多不符合第18条所定条件的人也能担任涉外仲裁的仲裁员，建议进行修改以使这两条规定衔接起来。陶景洲和杜新丽则认为第18条第2款第2项所规定的消极条件——"受过刑事处罚的，但过失犯罪的除外"并不妥当，一是"过失犯罪"这一概念并不明确，二是这一排除门槛似乎过低。

《征求意见稿》第19条是关于中国仲裁协会的规定，仲裁员卜祥瑞建议补充关于地方仲裁协会的内容，以规范地方仲裁协会的设立与运行。

《征求意见稿》第20条对中国仲裁协会的职责作出了规定，其中第1项职责为"根据章程对仲裁机构、仲裁员和其他仲裁从业人员的违纪行为进行监督"。仲裁员王嘉杰认为，仲裁员并非中国仲裁协会的成员，因此仲裁员的行为应由仲裁机构而非中国仲裁协会来监督。

3.《征求意见稿》第三章：仲裁协议（第21—28条）

仲裁员陆效龙对《征求意见稿》第23条提出了修改意见和建议。他认为第23条的两款规定解决的是不同问题，第1款解决的是仲裁条款的独立性问题，第2款解决的是仲裁庭是否有权确定仲裁协议的合同效力问题，因此他建议要么删除第2款，要么将第2款放到其他合适的位置。

《征求意见稿》第24条规定："纠纷涉及主从合同，主合同与从合同的仲裁协议约定不一致的，以主合同的约定为准……" 仲裁员刘郁武、曹丽军和陆效龙一致认为这一规定并不妥当，主要因为其违反了当事人意思自治。

《征求意见稿》第27条是关于仲裁地的规定，该条规定引起了热议，仲裁员陶景洲、曹欣光、陶修明、秦玉秀和王雪华对该条发表了意见和修改建议。该条第1款规定："当事人可以在仲裁协议中约定仲裁地。当事人对仲裁地没有约定或者约定不明确的，以管理案件的仲裁机构所在地为仲裁地。"秦玉秀认为这一关于仲裁地的规定十分重要且与国际接轨。仲裁员曹欣光和陶修明则持不同意见，认为对于国内仲裁而言，不必对仲裁地问题作出规定。对于这一争议，石海巡视员解释道，在国内确定仲裁地主要是为了确定仲裁受监督的法院所在地。此外，陶景洲认为，对于具有多个分支机构的仲裁机构的仲裁地的确定，这一条款还需要进一步澄清。同时，陶景洲和王雪华一致认为应以更灵活的方式确定仲裁地，例如把仲裁地问题交由仲裁庭根据案件具体情况以及方便当事人的原则来确定，对于有关仲裁地问题的法律规定，仲裁庭参照即可。

《征求意见稿》第28条涉及仲裁协议效力的争议问题。仲裁员陈红健、王雪华、赵秀文和贾东明发表了对该条的意见。陈红健认为第28条的规定和第40条的规定是互相矛盾的，因为第28条规定当事人对仲裁协议是否存在、有效等效力问题有异议的，由仲裁庭作出决定，而根据第40条规定，对此作出决定的是法院。因此，她建议协调这两条的规定。王雪华对第28条第5款发表了意见，该款规定人民法院对仲裁协议效力和管辖权争议的审查不影响仲裁程序的进行，王雪华认为这一规定容易导致实践中的混乱，例如仲裁庭和法院抢时间开庭，因而建议改为法院审查过程中仲裁庭应当中止程序。

4.《征求意见稿》第四章：仲裁程序（第29—76条）

该章共分为五节。下面分别阐述各位专家对这些小节各条款的意见与建议。

（1）第一节：一般规定（第29—34条）

几位仲裁员对《征求意见稿》第29条的规定存在分歧。该条规定，当事人有"充分陈述意见"的权利。仲裁员陶景洲认为不宜给予当事人"充分"陈述意见的权利，而给予其"合理"陈述意见的权利即可。仲裁员曹欣光同意陶景洲的这一观点，因为"充分"陈述意见可能导致当事人滔滔不绝地陈述意见，且结合第77条来看，被申请人"未能"陈述意见而非"未能充分"陈述意见构成撤销仲裁裁决的理由之一。仲裁员王雪华则持不同意见，认为"充分"陈述意见是合理的，是革命性的突破，也是仲裁与诉讼的区别之一。

仲裁员曹丽军对《征求意见稿》第33条提出了修改意见。该条规定："一方当事人知道或者应当知道仲裁程序或者仲裁协议中规定的内容未被遵守，仍参加或者继续进行仲裁程序且未及时提出书面异议的，视为其放弃提出异议的权利。”曹丽军认为这一条的措辞仍需进一步完善，建议把“仲裁程序”改为“仲裁规则”或“当事人约定的仲裁规则”。

（2）第二节：申请和受理（第35—42条）

仲裁员刘郁武、陶修明和陆效龙对《征求意见稿》第35条发表了修改意见与建议。根据该条规定，申请仲裁需要确定仲裁机构，刘郁武从临时仲裁的角度出发，认为这一规定会给当事人带来不少问题，实践中只要确定了仲裁员仲裁程序就能往下进行。陶修明对第35条第4款发表了意见。该条款规定：“仲裁协议没有约定仲裁机构，当事人达不成补充协议的，可以向当事人共同住所地的仲裁机构提起仲裁；当事人没有共同住所地的，由当事人住所地以外最先立案的第三地仲裁机构受理。”陶修明认为这一条款的后半句并不合理，对于当事人没有共同住所地的，选择第三地仲裁机构进行仲裁，看似公平，实则对双方当事人均不便利，且实践中当事人很难达成合意选择第三地仲裁机构。因此，对于当事人没有共同住所地的，陶修明建议由先申请仲裁的当事人确定即可，哪怕是该方当事人所在地的仲裁机构。

《征求意见稿》第37条规定了仲裁申请书应当载明的事项，其中第1项是：“当事人的姓名、性别、年龄、职业、工作单位和住所，法人或者其他组织的名称、住所和法定代表人或者主要负责人的姓名、职务。”仲裁员陶修明对该项提出了两点修改意见：第一，把自然人和法人的条件分开表述；第二，对于自然人，增加载明身份证号。

《征求意见稿》第40条规定了管辖权异议提交的时间：“当事人达成仲裁协议，一方向人民法院起诉未声明有仲裁协议，人民法院受理后，另一方在首次开庭前提交仲裁协议的，人民法院应当驳回起诉，但仲裁协议无效的除外……”仲裁员陶修明指出，该条规定的管辖权异议提交时间为“首次开庭前”，与《民事诉讼法》所规定的“答辩期满之前”不同，实际上比《民事诉讼法》所规定的时间更晚了，建议协调好《仲裁法》与《民事诉讼法》关于管辖权异议提交时间的规定。

（3）第三节：临时措施（第43—49条）

仲裁员陆效龙、曹丽军和杜新丽对《征求意见稿》第43条提出了若干修改意见与建议。该条第1款规定：“当事人在仲裁程序进行前或者进行期间，为了保障仲裁程序的进行、查明争议事实或者裁决执行，可以请求人民法院或者仲裁庭采取与争议标的相关的临时性、紧急性措施。”陆效龙和杜新丽认为该条款没有厘清临时措施的决定权和执行权，临时措施的决定权在仲裁庭和法院，而执行权由法院掌握。因此，他们建议把该条款中的“采取”改为“决定”。该条第 2 款规定：“临时措施包括财产保全、证据保全、行为保全和仲裁庭认为有必要的其他短期措施。”曹丽军和杜新丽认为该条款中“短期措施”这一表述并不妥当，因为“临时措施”并不存在短期和长期的分类，而且实践中有的临时措施实施时间并不短，可能长达一两年，所以他们建议把“短期措施”改为“临时性措施”。

仲裁员朱江、杜新丽和陶修明对《征求意见稿》第 48 条提出了若干修改意见与建议。该条第 2 款规定：“前款规定的临时措施作出后，经一方当事人申请，仲裁庭认为确有必要的，可以决定修改、中止或者解除临时措施。”朱江认为，临时措施被修改、中止或者解除之后，法院和仲裁机构之间应存在互动，法律应对这一互动作出规定。该条第 3 款规定：“临时措施决定需要人民法院提供协助的，当事人可以向人民法院申请协助执行，人民法院认为可以协助的，依照相关法律规定执行。”杜新丽认为，该条款中“协助”的内容并不清晰，建议立法对此予以明确。此外，陶修明认为，仲裁庭所决定的临时措施可能存在不当之处，建议法律对此规定相应的救济措施。

仲裁员陶景洲和赵秀文分别对《征求意见稿》第 49 条的两款规定提出了修改意见与建议。该条第 1 款规定：“临时措施需要在中华人民共和国领域外执行的，当事人可以直接向有管辖权的外国法院申请执行。”陶景洲认为不必作此规定，向外国法院申请执行的内容一般由相应的外国法作出规定。该条第 2 款规定：“仲裁庭组成前，当事人需要指定紧急仲裁员采取临时措施的，可以依照仲裁规则向仲裁机构申请指定紧急仲裁员。紧急仲裁员的权力保留至仲裁庭组成为止。”赵秀文认为可以删除第 2 款最后一句话。

（4）第四节：仲裁庭的组成（第 50—57 条）

仲裁员陆效龙认为《征求意见稿》第 50 条第 2 款可以进一步完善。该条款规定：“当事人可以在仲裁员推荐名册内选择仲裁员，也可以在名册外选择仲裁员。当事人在名册外选择的仲裁员，应当符合本法规定的条件。”陆效龙认为，这里可能出现当事人和仲裁机构对于名册外仲裁员是否符合条件存在分歧的情况，建议进一步明确如何处理这种情况。

《征求意见稿》第 53 条对仲裁员回避的情形作出了规定，其中一个回避的情形为“私自会见当事人、代理人”。仲裁员陶景洲和曹丽军认为，要区分是在被任命为具体个案仲裁员之前还是之后私自会见当事人或代理人，如果是在被任命为具体个案仲裁员之前会见当事人或代理人，不应当构成回避的理由，因为这种情况很常见，而且这种会见通常只是谈及有关人员在有关领域的经验，是合理的会见，并不存在利益冲突或不会导致利益冲突的情况。

《征求意见稿》第 55 条规定，仲裁员是否回避由仲裁机构决定。仲裁员王雪华指出，对于仲裁机构决定仲裁员无需回避的，该条并未赋予当事人请求司法救济的权利，建议立法对此进行补充。

《征求意见稿》第 56 条第 1 款规定：“仲裁员因回避或者其他原因不能履行职责的，应当依照本法规定重新选定或者指定仲裁员。”同时，该条第 2 款规定：“因回避而重新选定或者指定仲裁员后，当事人可以请求已进行的仲裁程序重新进行，是否准许，由仲裁庭决定；仲裁庭也可以自行决定已进行的仲裁程序是否重新进行。”仲裁员王嘉杰认为，第 2 款的规定没有平衡好确定性与灵活性，由于重新选定或指定仲裁员还涉及仲裁程序的重新进行，这一规定应区分不同情形作出不同处理：如果更换的是首席或独任仲裁员，对已经进行的仲裁程序（例如开庭），则需要重新进行，即在这种情形下必定需要重新进行仲裁程序；如果更换的是其他仲裁员，则由仲裁庭来决定是否重新进行仲裁程序，即对于在这种情形下是否重新进行仲裁程序可灵活处理。

（5）第五节：审理和裁决（第 58—76 条）

《征求意见稿》第 61 条第 2 款赋予仲裁庭自行收集证据的权利，仲裁员陆效龙认为这一规定不甚妥当，基于谁主张谁举证的基本原则，建议把这一权利留给当事人。

《征求意见稿》第 65 条对仲裁庭开庭笔录作出了规定，但没有提及可否向当事人提供笔录。仲裁员王雪华指出，实践中不同机构对于是否公开笔录存在不同做法，建议立法统一规定应当公开笔录。

《征求意见稿》第 67 条规定：“当事人达成和解协议，撤回仲裁申请后反悔的，可以根据仲裁协议申请仲裁。”仲裁员陶修明指出，该条规定容易引起歧义，让人不明白当事人所反悔的是达成和解协议还是撤回仲裁申请，建议立法对此予以明确。

《征求意见稿》第 68 条规定，调解书与裁决书具有同等法律效力。仲裁员蒋敬业建议明确调解书能否被撤销。

《征求意见稿》第73条规定："……对裁决持不同意见的仲裁员，可以签名，也可以不签名。"仲裁员陶修明指出，国际上通常的做法是，对裁决持不同意见的仲裁员若不签名，则需要写明意见和理由，且这一做法会让当事人知道异议仲裁员是讲道理的，建议《征求意见稿》对此予以补充。

《征求意见稿》第74条对部分裁决和中间裁决作出了规定。关于部分裁决，该条第1款规定："仲裁庭仲裁纠纷时，其中一部分事实已经清楚，可以就该部分先行作出部分裁决。"关于中间裁决，该条第2款规定："仲裁庭仲裁纠纷时，其中有争议事项影响仲裁程序进展或者需要在最终裁决作出前予以明确的，可以就该问题先行作出中间裁决。"仲裁员曹欣光建议进一步明确部分裁决和中间裁决是仲裁庭主动作出还是基于当事人的申请作出。仲裁员蒋敬业认为从贸仲仲裁规则发展的历程来看，现行贸仲规则中没有"中间裁决"的概念，只有"部分裁决"的概念。对于第74条，他建议：第一，参照现行贸仲仲裁规则对"部分裁决"的内涵和性质作出规定；第二，进一步明确作出部分裁决的目的和必要性，例如具有减少损失或损害的紧急情况；第三，对中间裁决的内涵和性质也作出规定，以将其与部分裁决区分开，若是就程序问题作出中间裁决，则把"中间裁决"改为"程序令"即可，因为其不涉及当事人的仲裁请求；第四，进一步明确部分裁决和中间裁决能否被强制执行和被撤销。

《征求意见稿》第75条有两款。该条第1款规定："对裁决书中的文字、计算错误或者仲裁庭已经裁决但在裁决书中遗漏的事项，仲裁庭应当补正；当事人自收到裁决书之日起三十日内，可以请求仲裁庭补正。"该条第2款规定："申请执行的裁决事项内容不明确导致无法执行的，人民法院应当书面告知仲裁庭，仲裁庭可以补正或者说明。仲裁庭的解释说明不构成裁决书的一部分。"仲裁员陈红健认为，从第1款的规定来看，裁决书似乎可以随便修改，这并不严谨，建议立法对此再予以斟酌。

5.《征求意见稿》第五章：申请撤销裁决（第77—81条）

《征求意见稿》第77条规定了撤销仲裁裁决的情形，该条引起了各位专家的热议。曹丽军、陈红健、陆效龙、王雪华、赵秀文、张勇健和贾东明等专家对该条规定提出了修改意见与建议，意见集中在该条第1款所规定的第3项至第5项撤销裁决的情形。该条第1款第3项规定的撤销裁决的理由为"被申请人没有得到指定仲裁员或者进行仲裁程序的通知，或者其他不属于被申请人负责的原因未能陈述意见的"。王雪华指出，该项规定并未明确"被申请人"是指仲裁被申请人还是撤销程序中的被申请人，建议立法对此予以明确。该条第1款第4项规定的撤销裁决的理由为“仲裁庭的组成或者仲裁的程序违反法定程序或者当事人约定，以致严重损害当事人权利的”。各位专家普遍认为该项问题较大。第一，关于该项中的“严重”一词，陈红健认为，“严重”的标准并不清晰，不同法官可能存在不同理解，建议立法对此予以明确；王雪华则担心这会给有关机构和人员违反法定程序和当事人的约定开绿灯，因为只要这种违反没有导致“严重”损害当事人权利的，裁决就不能被撤销；也基于前述两个理由，赵秀文和张勇健建议删除“严重”一词。第二，关于被损害的“权利”，贾东明认为，该项规定并未明确是否包括实体权利和程序权利，如果包括实体权利，则存在实体审查的嫌疑，如果包括程序权利，在实践中较少因损害当事人的程序权利而撤销裁决，总之建议明确“权利”的类型；此外，第4项的前半段实际上包括第3项的规定，贾东明认为可以合并这两项规定。该条第1款第5项规定的撤销裁决的理由为“裁决因恶意串通、伪造证据等欺诈行为取得的”。曹丽军认为，该项规定可能导致涉外仲裁裁决也要接受实体审查，而且当事人可能会滥用该规定来拖延程序，对于恶意串通、伪造证据这类欺诈行为，可以考虑用公共利益条款来规制。贾东明则指出，该项并未明确“恶意串通”是什么主体之间的串通，可能是当事人之间的串通，还可能是当事人与案外人之间的串通，建议立法对此予以明确。

《征求意见稿》第78条规定：“当事人申请撤销裁决的，应当自收到裁决书之日起三个月内提出。”仲裁员张勇健认为，三个月的期限还是稍长，很多国家的立法都规定了比三个月更短的期限，建议中国《仲裁法》也规定比三个月更短的期限。

《征求意见稿》第80条对重新仲裁问题作出了规定，其中，该条第6款规定：“重新仲裁由原仲裁庭仲裁。当事人以仲裁庭的组成或者仲裁员的行为不规范为由申请撤销的，应当另行组成仲裁庭仲裁。”仲裁员曹欣光指出，该款规定了撤销仲裁裁决的一个情形为“仲裁员的行为不规范”，而这并非第77条所列的撤销仲裁裁决的情形，建议对该款规定作出修改以与第77条保持协调一致。仲裁员刘郁武注意到重新仲裁的仲裁庭既可能是原仲裁庭，也可能是另行组成的仲裁庭，但该条前两款规定让人误以为都是由原仲裁庭重新仲裁，他建议从文字上再进一步完善该条规定，以使该条中不同款的规定保持协调。仲裁员曹丽军认为，国际上的通常做法都是由原仲裁庭重新仲裁，如果有什么情形要纠正的话都是发生在原仲裁庭组庭之后的情形，对于这种情形直接规定撤销仲裁裁决即可。

《征求意见稿》第 81 条规定："当事人对撤销裁决的裁定不服的，可以自收到裁定之日起十日内向上一级人民法院申请复议。人民法院应当在受理复议申请之日起一个月内作出裁定。"仲裁员张勇健认为，这一条文本身给予救济是非常好的，但是从现在的内核制度来看，这个可能没有实际效果，因为会导致最高人民法院的工作不堪重负。

6.《征求意见稿》第六章：执行（第 82—87 条）

《征求意见稿》第 82 条对申请执行与拒绝执行作出了规定，仲裁员陆效龙、蒋敬业和赵秀文对该条规定提出了若干修改意见与建议。该条第 2 款规定："人民法院经审查认定执行该裁决不违背社会公共利益的，应当裁定确认执行；否则，裁定不予确认执行。"紧接着，该条第 3 款规定："裁定书应当送达当事人和仲裁机构。"陆效龙指出了第 3 款存在的几个问题，一是该条第 3 款并未说明此处的裁定书是"确认执行的裁定书"还是"不予执行的裁定书"；二是向仲裁机构送达"确认执行的裁定书"似乎意义不大；三是不必在《仲裁法》里规定向当事人送达"确认执行的裁定书"和"不予执行的裁定书"，因为这部分内容已经在《民事诉讼法》中得到了规定。因此，他建议该条只需规定向仲裁机构送达"不予执行的裁定书"。该条第 4 款规定："裁决被人民法院裁定不予确认执行的，当事人就该纠纷可以根据重新达成的仲裁协议申请仲裁，也可以向人民法院起诉。"蒋敬业指出，这一规定存在两个问题：第一，仲裁裁决被法院裁定不予确认执行，并不影响仲裁裁决的效力，当事人仍有可能向其他国家和地区申请执行，这种情况下规定当事人重新仲裁并不妥当；第二，仲裁裁决被法院裁定不予确认执行，并不影响当事人之间仲裁协议的效力，这种情况下规定当事人重新达成仲裁协议也并不妥当。基于此，他认为仍需针对这两个问题对该条规定作出修改。此外，赵秀文建议在该条中增加关于"拒绝执行仲裁裁决的理由"的规定，不予执行的理由和《征求意见稿》第 77 条所规定的撤销仲裁裁决的理由一致，或者与《承认及执行外国仲裁裁决公约》（以下简称《纽约公约》）或《联合国国际贸易法委员会国际商事仲裁示范法》（以下简称《示范法》）保持一致即可。

《征求意见稿》第 84 条规定了对案外人的救济。第 1 款规定："裁决执行过程中，案外人对执行标的提出书面异议的，人民法院应当自收到书面异议之日起十五日内审查，理由成立的，裁定中止对该标的的执行；理由不成立的，裁定驳回。”同时，该条第 2 款规定：“案外人应当自知道或者应当知道人民法院对该标的采取执行措施之日起三十日内，且主张的合法权益所涉及的执行标的尚未执行终结前提出。”仲裁员陆效龙建议删除第 2 款中的“尚未”一词。

《征求意见稿》第 85 条对案外人的救济作出了进一步的规定。其中，该条第 1 款引起了争议。该条第 1 款规定：“案外人有证据证明裁决的部分或者全部内容错误，损害其民事权益的，可以依法对当事人提起诉讼。”仲裁员刘郁武、曹丽军和沈四宝认为不必在《仲裁法》中作此规定，案外人依据侵权法提起诉讼即可。仲裁员张勇健则持不同意见，认为有必要作此规定，但对此规定亦心存顾虑。如果被裁定驳回，案外人可以起诉，并且可以提供担保中止仲裁裁决的执行，但问题是案外人提起诉讼会很困难，因为生效仲裁裁决认定的事实是免证事实，案外人另外提起诉讼往往很难胜诉。

《征求意见稿》第 87 条对外国仲裁裁决在中国国内的执行以及有关问题作出了规定。仲裁员贾东明认为这部分主要是《民事诉讼法》所规定的内容，不必在《仲裁法》中作出规定。

7. 《征求意见稿》第七章：涉外仲裁的特别规定（第 88—93 条）

仲裁员赵秀文和沈四宝建议把“涉外仲裁”这一措辞改为“国际仲裁”，因为这更符合国际惯例，与《示范法》的用语一致。此外，各位专家还对该章的各条规定提出了详细的修改意见与建议。

《征求意见稿》第 89 条对从事涉外仲裁的仲裁员的资质作出了规定：“从事涉外仲裁的仲裁员，可以由熟悉涉外法律、仲裁、经济贸易、科学技术等专门知识的中外专业人士担任。”仲裁员杜新丽认为这一规定比较虚，没有实质内容，不必作此规定。另外，如前所述，仲裁员王雪华建议衔接第 18 条（关于担任仲裁员的条件）和第 89 条的规定。

《征求意见稿》第 90 条对涉外仲裁协议的效力认定所适用的法律作出了规定：“涉外仲裁协议的效力认定，适用当事人约定的法律；当事人没有约定涉外仲裁协议适用法律的，适用仲裁地法律；对适用法律和仲裁地没有约定或者约定不明确的，人民法院可以适用中华人民共和国法律认定该仲裁协议的效力。”仲裁员杜新丽指出，《涉外民事关系法律适用法》也对该问题作出了规定，该法第 18 条规定：“当事人可以协议选择仲裁协议适用的法律。当事人没有选择的，适用仲裁机构所在地法律或者仲裁地法律。”为了与《涉外民事关系法律适用法》保持一致，也考虑到实践中操作的便利性，她建议加上“适用仲裁机构所在地法律”，即把“当事人没有约定涉外仲裁协议适用法律的，适用仲裁地法律”改为“当事人没有约定涉外仲裁协议适用法律的，适用仲裁机构所在地法律或者仲裁地法律”。

《征求意见稿》第91条至第93条是关于专设仲裁庭的规定。首先，几位专家对“专设仲裁庭”这一措辞提出了修改意见与建议。仲裁员陶修明、曹丽军、杜新丽和沈四宝一致认为，此处的专设仲裁即通常所指的临时仲裁，建议把“专设仲裁庭”改为“临时仲裁庭”。此外，几位专家还对这几条规定提出了详细的修改意见与建议。

《征求意见稿》第91条第1款规定：“具有涉外因素的商事纠纷的当事人可以约定仲裁机构仲裁，也可以直接约定由专设仲裁庭仲裁。”仲裁员刘郁武指出，这一关于临时仲裁的规定在“涉外仲裁的特别规定”这一章中，似乎意味着临时仲裁只能适用于涉外仲裁，但此前最高人民法院以及允许自贸区内的国内案件适用临时仲裁，《征求意见稿》作此规定，有可能意味着自贸区内的国内案件不得再适用临时仲裁。他认为，无论是国内仲裁还是涉外仲裁，都可以适用临时仲裁。

《征求意见稿》第92条第1款规定：“专设仲裁庭仲裁的案件，无法及时组成仲裁庭或者需要决定回避事项的，当事人可以协议委托仲裁机构协助组庭、决定回避事项。当事人达不成委托协议的，由仲裁地、当事人所在地或者与争议有密切联系地的中级人民法院指定仲裁机构协助确定。”仲裁员王嘉杰指出，如果需要由中级人民法院指定仲裁机构协助确定组庭或回避事项，则需要先有当事人的请求，因此建议把该款第2句改为“当事人达不成委托协议的，任何一方当事人可请求仲裁地、当事人所在地或者与争议有密切联系地的中级人民法院指定仲裁机构协助确定。”仲裁员赵秀文指出，该条中的“及时”一词比较含糊，建议明确具体的天数。

8.《征求意见稿》第八章：附则（第94—99条）

《征求意见稿》第96条对仲裁费用作出了规定。该条第2款规定：“收取仲裁费用的办法，由国务院价格主管部门会同国务院司法行政部门制定。”仲裁员王雪华建议在费用收取上放开监管。

9. 其他意见与建议

此外，还有专家对《征求意见稿》的语言风格提出了修改建议。例如，仲裁员李洪积建议语言要改得更精炼一些。

三、总结评述

贸仲专家咨询委员会主任、1994 年《仲裁法》的核心起草专家费宗祎出席了本次研讨会并对各位专家的发言作出总结评述，也阐述了其对《仲裁法》修改的若干意见。

费宗祎主任认为，总体而言，《仲裁法》的修改需要注意两点：一是修改核心问题，以提高中国仲裁公信力；二是《仲裁法》的修改不能照搬国外的制度和规则，而应基于中国的国情作出。

此外，费宗祎主任还针对《征求意见稿》提了十一点修改意见与建议：第一，统一措辞，把《仲裁法》的调整对象统一称为“商事纠纷”和“商事仲裁”。第二，适当给“一裁终局”开一个例外，在遵循当事人意思自治的前提下，允许当事人上诉。第三，关于仲裁机构，建议限制仲裁机构的数量，允许仲裁机构确定自己的名称（无论是叫仲裁院、仲裁中心还是其他）。第四，不用规定仲裁员的任职资格，规定不得担任仲裁员的条件即可。第五，把撤销仲裁裁决的理由与不予执行仲裁裁决的理由进行合并。对于撤销和不予执行仲裁裁决的一项理由——“违反社会公共利益”，将其改为“违反公序良俗”。可以考虑允许法院在撤销和不予执行仲裁裁决的程序中进行一定的“实体审查”，例如审查仲裁员是否存在明显偏袒的情况。第六，仲裁的范围不包括体育仲裁，但可以包括投资仲裁。第七，关于撤销仲裁裁决的管辖法院，建议改为仲裁机构的“上一级”法院。例如，对于长春市的仲裁机构而言，撤销其仲裁裁决的管辖法院为吉林省高级人民法院。第八，把内报制度法定化。第九，《仲裁法》的条款不是越多越好，建议有些细节问题交由仲裁机构的章程解决，且可以由仲裁协会起草一个统一的章程以供仲裁机构参考。第十，改变行政机关掌控仲裁机构的局面，确保仲裁机构的独立性和民间性。第十一，考虑到机构仲裁才是仲裁发展的高级形式，并不提倡临时仲裁，但允许试行临时仲裁，法律不作禁止性规定即可。

四、总结发言

贸仲副主任兼秘书长王承杰最后作总结发言。他感谢各位专家对《征求意见稿》作了认真研究，提出了丰富、全面、具有重要参考价值的修改意见。他指出，1995 年 9 月 1 日起施行的《仲裁法》在中国仲裁制度的发展史上具有里程碑式的重要意义，奠定了中国特色社会主义市场经济仲裁法律制度的基础。他强调，经过 20 多年的发展，在《仲裁法》指导下，中国仲裁得到了健康蓬勃的发展。随着国内外社会经济的发展变化以及仲裁实践的不断革新，已经实施了 20 多年的《仲裁法》也有必要根据当前国际仲裁发展实际和当事人需求进行修改和完善。此次《仲裁法》修改，贸仲十分重视，在前期司法部内部征求意见的过程中，已两次共提交了近 70 条总括和分项的修改意见及建议，司法部在现征求意见稿中予以采纳和吸收。他同时指出，仲裁法要关注中国仲裁特色，处理好仲裁法和仲裁规则、仲裁机构与仲裁员、仲裁与司法之间的关系，保障仲裁机构在仲裁法中的作用和地位，进一步完善有关机构仲裁的相关规定。

（编辑整理：梁意[①]）

① 梁意，中国人民大学讲师，博士后。

立法意旨、价值取向与适用路径

——简评《虚假陈述若干规定》的若干新变化

关 丽[*] 焦清扬[**]

2022年1月21日，最高人民法院在修订、整合、丰富2003年制定、实施的《关于审理证券市场因虚假陈述引发的民事赔偿案件的若干规定》（已失效，以下简称原《虚假陈述若干规定》）相关内容的基础上，正式发布《关于审理证券市场虚假陈述侵权民事赔偿案件的若干规定》（以下简称新《虚假陈述若干规定》），回应了近年司法实践中的大量关切，为进一步保护投资者合法权益，畅通投资者权利救济渠道，依法从严打击证券市场各类违法违规活动提供制度依据。笔者抛砖引玉，选择新《虚假陈述若干规定》中变化较大的条款，通过与原《虚假陈述若干规定》及《证券法》等相关法律法规的比照，结合资本金融市场的实践近况，探求新变化所体现出的立法意旨、价值取向与适用路径，以期为实务工作中准确理解并运用新《虚假陈述若干规定》提供助益。

一、适用范围的扩张及发展

新《虚假陈述若干规定》第1条即规定了司法解释的适用范围，依循了“打击证券发行、交易中虚假行为的市场全覆盖”① 的司法理念，针对原《虚假陈述若干规定》难以满足审判实践需求的问题，对司法解释的适用范围进行了

---

* 关丽，国新资本有限公司总法律顾问，法学博士。

** 焦清扬，国新资本有限公司法律合规与风险管理部经理，法学博士。

① 参见《最高人民法院民二庭负责人就〈最高人民法院关于审理证券市场虚假陈述侵权民事赔偿案件的若干规定〉答记者问》，载中国法院网，www.chinacourt.org，最后访问日期：2022年1月26日。

扩张。[①] 具体而言，新《虚假陈述若干规定》从四个维度对适用范围进行了规制：

第一，证券品种类型。2019 年修订的《证券法》第 2 条的前三款分别规定“股票、公司债券、存托凭证和国务院依法认定的其他证券”“政府债券、证券投资基金份额”以及“资产支持证券、资产管理产品”均属于《证券法》调整对象，从证券品种的范围上相较于原《证券法》仅对股票与债券进行了延展。据此，结合新《虚假陈述若干规定》明定《证券法》为其上位法之一的表述，笔者认为司法解释对《证券法》所厘定的“证券”之范围予以尊重和承接，据此，从原则上看上述所有品种类型均应当适用新《虚假陈述若干规定》。

第二，证券发行方式。原《虚假陈述若干规定》因应了当时属于转轨期间证券市场法律制度和运行制度都存在缺失的实际情况，将非公开发行证券虚假陈述案件排除在适用范围之外，“模拟证券市场犯罪行为、私募股份和转让私募股份非法民事行为，发生的赔偿纠纷，不在规定调整范围”[②]，而新《虚假陈述若干规定》将上述规定取消，使用“在证券交易场所发行、交易证券过程中”的立法表述，精炼而准确地界定出今后司法解释的适用空间，即对原《虚假陈述若干规定》仅限于公开发行的证券的适用范围进行了扩张，据此，公募和私募债将一体适用新规，在新三板非公开发行的证券亦被纳入适用范畴。此外，由于《证券法》第 9 条调整了公开发行的法律逻辑，定向增发属于公开发行范畴已无异议，故在定向增发中因虚假陈述受损的投资者，自然成为虚假陈述侵权纠纷的适格原告进而涵摄于新《虚假陈述若干规定》。

第三，证券交易方式。原《虚假陈述若干规定》第 2 条、第 3 条从反面规定（表 1），排除了“协议转让”这一交易方式的适用，新《虚假陈述若干规定》对此进行了改变，将原有相关表述予以删除，从文义解释和体系解释的角度看，对于“协议转让”而言，其不再当然地不予适用，而是根据具体情况进行甄别，即如果该“协议转让”受到虚假陈述影响并有侵权之可能，那么就应当适用于本解释。

---

① 参见林文学、付金联、周伦军：《〈关于审理证券市场虚假陈述侵权民事赔偿案件的若干规定〉的理解与适用》，载《人民司法》2022 年第 7 期。

② 李国光主编，最高人民法院民事审判第二庭编著：《最高人民法院关于审理证券市场虚假陈述案件司法解释的理解与适用》，人民法院出版社 2015 年版，第 112 页。

表 1 《虚假陈述若干规定》关于证券交易方式的规定

原《虚假陈述若干规定》	新《虚假陈述若干规定》
第二条 本规定所称投资人，是指在证券市场上从事证券认购和交易的自然人、法人或者其他组织。 本规定所称证券市场，是指发行人向社会公开募集股份的发行市场，通过证券交易所报价系统进行证券交易的市场，证券公司代办股份转让市场以及国家批准设立的其他证券市场。 第三条 因下列交易发生的民事诉讼，不适用本规定： （一）在国家批准设立的证券市场以外进行的交易； （二）在国家批准设立的证券市场上通过协议转让方式进行的交易。	第一条 信息披露义务人在证券交易场所发行、交易证券过程中实施虚假陈述引发的侵权民事赔偿案件，适用本规定。 按照国务院规定设立的区域性股权市场中发生的虚假陈述侵权民事赔偿案件，可以参照适用本规定。 第三十四条 本规定所称证券交易场所，是指证券交易所、国务院批准的其他全国性证券交易场所。 本规定所称监管部门，是指国务院证券监督管理机构、国务院授权的部门及有关主管部门。 本规定所称发行人，包括证券的发行人、上市公司或者挂牌公司。 本规定所称实施日之后、揭露日或更正日之后、基准日之前，包括该日；所称揭露日或更正日之前，不包括该日。

第四，证券市场范围。由于立法架构与监管体系、理论推演与交易实践的分立，债券市场是否受《证券法》及相关司法解释的调整素有争议。新《虚假陈述若干规定》出台后，实务界有观点认为，该规定并未明确债券虚假陈述适用于债券市场，特别是银行间债券市场，而是选择“留白”，有待于在实践中进一步观察。[①] 对此，笔者更倾向于认为，依照新《虚假陈述若干规定》所反映的立法意旨和价值取向，债券市场应当予以无差别一体适用。理由如下：首先，债券市场主要包含在交易所发行交易的公司债、在银行间债券市场发行的银行间债券以及在交易所市场和银行间债券市场发行交易的企业债券。基于一体适用的政策导向，[②] 且从文义解释出发，无法从新《虚假陈述若干规定》的

---

① 参见《解读新〈虚假陈述若干规定〉之四：债券虚假陈述案件》，载微信公众号“天同诉讼圈”2022 年 1 月 25 日；参见《〈新虚假陈述司法解释〉是否适用于证券非公开发行等特殊情形?》，载微信公众号“雷继平法律订阅”2022 年 1 月 25 日。

② 参见人民银行、发改委、财政部、银保监会、证监会、外管局《关于推动公司信用类债券市场改革开放高质量发展的指导意见》。2020 年 7 月 15 日，最高人民法院印发《全国法院审理债券纠纷案件座谈会纪要》，明确指出公司债券、企业债、非金融企业债务融资工具“具有还本付息的共同属性”，应当“适用相同的法律标准”。

表述中推导出债券市场，或是其中的银行间债券市场不适用于本解释的结论。其次，从立法目的看，本司法解释在适用范围方面的初衷即“实现打击证券发行、交易中虚假行为的市场全覆盖”，那么将债券市场虚假陈述涵摄其中属于司法解释的应有含义和价值取向——倘若纯粹且刻板地对“国务院批准的其他全国性证券交易场所”进行界定，确实存在银行间债券市场游离于本司法解释的可能性，但是综合运用文义解释和目的解释，银行间债券市场并没有足够的将其排除在适用体系之外的特殊性，反之将其纳入规制更能实现“全覆盖”的立法意旨；值得关注的是，2022 年 1 月 20 日，上海证券交易所、深圳证券交易所、全国银行间同业拆借中心等联合发布的《银行间债券市场与交易所债券市场互联互通业务暂行办法》，在业务范围和业务环节上对境内债市进行统率与规制，体现了境内债市融合统一、求同存异的发展趋势，从侧面推测，如无特别情况，境内债市在法律法规层面亦应当遵循同一规则。最后，从立法技术看，本条的规定是通过概括式的语言描述，将信息披露义务人利用证券交易场所进行的各类发行交易活动进行全覆盖，并且根据“举轻以明重”的规则，国务院规定设立的区域性股权市场中因虚假陈述引发的证券发行、转让等民事纠纷尚可以“参照”适用本规定，更毋论债券市场。

综上，针对新《虚假陈述若干规定》第 1 条和第 34 条共同规定的适用范围，在解释论的推演下，笔者认为本司法解释的适用路径是：只要证券发行和交易活动在证券交易场所等特定场域发生了虚假陈述行为同时造成侵权结果，那么无论该产品类型、发行方式、交易方式等是什么，投资者均可以选择依照本司法解释，从侵权法的角度追究相关主体的民事责任。

二、“前置程序”的废除与影响

所谓“前置程序”，实则是投资者在涉虚假陈述案件时，只有具备相应监管部门行政处罚决定或者人民法院生效刑事判决时，法院方予以受理，简言之，投资者诉权的行使必须依赖于既有的行政认定或刑事裁判。

“前置程序”这一规则肇始于 2002 年《最高人民法院关于受理证券市场因虚假陈述引发的民事侵权纠纷案件有关问题的通知》（已失效），并在原《虚假陈述若干规定》中得以正式确立。从 20 年的实践效果看，“前置程序”确实充分发挥了其应有价值，体现了时代意义：第一，投资者只有取得行政处罚决定和生效刑事判决方能开启民事程序，实则是人为地对诉权行使增加了筛选程序，有效防止了此类案件的滥诉；第二，投资者会因“前置程序”的存在而负担较低的举证责任，从结果导向看，当具备行政处罚决定和生效刑事判决的“背书”时，投资者民事维权成功的概率亦会大大增加；第三，“前置程序”使得民事裁判与行政处罚乃至生效刑事判决最大限度地衔接，通过统一民事、行政以及刑事的裁判理据，表征结果导向上的自洽；第四，促进司法部门和证监会之间的双向互动，即法院立案后，证监会调整监管资源的分配，使得监管资源的分配隐含了市场反舞弊的力量。①

随着证券市场日臻完善、审判经验不断积累，司法制度和资本市场制度不断完善，取消“前置程序”的条件逐渐具备，“前置程序”规则在理论和实践层面上，越发遭质疑与挑战：第一，“前置程序”规则在诉权的基本理论框架下存有争议，其设立在一定程度上限制甚至剥夺了部分投资者的诉权，即部分投资者因未取得相应行政处罚决定或生效刑事判决而无法开启民事程序，也不利于体现“司法为民”的理念；第二，民事程序须以行政处罚或生效刑事判决为先决条件，必然人为地拉长了投资者诉讼的周期，不利于对投资者利益的充分保护；第三，罚款或罚金的“前置”，使得民事赔偿必然处于后顺位，不排除在个案中会出现相关主体因缴纳罚款或罚金，而无力在民事领域进行完全赔付，投资者获得足额赔偿的概率存在降低的可能性，进而导致民事权益得不到相应的保障。②

基于上述情况，在涉证券市场虚假陈述是否需设置“前置程序”的问题上，立法及政策历经了由“立”到“松”再到“废”的过程。

---

① 李有星、钱颢瑜、孟盛：《证券虚假陈述侵权赔偿案件审理制度研究——新司法解释的理解与适用高端论坛综述》，载《法律适用》2022 年第 3 辑。

② 参见《最高人民法院民二庭负责人就〈最高人民法院关于审理证券市场虚假陈述侵权民事赔偿案件的若干规定〉答记者问》，载中国法院网，www.chinacourt.org，最后访问日期：2022 年 1 月 26 日。

表 2 立法及政策变化

时间	名称	内容	态度
2002 年 1 月 15 日	《最高人民法院关于受理证券市场因虚假陈述引发的民事侵权纠纷案件有关问题的通知》	二、人民法院受理的虚假陈述民事赔偿案件，其虚假陈述行为，须经中国证券监督管理委员会及其派出机构调查并作出生效处罚决定。当事人依据查处结果作为提起民事诉讼事实依据的，人民法院方予依法受理。	首次规定证券虚假陈述的前置程序
2003 年 1 月 9 日	原《虚假陈述若干规定》	第六条第一款　投资人以自己受到虚假陈述侵害为由，依据有关机关的行政处罚决定或者人民法院的刑事裁判文书，对虚假陈述行为人提起的民事赔偿诉讼，符合民事诉讼法第一百零八条规定的，人民法院应当受理。	证券虚假陈述前置程序的规定之法源
2015 年 4 月 15 日	《最高人民法院关于人民法院登记立案若干问题的规定》	第一条　人民法院对依法应该受理的一审民事起诉、行政起诉和刑事自诉，实行立案登记制。	从立案角度，动摇了前置程序的基础
2015 年 12 月 24 日	《最高人民法院关于当前商事审判工作中的若干具体问题》	根据立案登记司法解释规定，因虚假陈述、内幕交易和市场操纵行为引发的民事赔偿案件，立案受理时不再以监管部门的行政处罚和生效的刑事判决认定为前置条件。	前置程序的刚性条件开始松动
2020 年 7 月 15 日	《全国法院审理债券纠纷案件座谈会纪要》	欺诈发行、虚假陈述行为人以债券持有人、债券投资者主张的欺诈发行、虚假陈述行为未经有关机关行政处罚或者生效刑事裁判文书认定为由请求不予受理或者驳回起诉的，人民法院不予支持。	废除债券虚假陈述纠纷的前置程序

续表

时间	名称	内容	态度
2020年7月30日	《最高人民法院关于证券纠纷代表人诉讼若干问题的规定》	第五条第一款　符合以下条件的，人民法院应当适用普通代表人诉讼程序进行审理： …… （三）原告提交有关行政处罚决定、刑事裁判文书、被告自认材料、证券交易所和国务院批准的其他全国性证券交易场所等给予的纪律处分或者采取的自律管理措施等证明证券侵权事实的初步证据。	淡化前置程序，以多种初步证据作为起诉条件予以取代
2022年1月21日	新《虚假陈述若干规定》	第二条第二款　人民法院不得仅以虚假陈述未经监管部门行政处罚或者人民法院生效刑事判决的认定为由裁定不予受理。	彻底废除证券虚假陈述案件的前置程序

2021年7月，中共中央办公厅、国务院办公厅联合发布了《关于依法从严打击证券违法活动的意见》，在“完善资本市场违法犯罪法律责任制度体系”中明确提出健全民事赔偿制度，提出“修改因虚假陈述引发民事赔偿有关司法解释，取消民事赔偿诉讼前置程序”。据此，新《虚假陈述若干规定》积极落实相关政策要求，第2条第2款规定，“人民法院不得仅以虚假陈述未经监管部门行政处罚或者人民法院生效刑事判决的认定为由裁定不予受理”。依本条，今后人民法院受理虚假陈述民事赔偿案件将不再以行政处罚或生效刑事判决为前提条件，实践中证券虚假陈述案件“立案难”“难立案”的痛点将得以极大缓解甚至消除。

笔者认为，废除“前置程序”影射出立法回应实践之需、紧跟司法实践的价值取向，具有妥实性、科学性和时代性。但值得关注的是，我们如何应对司法独立审查认定虚假陈述责任所带来的新课题：第一，虽然新《虚假陈述若干规定》第 2 条第 1 款[①]对原告提起诉讼时所需提交的证据或证明材料进行了列举，但是仅提供此类初步证据的难度很低，能否达到在一定程度上防范缺乏事实根据的滥诉行为，进而导致案件数量激增仍有待实践考察。第二，根据《最高人民法院、中国证券监督管理委员会关于适用〈最高人民法院关于审理证券市场虚假陈述侵权民事赔偿案件的若干规定〉有关问题的通知》指出，立案调查不影响民事案件审理的，应当继续审理，那么可能会出现行政、民事程序并行的局面，如何协调裁判的统一标准将成为司法审判的新挑战。第三，废除"前置程序"，将使得案件既缺乏监管部门的明确认定亦无生效刑事判决作为支撑，原告需承担较重的举证责任，对投资者的专业性提出了较高要求；与此相对应，司法裁判也将在对证据的质证和案件事实的认定上面临更大的挑战。诚然根据该通知，"为了查明事实，人民法院可以依法向中国证监会有关部门或者派出机构调查收集有关证据"；"中国证监会有关部门或者派出机构依法依规予以协助配合"；在案件审理过程中，人民法院可以就相关专业问题征求中国证监会及其相关派出机构、相关会管单位的意见；鼓励各地法院积极开展专家咨询和专业人士担任人民陪审员的探索，中国证监会派出机构和有关部门做好相关专家、专业人士担任人民陪审员的推荐等配合工作。但是实践中如何操作以确保这些衔接性安排获得预期效果还需要司法机关进一步探索。诚如学者所言，从审判实践出发，"前置程序"取消后的司法应对，攸关我国资本市场行政监管与司法审判的有效应对及协同配合，内应我国资本市场的长远健康发展与良性系统生态。[②]

三、过错认定的细化和导向

新《虚假陈述若干规定》第 13 条[③]规定了过错认定的相关规则，通过细化"过错"的认定标准，缓和了因适用《证券法》所规定的连带责任而导致的严苛实效。

---

① 新《虚假陈述若干规定》第 2 条第 1 款规定："原告提起证券虚假陈述侵权民事赔偿诉讼，符合民事诉讼法第一百二十二条规定，并提交以下证据或者证明材料的，人民法院应当受理：（一）证明原告身份的相关文件；（二）信息披露义务人实施虚假陈述的相关证据；（三）原告因虚假陈述进行交易的凭证及投资损失等相关证据。"

② 参见人民资讯：《证券虚假陈述司法解释取消长期存在的前置程序"立案难""难立案"痛点将消》，https://baijiahao.baidu.com/，最后访问日期：2022 年 2 月 7 日。

③ 新《虚假陈述若干规定》第 13 条："证券法第八十五条、第一百六十三条所称的过错，包括以下两种情形：（一）行为人故意制作、出具存在虚假陈述的信息披露文件，或者明知信息披露文件存在虚假陈述而不予指明、予以发布；（二）行为人严重违反注意义务，对信息披露文件中虚假陈述的形成或者发布存在过失。"

《证券法》第85条[①]和第163条[②]分别规定了虚假陈述情境中各所涉主体所承担的归责原则和免责事由，不仅与原《虚假陈述若干规定》第21条至第25条有关“归责与免责事由”的规定有所重复，而且总体而言较为原则，未对“过错”的认定标准予以明确。从传统侵权法理论看，《证券法》规定各所涉主体存在虚假陈述行为并实施侵权行为、引致损失时，需承担连带赔偿责任，而且该责任承担是以无过错责任或过错推定为原则，[③]即只要各主体存在虚假陈述行为，法律即推定其具备虚假陈述的过错，更毋论无过错责任原则。同时法律在此并未对各主体过错进行故意或过失的区分，换言之，前述主体只要存在过错，不论过错大小、原因力高低，对外一律与发行人对投资者的全部损失承担连带赔偿责任。诚如学者所言，《证券法》上述两条规定体现了立法者的初衷，即强化各主体实施证券欺诈等损害投资者利益的行为所承担的法律责任，或加重发行人的控股股东、实际控制人的诚信义务和法律责任，或增强相关机构在履行自身义务时的独立性，倒逼其“看门人”角色的归位，明确其保护投资者的角色职能。[④]笔者认为，从法律适用角度看，这样的立法模式是一把“双刃剑”，一方面在某种程度上遏制了证券市场中虚假陈述泛滥的态势，但另一方面却也使得上述各类主体动辄承担巨额赔偿责任，使得中介服务机构成为“高危行业”，甚至部分行业萎靡的不良后果已经开始逐步显现。

新《虚假陈述若干规定》在接续《证券法》规定的基础上，对上述两条所提及的“过错”进行细化，将“过错”界分为两种类型——“故意”和“严

---

① 《证券法》第85条：“信息披露义务人未按照规定披露信息，或者公告的证券发行文件、定期报告、临时报告及其他信息披露资料存在虚假记载、误导性陈述或者重大遗漏，致使投资者在证券交易中遭受损失的，信息披露义务人应当承担赔偿责任；发行人的控股股东、实际控制人、董事、监事、高级管理人员和其他直接责任人员以及保荐人、承销的证券公司及其直接责任人员，应当与发行人承担连带赔偿责任，但是能够证明自己没有过错的除外。”

② 《证券法》第163条：“证券服务机构为证券的发行、上市、交易等证券业务活动制作、出具审计报告及其他鉴证报告、资产评估报告、财务顾问报告、资信评级报告或者法律意见书等文件，应当勤勉尽责，对所依据的文件资料内容的真实性、准确性、完整性进行核查和验证。其制作、出具的文件有虚假记载、误导性陈述或者重大遗漏，给他人造成损失的，应当与委托人承担连带赔偿责任，但是能够证明自己没有过错的除外。”

③ 《证券法》第85条对发行人的责任规定为无过错责任，对发行人的控股股东、实际控制人、董监高等内部人规定了过错推定责任；第163条对证券服务机构规定了过错推定责任。参见林文学、付金联、周伦军：《〈关于审理证券市场虚假陈述侵权民事赔偿案件的若干规定〉的理解与适用》，载《人民司法》2022年第7期。

④ 参见郭峰等：《中华人民共和国证券法制度精义与条文评注》，中国法制出版社2020年版，第445页、第784－785页。

重违反注意义务”。在侵权法的基本理论中，过错分为故意和过失两种形态，所谓故意，是行为人预见自己行为的结果，仍然希望它发生或者听任它发生的主观心理状态；过失，包括疏忽和懈怠，是“行为人虽非故意，但按其情节应注意并能注意而不注意者，或对于构成侵权行为之事实，虽预见其能发生，而确信其不发生者是，易言之，过失者乃怠于注意之一种心理状态”。[①] 既然过失为一种不注意的心理状态，即对自己注意义务的违反，那么按照普通人的注意、应与处理自己事务为同一注意、善良管理人的注意这三种客观标准，过失从程度上分别构成重大过失、具体过失和抽象过失。[②] 新《虚假陈述若干规定》通过“严重违反注意义务”亦即重大过失的立法语言排除了一般过失、轻微过失的适用，换言之，在虚假陈述侵权案件中，如果相关侵权主体仅存在一般意义上的过失，则无需承担与之不相匹配的巨额民事赔偿责任。这不仅不同于区分故意与过失，唯有在刑法上对于定罪量刑具有重要意义，而在民法上对确定民事责任无实际意义的传统学说观点[③]，甚至更进一步，在虚假陈述案件中确立了“过失”程度的轻重对确定民事责任具有决定作用的法律适用标准。从立法价值取向而言，这是避免对相关方的“过错”程度不加甄别就苛以极度不匹配的责任承担，进而引致信息披露的“寒蝉”效应，而是“体现各负其责的法律精神，避免‘动辄得咎’，稳定市场预期”。[④]

四、责任承担规则的立法支撑与司法续造

新《虚假陈述若干规定》第23条[⑤]规定了责任承担规则，结合前述“过错认定”所体现的立法意旨，笔者认为因实践应运而生的“比例连带责任”在此处得到了适用上的司法表达。

囿于立法规定，很长一段时间在涉及虚假陈述纠纷案件中，多数生效判决均判令各方主体对投资者的全部损失承担连带赔偿责任。但是在虚假陈述侵权的场景中，“刚性”地适用连带赔偿责任与传统侵权法“罚当其过”的基本理

---

① 王泽鉴：《侵权行为》，北京大学出版社2009年版，第241页。

② 杨立新：《侵权责任法》，法律出版社2018年版，第84－85页。

③ 马原主编：《中国民法教程》，人民法院出版社1989年版，第310－311页。

④ 参见《最高人民法院民二庭负责人就〈最高人民法院关于审理证券市场虚假陈述侵权民事赔偿案件的若干规定〉答记者问》，载中国法院网，www.chinacourt.org，最后访问日期：2022年1月26日。

⑤ 新《虚假陈述若干规定》第23条第1款规定：“承担连带责任的当事人之间的责任分担与追偿，按照民法典第一百七十八条的规定处理，但本规定第二十条第二款规定的情形除外。”

念相悖，其法理逻辑亦存可兹质疑之处，所以理论与实务界一直对证券市场虚假陈述中动辄适用连带责任的合理性进行反思与争论。直至“ST中安”案始，“比例连带责任”从实践中应运而生，试图以良好的实际效果回应、弥补刚性连带责任的不足。[①] 所谓“比例连带责任”，一般是指法院通过自由裁量权，综合考虑虚假陈述给投资者造成损失的各方因素以及价值取向，最终公平、合理地认定各方责任，即部分主体承担全部连带责任，部分主体仅在一定比例内承担连带责任，避免出现“全有”式的连带责任的责任承担方式。[②]

近年，采用“比例连带责任”较有代表性的案件应属涉债券虚假陈述的“某洋债”案以及涉证券虚假陈述的“某美药业”案。在“某洋债”终审判决中，实控人、券商、会计师事务所与发行人某洋建设承担全部连带责任，而评级机构在发行人赔偿金额10%的范围内承担连带责任，律所在5%的范围内承担连带责任。在“某美药业”案中，某美药业需赔偿投资人损失24亿余元，其中，实控人、直接责任人以及会计师事务所等承担连带赔偿责任，8名董事、监事、高级管理人各在20%范围内承担连带责任，独立董事在10%或5%范围内承担连带责任。仅从责任承担方式看，上述判决均创造性地适用了“比例连带责任”，平衡了各责任主体之间的权利义务，既“惩首恶”，又打击了“装睡的看门人”，在“装睡的看门人”之间也作了与各主体收益和权责相匹配的区分，是值得肯定的司法续造。[③] 此外，北京金融法院的首案是银行间债市首例虚假陈述案，因债券发行涉嫌虚假陈述，蓝石资产管理有限公司将发行该债券的主承销商兴业银行及会计师事务所、资产评估机构、律师事务所等中介服务机构诉至该院，请求各被告对原告的投资损失承担连带赔偿责任。据北京金融法院介绍，合议庭将本案主要争议焦点归纳为五个，其中就包括涉案债券中介服务机构是否尽到了勤勉尽责义务，对债券虚假陈述是否存在过错及应当承担何种责任。[④] 所以，在包含债券市场在内的证券虚假陈述侵权案件中，如何判

---

① 参见邹志强、尹一航：《中介机构生死劫：聚焦ST中安“比例连带责任”第一案》，载微信公众号“大队长金融”2021年5月31日；管辉寰：《证券虚假陈述纠纷中“比例连带责任”的内部追偿问题》，载微信公众号“天同诉讼圈”2021年12月20日。

② 袁德喻、徐凌婕：《证券虚假陈述纠纷中比例连带责任应如何执行和追偿？——以某洋债、某美药业案为例》，载微信公众号“律舟法雨”2021年12月10日。

③ 袁德喻、徐凌婕：《证券虚假陈述纠纷中比例连带责任应如何执行和追偿？——以某洋债、某美药业案为例》，载微信公众号“律舟法雨”2021年12月10日。

④ 参见《银行间债市首例虚假陈述案：5亿债券投资损失谁之过？法院聚焦五大争议》，载新浪财经，http://finance.sina.com.cn，最后访问日期：2022年1月29日。

定责任承担是法律适用最为关键的问题之一。

根据《民法典》第178条的规定，结合侵权法的法理，连带责任的对内关系是，连带责任人根据各自责任大小确定所应当承担的赔偿责任，而责任大小的确定，应该根据过错程度和原因力大小，难以确定责任大小的，责任份额平均分配。那么在虚假陈述侵权案件中，裁判规则应建立在依法确定相关各方的权利、义务和责任的基础上，将责任承担与行为人的注意义务、专业能力和过错程度相结合，最终体现民事责任追究的损失填补与震慑违法两个功能。结合上述司法裁判，笔者认为新《虚假陈述若干规定》通过丰富“过错”的程度，衔接《民法典》的方式，弱化了各方主体依据《证券法》无差别承担连带责任，化解了适用“比例连带责任”有超出通常意义的扩大解释之虞的问题。结合司法实践，证券的发行是发行人与保荐机构（主承销商）及其他中介机构共同推动的结果，对于中介机构承担侵权责任的性质而言，在因果关系上多个机构对同一损害结构都具有原因力，因此中介机构与发行人构成多数人侵权，[①] 所以在虚假陈述侵权案件中，发行人、发行人的控股股东和实际控制人一般应当承担中间责任，即其中任何一个连带责任主体均应当对权利人承担全部责任；而诸如承销机构、保荐机构、会计师事务所、律师事务所、资信评级机构、资产评估机构、财务顾问等证券服务机构一般应当承担最终责任，即仅在自己应当承担的责任范围内承担责任。这样的责任承担分配规则遵循的是根据归责原则，以过错程度和法律原因力结合比较的方法，[②] 同时对各责任主体在对外承担责任后的对内追偿进行衔接。

内部追偿是各主体对外责任承担后的必然阶段，对于各责任主体之间如何公平、合理地追偿，基于原因力的分析、故意与过失的甄别，笔者认为，虚假陈述侵权中所涉内部追偿的逻辑规则应当是：发行人及其控股股东、实际控制人与故意的中介机构承担全部连带责任，其相互之间可以追偿；其余存在过失的中介机构可以向上述主体追偿，但不可在过失中介机构间互相追偿。例如，判定发行人A、实控人B承担全部连带责任，中介机构C、D各自在20%、10%的范围内承担连带责任，A或B在承担全部责任后，仅能根据A与B之间

---

① 丁宇翔：《证券发行中介机构虚假陈述的责任分析——以因果关系和过错为视角》，载《环球法律评论》2021年第6期。

② 详见杜万华主编：《中华人民共和国民法总则实务指南》，中国法制出版社2017年版，第678－679页。

的过程责任大小进行追偿，但该追偿不应当延伸至C和D；而如果C承担了20%的责任，那么其可以向A或B进行追偿，但该追偿不应当延伸至D。其中的侵权法理依据在于，虚假陈述侵权案件中，中介机构并非一定与发行人之间必然具有共同意思联络，那么难言其构成共同侵权，也就没有连带责任的适用基础，所以A与B不能将追偿范围扩展至C、D；同理，C与D之间也不宜相互追偿；至于C或D能够以承担的份额向A或B追偿，则是基于A与B本身承担的即是全部责任。当然，如何基于过错、原因力等因素酌定具体的“比例”并将其规范化、统一化，则是另需探讨的问题。

结论

随着“某洋债”案、“某美药业”案等进入执行阶段，终审判决所确定的责任承担如何执行以及如何进行内部追偿成为新的问题。针对目前出现的各类责任承担的计算方式及内部追偿规则，笔者认为，视承担全部连带责任的为100%，承担部分连带责任的为某确定比例，据此直接除以主体个数的方式，简单易操作，对于执行操作较为友好，但计算的结果却改变了连带责任的初衷，有将连带责任转化为按份责任之嫌，而且在承担部分连带责任的主体较多等极端情况下，会出现承担部分连带责任的主体实际承担赔偿数额反而高于判定承担全部连带责任的主体之情况。相对而言，实务界更推崇的“叠加切割法”则有其优势且有一定的侵权法理论依据，即比例连带部分视为比例连带主体与全部连带主体共同叠加导致的损害后果，就该比例部分，两类主体对外承担连带赔偿责任。① 换言之，内部追偿规则是各主体逐一就重叠的部分进行比例的再分配，确定最终实际应当分担的份额，承担超出自己份额的责任主体可以向承担全部连带责任的主体进行追偿。由于该方法中比例关系的本质是外部连带责任进行内部划分，所以不会出现各主体责任总额超出100%的情况，但这一方法如何适应快速化执行程序的要求，则仍需执行方面的司法实践继续探究、观察和检验，最终达到在保护投资者合法权益的同时，维护公开、公平、公正的资本市场秩序。

（本文责任编委：姚俊逸②）

---

① 详见袁德喻、徐凌婕：《证券虚假陈述纠纷中比例连带责任应如何执行和追偿？——以某洋债、某美药业案为例》，载微信公众号“律舟法雨”2021年12月10日。

② 姚俊逸，中国国际经济贸易仲裁委员会仲裁研究所主任、仲裁员。

专论争鸣

人工智能影响下的国际商事仲裁

田雨酥*

摘　要：以人工智能为代表的计算机技术极大地影响了国际商事仲裁法律行业的运转。依托大数据技术和互联网科技的人工智能已经在多方面与国际商事仲裁产生交叉并引起广泛讨论。人工智能的适用为国际商事仲裁带来更低的时间财务成本、更高的效率，也对仲裁透明度、仲裁数据的公开和使用提出了更高的需求。尽管可以成为非常优秀的辅助工具，人工智能因数据偏见、算法的黑匣子属性、对自然正义的缺省和当前法律框架的限制而无法也不应成为仲裁的裁判者。人工智能的广泛适用也在经济学法律市场角度极大地影响着国际商事仲裁参与者的行为模式，使其背离了法治性与专业性。人工智能应当辅助而不是替代人类，应善用而避免滥用，国际商事仲裁制度的公信力和权威性，有赖于含有令人信服说理的裁决而非简单基于历史数据的算法结论。

关键词：人工智能　大数据　互联网　国际商事仲裁

一、法律人工智能的现状与发展

在计算机变得越来越强大的时代，互联网计算机技术正在覆盖人类工作生活的方方面面，目前，全球约有25亿有线网络用户和60亿无线网络用户。[①] 互联网与大数据衍生出的新科技领域就是以机器学习技术为代表的人工智能技术。在人工智能的支持下，曾经需要消耗大量人力的许多工作方式都发生了革命性

---

* 田雨酥，清华大学法学院2018级博士生，中国国际经济贸易仲裁委员会案件经办人。

① ［美］马克·格雷厄姆、威廉·H. 达顿：《另一个地球：互联网+社会》，胡泳等译，电子工业出版社2015年版，前言。

的改变，人类社会经历了以土地为中心的农业社会、以市场为中心的工业社会、以网络为中心的信息社会后，来到了当下正在转型的以算法为中心的智能社会变革中。① 国际商事仲裁作为最主要的跨境争议解决方式，也在科技的影响下展现出了新的活力。无论在仲裁实践还是学术研究中，发达的互联网络和越来越充分的数据都将国际商事仲裁法律带向了更加自动化、智能化的方向。这一发展变革的现实带来了诸多新问题，也引发了仲裁社会的持续关注。②

人工智能在影视作品中常常以拟人态的形象出现。代表人工智能的高级机器总是像斯皮尔伯格执导的《人工智能》电影中那样被赋予与人类高度相似的面容、智慧以及感情，尽管是机器，但在外形、思想和情感上已与人类无异。人类对机器的该种期待很符合科学家 John McCarthy 对人工智能的定义，即“使机器像人一样以智能的方式运转”③。而在当前计算机技术水平下，人工智能应用于更多场景且更强调计算机内部的机器学习而非外形的拟人化，在具体仲裁实践场景中多见于利用计算机和互联网技术协助整理分类文档、检索案件相关法律法规、发现关联案例裁判、收集仲裁员背景信息、统计仲裁员以及仲裁机构裁判结果等。目前人工智能实现的效果并非以技术模拟人的外形肢体去处理事务，而更像是一个谷歌搜索的完善升级版：用户输入一些条件，由机器内核运转计算后将结果反馈在电脑屏幕上，只不过导出结果的过程比简单的“图书馆”式检索复杂许多，计算机根据数据训练并自主产生算法以及自我升级就是机器学习的过程。机器学习并不代表人工智能的全部，它是人工智能的一个子集，是使计算机无需进行规则编程就可以完成某件事的科学，从根本上来讲是一种创建问题解决系统的新方法。在机器学习系统中，随着时间的流逝并暴露于训练数据集，计算机系统将变得更加智能。④ 目前广泛应用于仲裁领域的计

① 张文显：《迎接算法法律秩序时代的到来》，载《东方法学》2020年第5期。

② 例如2018年的 Vienna Arbitration Days 等知名国际仲裁会议。

③ See John McCarthy et al. , A Proposal for the Dartmouth Summer Research Project on Artificial Intelligence (31 Aug. 1955), in Artificial Intelligence: What Everyone Needs to Know 1 (Jerry Kaplan ed. , Oxford University Press 2016), www-formal. stanford. edu/jmc/history/dartmouth/dartmouth. html，转引自 Maxi Scherer, Artificial Intelligence and Legal Decision-Making: The Wide Open?, in Maxi Scherer (ed.), Journal of International Arbitration, (Kluwer Law International; Kluwer Law International 2019, Volume 36 Issue 5), p. 542.

④ See Brad Rosen, Global Experts Keep it Real in Webinar Exploring Artificial Intelligence and its Role in Arbitrations and Legal Practice, Kluwer Arbitration Blog, December 12, http: //arbitrationblog. kluwerarbitration. com/2020/12/12/global - experts - keep - it - real - in - webinar - exploring - artificial - intelligence - and - its - role - in - arbitrations - and - legal - practice/，最后访问日期：2021年5月10日。

算机智能化程度相较《牛津词典》对人工智能的定义“能够执行通常需要人类智能的任务（例如视觉感觉，语音识别，决策和语言翻译）的，计算机系统的理论和发展”① 要狭窄许多。但该阶段的人工智能已经可以完成较检索更加智能的任务，例如语音庭审记录、证人面容验证、仲裁文件翻译以及问题处理解决方案提供等。

二、人工智能在国际商事仲裁等法律行业的应用

使法律能够自动化的尝试，特别是那些为了改进耗时耗力工作的努力，已经进行了数十年。② 即便尚不足以模拟资深律师和仲裁员的智慧水平，应用于法律事务性领域的人工智能技术业已得到了广泛的实现和关注，结合了科学技术在人类想象中所能达到的水准。在仲裁领域，选定仲裁员、法律研究、起草以及校对书面文书、文件翻译、成本估算、开庭安排以及裁决书格式化部分的起草，都有人工智能适用的现实案例③。从介入深度递进的角度看，人工智能正从四个层面介入法律程序④：

一是逐步替代人力从事法条查询、案例检索、案件分类、庭审录入等相对简单、重复性高的工作，这在律师事务所以及仲裁机构已经得到了广泛的应用。例如 LexisNexis 的 LegalAdvance 线上服务，本身就是一系列包含人工智能工具的搜索引擎集合；电子发现门户 Everlaw，能够使用人工智能根据文件核心内容数据进行先进的文档分类。

二是作为主力，完成司法咨询、合同审核、证据获取、裁判文书辅助生成等辅助性任务。例如合同分析平台 Kirasystems 可以通过人工智能技术自动进行合同条款审查以及尽职调查，能够自动为用户抓取合同核心条款以及相关法律，其在官网中声称“可以提供比初级律师更完善的尽职调查服务”。由美国最大的人力资源律所提供技术支持的 ComplianceHR 平台，可通过评估约 1400 个案

---

① Oxford Living Dictionaries, https://en. oxforddictionaries. com/definition/artificial_ intelligence，最后访问日期：2021 年 2 月 8 日。

② See Aditya Singh Chauhan, Future of AI in Arbitration: The Fine Line Between Fiction and Reality, Kluwer Arbitration Blog, September 26 2020, http://arbitrationblog. kluwerarbitration. com/2020/09/26/future – of – ai – in – arbitration – the – fine – line – between – fiction – and – reality/Artificial Intelligence，最后访问日期：2021 年 4 月 17 日。

③ See Maxi Scherer, Artificial Intelligence and Legal Decision-Making: The Wide Open? A Study Examining International Arbitration, Jour. of Int. Arb. 36 no. 5, 539, 540 (2019).

④ 参见栗峥：《人工智能与事实认定》，载《法学研究》2020 年第 1 期。

例和80个权重因子来评估全美国辖区用户的就业状况[①]。

三是对海量裁判文书进行统计分析并作出预测，而为法官裁判提供参考信息。例如IBM公司的Ross Intelligence用人工智能技术读取美国联邦和州案例的数据库，并在用书面自然语言表达机器对法律争议点、案件事实以及案件程序的理解和解释后，为用户推荐和当前问题最相关的判例和法条。

四是人们期待人工智能发展的能力和方向，即人工智能直接参与决策或进行布局裁判，比如民商事领域进行事实判断争议解决结果推演，刑事领域进行再犯风险评估、嫌疑人逃脱可能性判断、合理量刑测算等。起源于哈佛大学法学院的Arbilex，已经为价值超过30亿美元的国际仲裁案件提供量化的结果分析、减少可能发生的错误并最大化案件收益；[②] 荷兰国家法律援助服务中心使用了人工智能技术的“争议解决机器人”，可以就离婚、租赁、劳动雇佣、消费者事务等方面的纠纷提供全面调解服务。[③] 美国法院已经在刑事程序的保释和假释决策中使用了人工智能工具，并依据人工智能得出的结论拒绝了一位嫌疑人假释的申请，并依据其累犯的经历作出判处其有期徒刑六年的处罚。[④]

人工智能逐渐在法律行业中获得了更高的权限，在法律领域的应用可能性已经由“协助”提升到了“决定”的定位，目前，人工智能的法律决策过程仍然主要依赖机器学习的过程：将一个案例中的多种指标通过向量化方法变成数值，将数值转化为算法，该算法随着数据的丰富和增加逐渐提高准召率，从而向更“智能”的方向改进，以期待计算机能够像法律专业人士一样思考并作出决策。

三、国际商事仲裁由人工智能技术所带来的改变

人工智能为国际商事仲裁带来的改变在前文所述四个层面均有体现，并已经在国内外得到了广泛的评论。一些改变是显而易见的改进，例如节约时间与

---

① 参见Compliance平台官方网站，http：//compliancehr. com/，最后访问日期：2020年3月13日。

② 参见Abhilasha Vij，Arbitrator-Robot：Is A（Ⅰ）DR the Future?，in MatthiasScherer（ed），ASA Bulletin（Kluwer Law International；Kluwer Law International 2021，Volume 39 Issue 1），p. 130－131.

③ 参见Rachael Brown，Robot Lawyers could make time－consuming，expensive court conflict a thing of the past，http：//www. abc. net. au/news/2016－07－06/robot-lawyers-dutchconflict- resolution-technology-on-its-way/，最后访问日期：2019年8月29日。

④ 参见Richard M. Re & Alicia Solow-Niederman，Developing Artificially Intelligent Justice，22（2）Stan. Tech. L. Rev. 242，244（2019）。在Wisconsin v. Loomis案中，判决法院采用人工智能内核的案件管理和决定支持工具COMPAS得出结论，该人工智能计算结果否定了假释的可能性，法官根据该结果判处嫌犯六年有期徒刑。

金钱成本，而另一些改变如推动国际商事仲裁信息的公开化，在不同判断条件以及语境下很难单一评判其为优点还是缺点。无论好坏，人工智能的应用已经对国际商事仲裁的当下以及未来产生了巨大的影响。

（一）提高仲裁效率以及降低成本

在当前技术水平下，人工智能已经能够成功地执行定制的法律任务并协助法律从业者，它彻底改革了电子搜索等功能，并极大地提升了程序效率。用计算机承担较人类脑力数千万倍的数据处理工作，是人们不断开发推进计算机技术向前的现实需求。人工智能在进行文档数据整理、法条检索及生成分析报告方面有很成熟的算法经验，在人工智能进入仲裁领域大众视野之前很久，追求效率又忙碌的律师们早已开始付费使用高级便利的信息自动化电子系统①。如根据合同定制对己有利的仲裁条款②，在仲裁程序中选定合适的仲裁员，这些已经越来越多地由人工智能技术给出合适的结论。人工智能极大地降低了发生在初级的法条及判例检索、事实比较、文档整理等方面的人力财力消耗，仲裁律师、仲裁员以及仲裁机构都因此受益。仲裁律师和仲裁员从初级工作中节约出的时间可以更多地投入到仲裁本身，在单位时间内可以处理的案件数量也由此上升。尽管出现了多种数据库及人工智能辅助工具，目前的技术水平仍不足以支撑一个复杂的国际商事仲裁争议全部提交人工智能进行系统的解决，所以就现有应用程度而言，国际商事仲裁领域的资深律师、仲裁员和仲裁机构理论上是人工智能技术受益最大的群体，其使用人工智能减少了成本，同时并未因为人工智能的使用而减少工作机会。

（二）增加小金额案件以及低财务能力仲裁使用者数量

基于人工智能出色的文件信息整理、法条搜索以及处理多种文件的能力，很多原本需要依靠人类律师书写仲裁申请书、推进仲裁立案等程序工作都可以经由人工智能方便快捷地进行处理。这使得当事人进入国际商事仲裁程序的门槛大大降低，从而理论上增加了原本由于专业和成本限制而无法进入仲裁程序的当事人数量，并相应提升了该部分仲裁案件的数量。增加的仲裁案件属性为

---

① 这些电子化系统不仅仅包含律所付费使用的多种线上数据库（如 LexisNexis、Kluwer 等）及内部电子化系统，还包含一些全球化数据库推出的针对仲裁行业的新型服务。例如 Kluwer 推出的 Arbitrator Intelligence 付费服务，通过该服务，使用者可花费几百美元到数千美元获取一位特定仲裁员的分析报告。

② 影响因素包括选定的仲裁地、仲裁机构、仲裁规则、仲裁语言、仲裁员的限定条件等，这些都是在过往案例数据中比较容易获取的信息，因此人工智能分析预测的结果理论上是相对准确的。

争议标的额较低，所涉主体商业体量较小，当事人在成本比例上无法或不愿投入较多财务和时间精力。在该部分案件中，争议类型也倾向于事实清楚、法律关系简单的案件，例如民间小额借贷合同、消费者购买合同、互联网服务合同等。

（三）提升仲裁透明度以及仲裁裁决公开化

仲裁制度的传统特征之一是保密性，因此获得了注重商业机密的跨境商事主体的青睐，商人们期待隐秘快速地解决争议，并尽快开展新的交易。而人工智能机器学习数据样本的广泛和充分程度直接影响了算法结论的准确程度，精准性的基础是大量充足数据的喂养和训练，需要大量的裁决内容、程序指令、临时措施内容数据进行训练和学习。在人工智能广为人知之前，互联网作为计算机技术的代表，带来了信息的全球化和大数据概念的产生，也使得仲裁数据即使在保密制度下，依然在全球范围内变得更加易于获得，国际商事仲裁的人工智能也因此获得了训练的数据基础。在其自己得以发展后，已经开始在应用阶段的人工智能以及相关产业又对仲裁信息和数据的公开、流动性和可获得性提出了更高要求。近年来国内外各知名仲裁机构均将各自年度总结报告作为定期发行的公开文件①，一方面得益于计算机对多种数据强大的归纳处理能力，这同样也是对外界期待的回应。国际商会仲裁院在数年前就对仲裁裁决的公开化表明了态度，以“公开”为默认，除非当事人表示反对，其作出的仲裁裁决将在发送当事人两年后进行公开。② 2021 年 4 月 1 日后，国际商会仲裁院与法国法律科技公司 Jus Mundi 合作，逐步系统地公开其作出的仲裁裁决，这种做法被认为“不仅有助于提高国际商会仲裁的透明度，能够提升国际商会仲裁院的决策机制，也将更广泛地确保和加强仲裁作为全球性审判机制的合法性”。③ 其他国际知名仲裁机构，如中国国际经济贸易仲裁委员会、新加坡国际仲裁中心、香港国际仲裁中心、瑞典斯德哥尔摩商会仲裁院等亦有公开发布经过匿名、消

---

① 例如国际商会仲裁院发布的年度数据和报告、中国国际经济贸易仲裁委员会发布的《中国国际商事仲裁年度报告》，伦敦国际仲裁院发布的年报、香港国际仲裁中心发布的年度数据等。

② Article Ⅲ（D）（40 –46）Publication of Awards, Note to parties and arbitral tribunals on the conduct of the arbitration under the ICC Rules of Arbitration, Jan. 1, 2019, https：//iccwbo. org/content/uploads/sites/3/2017/03/icc-note-to-parties-andarbitral-tribunals，最后访问日期：2020 年 2 月 26 日。

③ 参见《国际商会仲裁院 2020 年数据和年度总结》。

密等处理的裁决。[①] 仲裁透明度和公开化问题在近年来被反复探讨，无论反对或支持的声音如何，它已经成为现代仲裁制度不可逆转的趋势之一。人工智能对数据的强大管理处理能力使得仲裁数据更加易于获得。另一方面其自身的发展内在需求又要求仲裁社会不断进行更多更深入的信息发送，以供给其作为继续训练的数据基础。在两方面的驱动下，人工智能在提升仲裁透明度以及仲裁裁决公开化方面起到了巨大的作用。

(四) 人工智能裁判"客观性"与人类裁判"主观偏见"的辩证

在前沿化的理论假设中，人工智能有能力根据机器学习进行法律决策，也即以仲裁员的身份作出裁决结论。有观点认为人工智能进行仲裁裁判的优势之一是可以降低或消除人类仲裁员的主观偏见因素，从而产生更公正、客观的仲裁法律决策。表面来看，基于数据训练而进行的机器学习的确排除了人类仲裁员在审理案件中所带有的主观偏见，因为主观因素深藏在人类仲裁员的文化、政治、生活背景中，这种主观因素常常是带有偏见而不自知的，更遑论人类仲裁员生活环境中复杂的人际关系因素。但人工智能作出的裁决结论是从提供给它的数据训练集中自我训练而来，这些原始的数据训练集正是这些带有"主观偏见"的人类仲裁员所作的，甚至可以说，人工智能在基于人类的主观偏见上进行学习。不仅初始数据集合中的元数据是人类仲裁员"主观偏见"后的产物，如何选择数据以及选择何种数据进行机器学习和训练，依然受到人工挑选的影响，人工智能机器学习优化的方向也是带有偏见的人类所确定的。任何人工智能的训练都不会单纯基于世界上每天产生的新闻内容而完全自主自动改进，它时时刻刻受到人类监管者社会政策导向以及价值取向的影响。举例而言，一个人工智能仲裁员总是倾向于主动降低其认为过高的、申请人主张的违约金金额，该人工智能的人类监管者因此降低了违约金因素在算法中的权重使其更少地对利息数值进行更改。这种优化也正是出于该人类监管者"违约金问题不应被仲裁员主动调低"的主观偏见而开启的，该人工智能算法的优化方向就会朝向人类的主观偏见而发展。正如仲裁界广为传流的名言"仲裁的好坏取决于仲

① See Vanessa Naish, The transparency conundrum: Will the ICC's new pro-publication approach to arbitral awards win over the majority? (Part 1), Thomson Reuters Arbitration Blog (Apr. 15, 2019), http://arbitrationblog.practicallaw.com/thetransparency-conundrum-will-the-iccs-new-pro-publication, 最后访问日期: 2020年9月26日。

裁员的好坏”，人工智能算法的好坏亦取决于制造者提供的数据集的好坏①。算法的自我学习和改进可以放大并永久保留初始嵌入的偏差，并生成更多受到偏差污染的数据，并在算法内部形成一个恶性循环。② 从这个角度看，计算机算法非但没有消除人类主观偏见，反而在复制这些偏见，而为了消除偏见进行的优化改进，也是基于一个新的偏见而产生的。算法本身虽然是一个客观存在的事物，但其本身隐藏着价值偏好，偏好的复制和扩大产生的是法律决策的单一化及裁判的机械化。实际上，人工智能在各种领域一直都因为存在结论偏见而遭受质疑③，而在仲裁制度发达地区，人类仲裁员反而并非经常遭到关于主观偏见的批评。

（五）巩固增强既有仲裁裁决和规范的影响力

人工智能的发展对于大数据产生的需求，结合国际商事仲裁因保密性而产生的高度数据稀缺性，使得现有可查询仲裁裁决以及仲裁规范的地位和影响力，在人工智能机器学习的前中期大大提升。人工智能机器学习在从无到有的训练中，提供给它的数据集是一切机器学习和数据训练的基础，因此在相当长的一段时间内，仲裁人工智能的结果，都将复制那些现有仲裁裁决的结论并遵守现有仲裁规范和仲裁法律文化，直至人工监管者为其提供新的不同数据或有针对性地优化改变人工智能算法对具体数值的判断权重。仲裁发达地区和制度下的仲裁参与者将成为人工智能所依赖数据集的主要提供者，人工智能算法的改进和适用推动也主要由相同主体完成，这将不断巩固既有影响力的仲裁裁决、仲裁规范和仲裁法律文化的权威性。

（六）算法“黑匣子”属性导致仲裁裁判结果的非解释性

人工智能的算法核心依赖于从数据中挖掘隐藏的因素或模式，由计算机从大量数据自我训练并提取算法，而非人工编制算法输入计算机。④ 但在机器学

① See Christine Sim, Will Artificial Intelligence Take over Arbitration? Academia. edu, https://www. academia. edu/36646259/Will_ Artificial_ Intelligence_ Take_ Over_ Arbitrators_ 2018_ forthcomin，最后访问日期：2021年2月3日。

② See Maxi Scherer, Artificial Intelligence and Legal Decision-Making: The Wide Open? A Study Examining International Arbitration, Jour. of Int. Arb. 36 no. 5, 539, 541 (2019).

③ See Abhilasha Vij, Arbitrator-Robot: Is A (I) DR the Future?, in Matthias Scherer (ed), ASA Bulletin (Kluwer Law International; Kluwer Law International 2021, Volume 39 Issue 1), p. 143.

④ See Ethem Alpaydin, Machine Learning 50 – 52 (MIT Press 2016); Margaret A. Boden, Artificial Intelligence: A Very Short Introduction, p. 11 (Oxford University Press 2018). Artificial Intelligence: A Very Short Introduction 26 – 28 (Oxford University Press 2018).

习中，人们很难以指令或其他精确的方式形容或定义这种自动训练出来的算法[①]，这也就是算法的“黑匣子”属性，人们只能看到输入的条件和得出的结果，而无法得知为何、如何得出相应的结果。以垃圾邮件筛选的算法为例，人们将已判定为垃圾邮件和非垃圾邮件的海量邮件范例提供给计算机，由其自行提取邮件范例转化为计算机符号并自我训练形成算法，在该算法中，下一封投入的邮件被决定为“垃圾邮件”或“非垃圾邮件”。依照过往提供的数据，一封带有彩色背景、标记“促销”“打折”“商城”等信息的邮件将极大可能会被判定为垃圾邮件。这看起来是天衣无缝的逻辑，但现实中计算机还是会时常将某些邮件进行错误的定义，人们总在反复从邮箱的垃圾箱中寻回重要的邮件，且无法从计算机算法中获取具体的原因，只能通过人工将某发件人设定为白名单来解决问题。仲裁法律人工智能也面临相似而且更艰难的处境：基于同样逻辑的算法，人工智能无法就其判定仲裁一方违约或未违约（类比“垃圾邮件”和“非垃圾邮件”）给出解释或说明。更遑论仲裁领域可提供数据的数量几千万倍少于现存的电子邮件数量，人工智能算法的训练精准性将大打折扣。

在某些批量的法律关系及适用高度成熟化的类型案件中（例如互联网小额借贷案件），当事双方似乎不需要详细说理，只要快速获得裁判结果即可。对于此类案件，人工智能的特别改进优化是否可以使人们基于对效率和正确结论的快速获取而无视过程原因，答案也许依然是否定的。这种否定性存在于人们对仅得出结论的信赖度会快速被结果的偏差性所击败。人工智能算法是复杂且无法解释的，为了优化而进行的人工干预可能会使人工智能向另一个错误的方向变动。另一部分认为大数据和互联网技术可以实现人工智能裁判的观点，基于认为裁判者应严格地遵循先例，即严格的“判例”规则，但现实法律系统的判例使用尚需要法官对判例作出区分，确定先例的判决理由再决定是否遵循，核心依然是裁判者对先例的判断。退一步而言，过往案例生成数据显示的结果可以简单等于法律决策的规律性这个连接仍然是存疑的，裁判正义的规律很难通过大数据进行体现，因为裁判的经验与知识很多是默示的、隐含的，未必体现在裁判文书的数据中。[②] 这使得人工智能真正从过往案例提取出“正确”裁判

---

① See Ethem Alpaydin, Machine Learning 50 – 52 (MIT Press 2016); Margaret A. Boden, Artificial Intelligence: A Very Short Introduction, 26 – 28 (Oxford University Press 2018), p. 11. Artificial Intelligence: A Very Short Introduction 26 – 28 (Oxford University Press 2018), p. 94.

② 参见宋旭光：《论司法裁判的人工智能化及其限度》，载《比较法研究》2020 年第 5 期。

结果的成本进一步提高，可能性进一步降低。

（七）人工智能作出仲裁裁决的道德伦理以及法律限制

前述数据获取及筛选的困难性、技术水平限制、算法结果的不可解释性等因素，在推崇人工智能可以全面取代人类的观点中都是可以解决的，人工智能的全面支持者将希望寄托于国际商事仲裁社会未来逐步披露出的足够多的案件信息数据、信息全球化所带来的人工智能在法律法规方面的全能，以及技术发展到足够先进的程度，必将产生可以解读人工智能算法理据的另一种算法从而使人们能够获知人工智能仲裁员裁判案件的真实逻辑等“用科技解决科技问题”的方法。除却前述技术问题，由人工智能取代人类作为仲裁员还面临着道德伦理以及法律双重限制。正如存在“瑕不掩瑜”的逻辑一样，在完全由人工智能推进并裁判的国际商事仲裁中，何谓“瑜”何谓“瑕”的确定，指向了人们选择国际商事仲裁作为争议解决方式的价值取向问题。在对争议解决效率有着极端追求的情况下，例如仅仅要求机器测算出一个金钱给付金额的结果，人们可以选择一个人工智能系统进行“胜率”的测算并选择以何种金额进行和解——这也正是一些第三方机构所提供的服务。但在当事人选择进入一个案件的仲裁程序并进行数月乃至数年的抗辩时，即使在将效率价值取向看得如此之重的国际商事仲裁中，人们永远不会放弃的还是对自然正义的追求，而追求自然正义非常重要的一点就是实现正义的过程。结合国际商事仲裁商人法的起源以及仲裁裁决跨境可执行性的要求，仲裁的灵魂在于对法治正义性和商业专业性的兼得。法治是法律规则和法理的规范，而非历史规律的规范，商事行业的专业知识更非仅仅对于过去知识的重复，而在随着实践不断变化更新。由于人工智能机器学习算法只能从大数据的特征或规律中建构模型并得出结果，那么将该结果作为裁判结论，理论上就不是一个依照法律和专业知识得出的裁判结果。在人工智能的裁判中，理由不再重要，重要的是历史统计数据；论证和说理不再重要，重要的是对过去的模仿和重复。[①] 在对裁判说理缺省的情况下，仲裁对案涉当事人的公开性和透明性都将遭到严重损毁。缺失的、不充分的或偏离人们内心自然正义的说理，都会对仲裁公信力造成极大伤害。许多法域内仲裁制度采一裁终局制，仲裁裁决结果在大多数情况下都无法被当事人以上诉

① See Mireille Hildebrandt, Law as Computation in the Era of Artificial Legal Intelligence: Speaking Law to the Power of Statistics, 68 (supplement 1) University of Toronto Law Journal 12, 28 (2018).

等形式进行更改。在这种环境下，裁判使用无法说理的人工智能来完成，无疑将使当事人对仲裁裁决进一步产生不确定及质疑。

人工智能作为仲裁员的制度设计和目前国际商事仲裁制度和许多仲裁地法律都有着明显的不协调。《联合国国际贸易法委员会仲裁规则》第6条“仲裁员的指定”要求将仲裁员的国籍纳入指定仲裁员的考虑以保证仲裁员的独立和公正，并在管理规则中使用“人”“个人”的用词以指代仲裁员；1996年英国《仲裁法》涉及仲裁员的“去世”问题；2014年国际律师协会发布的《国际仲裁中的利益冲突指南》（IBA）第2.3.8条，规定仲裁员不得与当事方有“亲戚”关系；中国《仲裁法》第34条将仲裁员与当事方有“亲属”关系、“私自会见”当事方、接受当事方“请客送礼”等规定为回避情形。在多个法律领域中，仲裁员的身份都被明示或默示为人类，人工智能作为仲裁员裁判案件在现有法律制度下适用面临多重法律障碍。法国近期已经出台规定，禁止使用数据分析去评估和预测司法判决模式，该法律规定“不能为了实现评估、分析、比较或预测的目的或效果而重复使用法官和司法人员的身份数据”①，尽管在字面上该法律的限制范围仅局限于“司法”人员，是否适用于仲裁尚未可知，但这是一个鲜明的对法律数据分析的倾向性政策反馈。

（八）人工智能对仲裁参与者行为的影响

人工智能在国际商事仲裁中进行应用，不仅反映了技术、道德伦理和法律层面的影响效果，其算法机制本身也将极大地影响仲裁参与者的行为模式。更多公开的仲裁数据将逐渐增强国际商事仲裁案件胜率、预测信息等方面的人工智能评估报告的权威性和可信度，仲裁当事人以及代理人都将从多种多样的评估报告中获得自身行为选择的指引，尚未开启仲裁程序的当事人会因人工智能产生的评估结论作出选择和解或坚持进行仲裁程序等决策。仲裁代理人也会参考客户提交案件的人工智能评估结论而收取不同标准的费用，或决定是否代理某个国际商事案件。

仲裁参与者的行为不仅将极大地被人工智能报告结论影响，人工智能本身的算法机制也会使作为理性人的仲裁参与者不断“观察”算法的发展并相应调

---

① See Cecilia Carrara, Chapter Ⅳ: Science and Arbitration, The Impact of Cognitive Science and Artificial Intelligence on Arbitral Proceedings Ethical issues, in Christian Klausegger, Peter Klein, et al. (eds), Austrian Yearbook on International Arbitration 2020, Austrian Yearbook on International Arbitration, Volume 2020 (Manz'sche Verlags-und Universitätsbuchhandlung 2020), p. 521.

整自身的行为。以针对仲裁员的人工智能分析工具为例，其运作模式是将收集该仲裁员作出的仲裁裁决、公开演讲及出版文书中的观点等信息向量化的数值作为训练数据集合，经由机器学习而得出在某案件条件下该仲裁员可能作出何种结论的报告。一个越资深越有经验的仲裁员，其信息的披露、检索和曝光就会越多，其越有可能在人工智能算法中被生成一个完整的“画像”，并受到仲裁当事人的“挑选”而进行指定。在仲裁员法律市场中，存在其他同类“画像”的多个仲裁员，此时该仲裁员作为经济学理性主体，即有动机试图获取该人工智能算法的逻辑以及不同数值在算法中的权重，并据以调整自己的行为，从而使自身在该算法中“得分”更高，“画像”更吸引当事人，继而在仲裁员市场中获得更理想的地位并更多地获得当事人的指定。当仲裁员的行为根据计算机算法而调整时，其行为的中立性和专业性必然受到影响。同样的动机也存在于任何一个领域的国际商事仲裁法律市场，仲裁机构、不同的法域、仲裁地等都是仲裁法律市场中的利益相关主体（仲裁机构可以被称为主体，法域和仲裁地不宜被视为利益主体，请适当调整表述），其有动机为了提升自己在人工智能算法数据集的影响因子而更多地、更有选择性地向外释放可供公开查询的案件信息（即使是隐去涉密部分的）①。且根据其本身裁判资源的稀缺性以及市场定位的需要，这些利益相关主体有动机释放经筛选后的仲裁数据，以在不同目标算法中“刷分”，并吸引自己倾向的仲裁目标群体。

结论

无论好坏，人工智能的时代已经到来，并在不知不觉间散布到国际商事仲裁制度的方方面面。人工智能不是魔术，只是被美化了的数据，它本身不能被定义为善或恶，只是一个客观存在的、发展变化着的事物。人们需要的是再多也不为过的谨慎，以提防在享受到人工智能辅助功能的便利后，滥用人工智能乃至影响仲裁的核心裁判部分，以效率为由取代正义，进而损害国际商事仲裁的基础和本质——商事法治性、专业性以及跨境可执行性。法律的基础属性归

---

① 在人工智能数据库中更有影响力的仲裁机构往往是处理案件数量多并知名的机构，如国际商会（ICC）、伦敦国际仲裁院（LCIA）、新加坡国际仲裁中心（SIAC）、中国国际经济贸易仲裁委员会（CIETAC）等，它们提供的数据将占据一大部分数据库的信息比例，这将使得机器学习的结果更高比例向这些仲裁机构倾斜，无论好坏。

属于社会和政治[①]，法律裁判的结果也必须符合社会和政治的要求，因此对仲裁裁决实现自然正义的需要、对裁判过程说理解释的需求将永远存在。人工智能作为人类创造的技术，其存在的意义应当是辅助人而非决定人，以保留其核心优势而规避潜在风险。

（本文责任编委：杨帆[②]）

① See Christine Sim, Will Artificial Intelligence Take over Arbitration, Asian Journal of International Arbitration (2018), https: //www. academia. edu/36646259/Will_ Artificial_ Intelligence_ Take_ Over_ Arbitrators_ 2018_ forthcomin，最后访问日期：2021 年 3 月 1 日。

② 杨帆，中国国际经济贸易仲裁委员会知识产权处处长、仲裁员。

网络仲裁中法律适用的统一化构想

——以跨境电子商务争议为例

张倍维*

摘　要： 约束性或非约束性网络仲裁比传统的国内诉讼和国际商事仲裁能更好地解决大多数跨境电子商务争议，但其法律适用依然过于复杂，无法有效降低消费者或企业参与网络仲裁的难度。推动网络仲裁中法律适用的统一化有利于相应争议得到更好的解决。具体而言，在约束性网络仲裁中，如果当事人没有约定适用的法律，仲裁机构或仲裁庭或交易平台可以要求当事人申请仲裁时说明希望适用于仲裁协议和仲裁程序问题的法律；无论是约束性还是非约束性网络仲裁，仲裁庭可以选择一般法律原则、统一实体法规则、现代商人法等依据处理实体问题的争议，降低网络仲裁解决跨境电子商务争议的法律适用问题的复杂程度，提高解决跨境电子商务争议的效率。

关键词： 跨境电子商务　网上争议解决机制　网络仲裁　法律适用　统一实体法规则

引言

一般而言，网络仲裁是与线下仲裁相对应的一种争议解决方式，它是指仲裁程序的全部或主要环节（包括提交仲裁申请、开庭审理、提交证据和书面意见、送达仲裁文书等）通过互联网进行的商事仲裁。① 网络仲裁以其不可比拟

---

* 张倍维，中国政法大学国际法学院2018级国际私法专业硕士研究生。

① 参见赵伟婧：《浅析非内国仲裁理论与网上仲裁》，载《国际法学论丛》（第4卷）2005年第1期。

的优势，在解决跨境电子商务争议中的运用越来越广泛。网络仲裁能充分利用大数据、区块链、人工智能、文本分析等技术，实现争议解决效率的大幅提升和成本的降低。[①] 网络仲裁也彻底改变了仲裁的交流方式和案件管理的模式。网络仲裁过程中的沟通不仅可以用电子邮件，而且还可以通过电话会议、视频会议、聊天软件，甚至3D模型来说明案件的相关信息，平台上的证据和文档都可以直接批量下载。在案件管理方面，通过电脑很容易对案件的各类电子数据进行分类，提高了案件的管理效率，也可以通过人工智能给仲裁员提供类似案件的资料作为案件审理的参考资料。[②]

但是现有的网络仲裁机制依然有许多不足，其中之一就是过于复杂的法律适用规则。现阶段网络仲裁大都按照线下仲裁的方法来确定所适用的法律。当事人决定通过网络仲裁解决争议时，同一个网站上产生的争议，即使是同类型的争议，完全有可能适用不同的法律处理仲裁的程序问题和实体问题。对于线下仲裁而言，适用不同的仲裁规则和实体法并无问题。但跨境电子商务追求省时高效地进行交易，交易方大多不愿意为解决争议付出高额的时间成本和金钱成本，也不希望争议的解决涉及过于复杂的法律问题。现有的许多网络仲裁规则会导致网络仲裁可能适用某一方不熟悉的法律，尤其是适用的法律所用的语言是争议某一方不熟悉的语言，会使仲裁涉及过于复杂的法律问题，使得交易方不得不求助于律师或法律工作者，这会大幅提高参与仲裁程序的成本，超出许多交易方的能力范围，尤其是对于消费者和中小企业而言。[③]

因此，简化乃至统一网络仲裁解决跨境电子商务争议中程序和实体规则的法律适用具有现实上的必要性。本文从网络仲裁的发展现状引入，评述现有的网络仲裁法律适用的理论与实践，以及如何实现网络仲裁中法律适用的简化和统一化。

一、网络仲裁的发展现状

本文讨论的网络仲裁是广义的网络仲裁，包括非约束性网络仲裁和约束性

① See Gauthier Vannieuwenhuyse, Arbitration and New Technologies: Mutual Benefits, Journal of InternationalArbitration, Volume 35 Issue 1, 2018, p. 119 – 130.

② See Philippe Pinsolle, Arbitration and New Technologies, in Albert Jan van den Berg (ed), International Arbitration: The Coming of a New Age?, ICCA Congress Series, Volume 17, 2013.

③ 参见高兰英：《网上争议解决机制的产生、现状与未来》，载《社会科学家》2008年第1期。

网络仲裁。[①] 除了裁决一经作出就对当事人双方产生约束力的网络仲裁外，[②] 约束性网络仲裁还包括有条件的约束性网络仲裁（Conditionally Binding），也就是只有当事人接受了仲裁结果，仲裁才发生法律效力。[③] 约束性网络仲裁具有强制执行效力，能够申请国家机关强制执行。非约束性网络仲裁不具有终局的强制执行效力，但是不等于没有法律效力。非约束性网络仲裁可能与约束性网络仲裁有类似的程序架构，但其仲裁决定的效力由交易平台的规则决定，不具有仲裁法意义上仲裁裁决的效力。约束性网络仲裁和传统仲裁一样，都是“一裁终局”，有些消费者不愿意面对这样的风险。非约束性网络仲裁的成本往往更低，经营者为了保护自身商誉也会选择主动履行，在跨境电子商务中更容易得到消费者青睐。[④] 非约束性网络仲裁虽然没有司法强制力保障，但是有许多有效的私人机制保证仲裁的决定得到执行。一是通过评价机制和信誉标记机制约束经营者，经营者因害怕低分评价或者失去某个组织认证的信誉标记，一般会选择主动执行非约束性网络仲裁的结果。二是通过支付网络的第三方担保机制或保证金机制执行。货款在买家确认收货前可能会暂时放在支付中介账户而非经营者账户，能够确保出现争议时，平台有权依据平台的规则按照消费者的要求直接退还货款，或者经营者向平台交保证金以保障争议解决结果执行。三是随着区块链和智能合约技术的运用，网络交易平台不仅可以在合同达到特定条件时自动执行智能合约，而且能够实现争议解决结果的自动化执行。利用多重签名机制，要求获得3个相关联的私钥（双方当事人和仲裁者各持1个私钥）中至少2个签名才能完成交易，没有争议时由双方同意后进行相应交易，发生争议由仲裁者进行裁决，在仲裁者和一方当事人签名后完成相应裁决结果的执行。[⑤]

现在国内外部分仲裁机构提供约束性网络仲裁服务，国内提供网络仲裁服

---

① 参见高薇：《非约束性网上仲裁解决电子商务争端的法律分析》，载《中州学刊》2012年第2期。

② 与“有条件的约束性网络仲裁”相比，这种仲裁可被称为“无条件的约束性网络仲裁”。

③ See Better Business Bureau, BBB Dispute Handling and Resolution, https://www.bbb.org/bbb-dispute-handling-and-resolution/dispute-resolution-rules-and-brochures/dispute-resolution-processes-and-guides/, July 22, 2021.

④ 参见刘薇、骆康璐：《网上仲裁解决B2C电子商务纠纷的法律问题研究》，载《福建质量管理》2018年第23期。

⑤ 参见高薇：《互联网争议解决中的执行问题——从司法、私人到去中心化数字执行》，载《法商研究》2018年第6期。

务且有专门网络仲裁规则（或者在仲裁规则中对网络仲裁进行专门规定）的主要有广州仲裁委员会[①]、深圳国际仲裁院[②]、哈尔滨仲裁委员会[③]、中国国际经济贸易仲裁委员会[④]、香港国际仲裁中心。国外的仲裁机构有美国仲裁协会、国际商会仲裁院、世界知识产权组织、捷克仲裁院提供网络仲裁服务，[⑤] 还有提供网络仲裁服务的私人网站，例如加拿大律师设立的 NovaForum Inc 网上仲裁机构。[⑥] 非约束性网络仲裁以淘宝为典型代表，虽然官方并未使用仲裁一词。淘宝在《淘宝平台服务协议》中规定了平台提供争议调处服务，淘宝有权对争议作出决定，当事方应自觉履行，但这并不妨碍交易方选择诉讼等渠道解决争议。[⑦] 另外，淘宝在 2012 年成立了大众评审机制，允许大众通过投票对争议作出判定。[⑧] 淘宝还通过网站等方式宣传其提供的争议解决服务，消费者在网站上可以非常便捷地进行申请退货退款等操作。淘宝也通过评价机制、信誉标记等方式督促经营者自觉遵守商业规范和淘宝争议解决服务的决定。[⑨] eBay 等电子商务网站也提供了平台介入机制，能够方便消费者快捷地解决争议。[⑩] 电子商务争议解决服务不断发展，但是现有的网络仲裁机制仍然存在缺陷，法律适用就是其中一个重要的方面。目前的网络仲裁规则脱胎于传统的仲裁规则，仍然参照一般的国际商事仲裁原则和规则来处理法律适用问题。但是，跨境电子商务争议的当事人包括许多消费者和中小企业，而他们一般不了解国际私法和域外法律，可能需要律师协助参与网络仲裁程序，这会大幅提高争议解决的成本，与跨境

---

① 参见《广州仲裁委员会仲裁规则（2021 年版）》，载广州仲裁委员会官网，https：//www. gzac. org/zcgz/63873. jhtml，最后访问日期：2021 年 7 月 22 日。

② 参见《深圳国际仲裁院网络仲裁规则》，载深圳国际仲裁院官网，https：//online. scia. com. cn/Common/OnlineacRule2017，最后访问日期：2021 年 7 月 22 日。

③ 参见《哈尔滨仲裁委员会网络仲裁规则》，载哈尔滨仲裁委员会官网，http：//www. hrbac. org. cn/newsshow. php？ cid =57&id =4052，最后访问日期：2021 年 7 月 22 日。

④ 参见《网上仲裁规则》，载中国国际经济贸易仲裁委员会官网，http：//www. cietac. org/index. php？m = Article&a = show&id =2744，最后访问日期：2021 年 7 月 22 日。

⑤ Mohamad Salahudine Abdel Wahab，Online Arbitration：Tradition Conceptions and Innovative Trends，International Arbitration：The Coming of a New Age?，ICCA Congress Series，Volume 17 ，2013.

⑥ 参见高薇：《论在线仲裁的机制》，载《上海交通大学学报（哲学社会科学版）》2014 年第 6 期。

⑦ 参见《淘宝平台服务协议》，载阿里巴巴网站，http：//terms. alicdn. com/legal – agreement/terms/TD/TD201609301342_ 19559. html，最后访问日期：2021 年 7 月 22 日。

⑧ 参见淘宝大众评审网站，载淘宝网，https：//pan. taobao. com/，最后访问日期：2021 年 7 月 22 日。

⑨ 参见丁颖：《网上消费者争议的在线解决——以淘宝平台模式为例》，载《武大国际法评论》2014 年第 1 期。

⑩ See eBay，Ask eBay to step in，https：//www. ebay. com/help/selling/managing – returns – refunds/ask – ebay – to – step – in？ id =4702，July 22，2021.

电子商务中存在大量小额争议的情况相冲突，当事人可能考虑到争议解决的成本和收益不成比例，放弃将争议提交网络仲裁解决。简言之，网络仲裁中传统的法律适用方法脱离了跨境电子商务的实际需要。针对这一问题，本文从网络仲裁法律适用的现有理论和实践出发，提出有关优化法律适用规则的建议。

二、网络仲裁中法律适用的现有理论与实践

本文从约束性网络仲裁和非约束性网络仲裁两方面说明网络仲裁现有的理论和实践：

（一）约束性网络仲裁的法律适用

现有的约束性网络仲裁在处理法律适用的问题上，基本沿用了传统线下仲裁的方法来确定所适用的法律。另外，也有学者主张仲裁“非内国化”，仲裁的法律适用不应该局限于某个特定国家的法律体系。国际商事仲裁法律适用包含仲裁协议、仲裁程序、仲裁实体问题的法律适用。

仲裁协议/条款的法律适用（以下统称仲裁协议的法律适用）是指确认判断仲裁协议效力的法律。一般而言，首先根据当事人的约定确定适用的法律，如果当事人没有作出选择，适用仲裁地法。当事人的行为能力需要适用属人法和合同缔结地法，可仲裁事项也需要考虑申请承认与执行国法律。[①] 不过，值得关注的是，包括欧盟成员国在内的一些国家不承认面向消费者的格式合同中排除当事人诉权的仲裁条款的效力，而承认经营者和消费者在争议发生后达成的仲裁协议的效力，目的是防止消费者诉权被剥夺。[②] 跨境电子商务可能会涉及许多国家，对于经营者来说，不宜在其格式合同中约定约束性网络仲裁解决纠纷，否则其争议解决条款的效力可能被否定。

仲裁程序问题的法律适用是指判断确认仲裁程序问题所适用的法律。仲裁程序问题的法律适用以意思自治为首要原则，如果当事人没有约定则适用仲裁地法。[③] 但问题就在于网络仲裁没有传统意义上的场所，往往难以确定具体的

---

① 参见寇丽：《现代国际商事仲裁法律适用问题研究》，中国政法大学2004年博士学位论文，第79页、第83-86页。

② 参见何其生：《互联网环境下的争议解决机制：变革与发展》，武汉大学出版社2009年版，第392-397页。

③ 参见朱志晟：《网上仲裁的若干法律问题及对策探讨》，载《科技与法律》2004年第3期。

仲裁地。[①] 传统适用于线下仲裁的仲裁规则一般会对仲裁地的确定进行规定，在当事人没有确定仲裁地时，有两种方式确定仲裁地：一是以仲裁机构所在地为仲裁地，新加坡国际仲裁中心仲裁规则、伦敦国际仲裁院 1998 年仲裁规则、1992 年日内瓦工商会仲裁规则采用了此种规定；二是授权仲裁庭决定仲裁地，国际商会国际仲裁院仲裁规则就是以这种模式确定仲裁地。[②]

在跨境电子商务争议中，争议和网络仲裁程序都具有跨地域的特点。事实上，在通过网络仲裁处理跨境电子商务争议时，仲裁机构所在地或仲裁庭所在地与当事人、案件标的可能无实质联系，没有线下审理的网络仲裁也不存在实际开庭的地点。许多学者认为网络仲裁规则沿用传统的方式确定仲裁地不合理，因此学者提出了不同方法来解决仲裁地的确认。有人主张仲裁员所在地论，以独任或首席仲裁员的所在地为仲裁地，但仲裁员所在地存在仲裁时所在地、惯常居所地等多种理解，且仲裁员跨境流动频繁，这种方法存在很大的不确定性和不可预见性；也有主张认为以服务器所在地为仲裁地，但仲裁程序会涉及多个服务器，确定服务器所在地不具有可行性；有学者认为应该以网址所有者或控制者所在地作为仲裁地，该方法相较服务器所在地更为切实可行，但问题在于，网址的所有者和控制者不一定是同一个主体，而且一个网址可能存在多个控制者和所有者，所以无法保证法律适用的可预见性；[③] 还有以仲裁员发送和接收邮件所在地为仲裁地，这同样具有高度的不确定性；[④] 有学者主张用类似法律适用中最密切联系原则的方法确定仲裁地，综合考虑传统的连结点，包括国籍、住所、行为地等因素确定仲裁地。[⑤] 关于网络仲裁地的确定，还有一些其他方法，此处不再一一列举。另外有一些学者主张网络仲裁应该“非内国化”，不需要确定仲裁地，仲裁程序可以不受仲裁地国的约束，仲裁裁决的法律效力不需要某个国家的法律赋予。只有申请执行或拒绝执行仲裁裁决时，才会受到承认与执行国的法院的监督。“非内国化”理论否认了仲裁地法院对仲裁监督的权力，因而受到许多质疑。该理论的问题包括仲裁程序进行过程中无法

---

① 参见杨桦：《论网上仲裁程序法的适用》，载《重庆师范大学学报（哲学社会科学版）》2011 年第 2 期。

② 参见刘善治：《论在线仲裁仲裁地的确定》，载《河南教育学院学报（哲学社会科学版）》2006 年第 4 期。

③ 参见李虎：《网上仲裁法律问题研究》，中国政法大学 2004 年博士学位论文，第 111 – 112 页。

④ 参见李彩霞：《网上仲裁地法律问题研究》，载《北京仲裁》2005 年第 1 期。

⑤ 参见谢迎：《论网上仲裁仲裁地的确定》，载《经济视角（下）》2011 年第 12 期。

得到仲裁地法院的支持和协助，可能无法依据 1958 年《承认及执行外国仲裁裁决公约》（以下简称《纽约公约》）得到承认与执行等。[①]

仲裁实体问题的法律适用，有两种观点，一种是单独创造出一种实体法规则来解决电子商务争议，另一种是使用传统的法律适用方法确定适用的实体法。就目前国内外的实践来说，传统的法律适用方法仍然占上风。不过，在网络仲裁中适用新商事法（the new lex mercatoria）也即现代商人法得到越来越多的认同，新商事法源于国际商事规则、国际商事惯例以及国内法等。[②]

（二）非约束性网络仲裁的法律适用

非约束性网络仲裁的法律适用相比约束性网络仲裁要简单很多。非约束性网络仲裁不具有强制约束力，有些非约束性网络仲裁规则要求当事人在没有寻求法院或约束性网络仲裁解决争议时，遵守和履行非约束性网络仲裁作出的决定，有些规则没有这样的要求。非约束性网络仲裁的决定不能排除当事人通过法院和仲裁机构进行救济的权利。[③] 这是由于非约束性网络仲裁的裁决不具有强制执行的效力，双方当事人进行仲裁往往是基于交易平台规则，并非一致同意提交仲裁作出终局裁决，当事人如不同意争议解决的结果，可以选择另行仲裁或诉讼。一般来说，当事人同意提交非约束性网络仲裁的协议，适用传统的法律适用规则选择准据法，即依据某国的合同相关的法律来判断仲裁条款的效力，而不是依据该国仲裁法来判断仲裁协议的效力。另外，作为非约束性的争议解决方式的一种，不存在法律意义上的“仲裁地”，也就不需要考虑仲裁地法的强制性规定，仲裁程序一般是直接适用争议解决机构的规则，而非当事人约定的其他规则。实体问题的法律适用在非约束性争议解决规则中一般不会明确规定，许多情况下争议解决机构会按照传统的冲突法规则确定适用的实体法。

三、网络仲裁的法律适用的统一化

现阶段的网络仲裁，无论是约束性网络仲裁还是非约束性网络仲裁，都有现存的规则解决法律适用问题。但现有的网络仲裁的法律适用方法不能适应跨

---

① 参见赵伟婧：《浅析非内国仲裁理论与网上仲裁》，载《国际法学论丛》（第 4 卷）2005 年第 1 期。

② 参见张潇剑：《跨国网上仲裁若干法律问题研究》，载《河北法学》2006 年第 4 期。

③ 参见高薇：《非约束性网上仲裁解决电子商务争端的法律分析》，载《中州学刊》2012 年第 2 期。

境电子商务的需要，尤其是约束性网络仲裁的法律适用方法过于复杂。接下来从仲裁协议、仲裁程序问题和实体问题三个方面讨论法律适用问题。之所以采用与上一节不同的角度分类讨论，原因在于约束性网络仲裁和非约束性网络仲裁在简化法律适用和统一规则适用的方法上有一定共通性，差异也值得比较和关注。在程序法的法律适用中还会讨论仲裁地的确认问题。

（一）仲裁协议的法律适用

截至2022年1月，《纽约公约》已经有169个缔约国，全世界大多数国家加入了该条约。[①] 自该公约生效以来，支持仲裁的理念日益得到普及。如果当事人之间有有效的仲裁协议，法院应该拒绝审理仲裁协议中约定的仲裁事项。1985年《联合国国际贸易法委员会国际商事仲裁示范法》（以下简称《示范法》）第8条规定仲裁程序不受法院受理案件的影响，仲裁庭仍可以对仲裁协议标的作出裁决。60多个国家全部或部分采用了该《示范法》，没有采用《示范法》的国家，其中也有不少按照示范法的标准参考立法。[②] 因此，仲裁协议的法律适用一般不会对结果有很大影响，因为适用不同国家的法律，通常不会影响仲裁协议效力的认定，从而对仲裁机构或仲裁庭受理仲裁申请和当事人申请承认与执行仲裁裁决都不会有太大影响。不过，如果网络仲裁的仲裁协议的法律适用也用传统仲裁的方法，可能会产生复杂的法律适用问题，使仲裁庭在裁决自身是否享有管辖权或者法院处理裁决协议是否有效的案件时，可能需要较长时间进行判断，不利于方便快捷地处理跨境电子商务争议。由于很少有仲裁协议专门约定仲裁条款本身的法律适用，当仲裁庭和法院在处理仲裁协议效力时，必须按照传统的方法研究仲裁协议的法律适用问题。笔者认为，一个可行的解决方法是，网络仲裁机构或仲裁庭或交易平台可以要求当事人在提交仲裁时说明希望仲裁协议适用的法律。仲裁庭可在审理期间询问被申请人关于仲裁协议法律适用的意见，仲裁庭只需依据双方的合意处理法律适用问题，不需要运用复杂的法律适用方法。通常情况下，由于适用不同国家的法律不会对仲裁协议的效力作出不同的认定，仲裁协议的法律适用问题往往不会是案件的争议焦点，被申请人反对的可能性不大，通过这种方法可以把复杂的法律适用问题

---

① See newyorkconvention. org, Iraq accedes to the New York Convention, https: //www. newyorkconvention. org/news/iraq + accedes + to + the + new + york + convention, February 21, 2022.

② 参见宋连斌：《国际商事仲裁协议及其效力认定（上）》，载石家庄仲裁委员会官网，http: //www. sjzzc. gov. cn/html/ziliao/lilun/2016/0706/2760. html，最后访问日期：2021年7月22日。

简单化。

非约束性网络仲裁的仲裁协议的效力，不适用各国的仲裁法。当事人提交非约束性网络仲裁的仲裁协议的效力，一般根据合同法来作出判断。这种仲裁协议的效力，不需要特别地简化法律适用，原因在于提交非约束性网络仲裁的仲裁协议一般不会无效。即使非约束性网络仲裁条款规定在格式合同中，因为这样的约定不能排除当事人请求法院或约束性仲裁救济的权利，不能视为排除消费者重要权利的约定，通常各国法律都将此视为有效的约定。

（二）仲裁程序问题的法律适用

对于约束性网络仲裁来说，在当事人约定仲裁程序问题适用的法律的情况下，仲裁程序适用当事人选择的法律，不过仲裁程序也不能违反仲裁地法律的强制性规定。实践中，当事人约定仲裁程序问题适用的法律比较少见，但有当事人通过约定仲裁地来确定仲裁程序法（即仲裁地法）。所以，仲裁程序的法律适用，无论当事人是否选择了适用的法律，必须考虑仲裁地。虽然大多数国家采取了支持仲裁的立法和司法政策，但不同国家对待仲裁裁决的司法审查严格程度不同，各国的公共政策也不同，选择不同的仲裁地有可能产生不同的结果。假设有国家不承认数字签名的有效性，那么网络仲裁的效力就会得不到承认。①

如果当事人没有选择仲裁程序问题适用的法律或仲裁地，仅选定了仲裁机构或仲裁规则，一般由仲裁庭根据仲裁规则决定仲裁程序问题的法律适用，通常是仲裁地法。如果由仲裁庭决定仲裁地，网络仲裁沿用了传统的仲裁规则，很多情况下是仲裁机构所在地或仲裁庭所在地，或者由仲裁庭根据情况进行判断。② 笔者认为，上文所提到的仲裁员所在地、服务器所在地、网址所有者或控制者所在地都具有不确定性，可能需要花较长时间进行分析判断，并非确定仲裁地合适的方法，且仲裁地很可能与跨境电子商务争议方和争议标的没有实质联系。有学者主张采用类似法律适用中的最密切联系原则来确定仲裁地，分析多方面因素确定最合适的仲裁地，虽然能解决仲裁地可能与争议没有实质联系的问题，但却是一种更为复杂的方法。跨境电子商务追求高效，争议方也期待快速地解决争议，而不是单纯地追求严谨和公平。分析多种因素之后确定由

① 参见邓瑞平、唐海涛：《电子商务时代网上仲裁：困境与出路》，载《河北法学》2013 年第 12 期。

② 参见马迁：《网上仲裁立法模式之考量》，载《郑州大学学报（哲学社会科学版）》2009 年第 2 期。

最密切联系的地点作为仲裁地，不是确定网络仲裁的仲裁地的合适方式。

笔者认为，关于网络仲裁中仲裁程序问题的法律适用，可以采用前文所提到的用于确认仲裁协议法律适用的方法，仲裁机构或交易平台在示范条款中建议当事人约定仲裁程序的法律适用，如果当事人依然没有约定，仲裁机构或仲裁庭或交易平台在受理仲裁申请时，把希望选择的仲裁地和适用于仲裁程序问题的法律作为仲裁申请书的“必填信息”，从而确保争议得到高效顺利的解决。

当然，仲裁的意思自治并非由申请人一方单方面决定，把其主张的仲裁地和适用仲裁程序问题的法律作为“必填信息”的方法要求被申请人至少不反对申请人的选择，才能够实现。如果没有达成一致，将仲裁机构所在地作为仲裁地最恰当。虽然这仅仅是沿用传统的方法，仲裁机构所在地法可能与争议无实质联系，尤其是在跨境电子商务争议中更是如此。但是，选用仲裁机构所在地是最具有预见性和确定性的方法。虽然，争议发生前在格式合同中明确约定仲裁地或仲裁程序问题适用的法律也能够确保预见性和确定性，但这并非解决网络仲裁中仲裁程序法律适用问题的最佳方法，因为在某些情况下这一方法并不能奏效。例如，在跨境电子商务中，争议发生前的消费者与经营者达成的仲裁协议的效力不被欧盟成员国所承认，而否定了仲裁协议的效力就不能确保格式合同中约定的地点作为仲裁地，也就无法确认仲裁程序问题适用的法律。

“非内国化”仲裁理论的确和网络仲裁跨地域性的特点非常吻合，但是在处理跨境电子商务问题时，必须考虑不同国家的法律，否则可能会出现一个仲裁裁决不能得到承认与执行的问题。只有一个仲裁案件确定了仲裁地，才能使仲裁裁决拥有一个“国籍”，进而通过《纽约公约》申请承认与执行。① 《纽约公约》缔约国远多于承认“非内国化”理论的国家，既然是处理跨境电子商务争议，就有可能涉及不同国家，应该以大多数国家的立法和司法实践作为构建网络仲裁法律适用方法的基础，而不是运用尚未达成广泛共识的理论。虽然可以朝“非内国化”的方向努力推进，但现阶段还是需要根据实际情况设计和完善网络仲裁制度。

非约束性网络仲裁一般适用争议解决机构的仲裁规则或当事人选择的程序规则，不会适用各国的仲裁程序法，也很少会出现违反强制性规定的情况。即使非约束性网络仲裁程序出现了违法的问题，跨境电子商务的争议方通常是针

---

① 参见张笑：《浅析网上仲裁的仲裁地之确定》，载《华商》2008年第3期。

对争议另行起诉或申请仲裁，而非单独就争议解决程序违法进行起诉，所以此处不讨论非约束性网络仲裁的仲裁程序问题的法律适用，但是非约束性网络仲裁的程序规则的适用也可以进行简化和统一化。一个跨境电子商务平台可能在格式合同中约定消费者可以向多个争议解决机构提交解决争议的申请，如果不同机构适用不同的程序规则，会给消费者和企业带来对规则的理解和适用的麻烦。以欧盟关于消费纠纷网上争议解决（ODR）的第524/2013号条例为例，欧盟建设一站式ODR平台，连接所有的替代性争议解决机构，提供所有欧盟官方语言作为工作语言。提交该平台解决争议，不能排除消费者通过诉讼或仲裁救济的权利。目前，不同争议解决机构适用的规则存在差异，没有实现规则的统一化。① 大多数消费者和中小企业理解和适用法律的能力相对有限，应该努力促成不同争议解决机构规则的统一，或者通过国际组织（例如联合国国际贸易法委员会）出台详细的规则供争议方自由选用，避免因为规则的差异导致争议方在参与网上争议解决机制时产生过多困扰。以美洲国家组织建立跨境经营者与消费者（B2C）交易网上争议解决机制为例，该组织专门起草了网上争议解决机制示范程序规则，争议解决服务机构统一按照该程序解决争议，这样就可以使消费者和企业都能用同一套程序解决跨境电子商务争议，不会因选择不同的争议解决机构导致适用不同的程序，使消费者维权更为便利。统一的网上争议解决程序有利于保障程序的确定性和可预见性，促进机构间公平竞争和便于接受政府的监督。②

（三）实体问题的法律适用

实体问题的处理才是大多数仲裁案件争议的核心与焦点，如果要简化仲裁的法律适用以提高审理的效率，实体问题的法律适用是研究的重点。尤其是消费者在通过非约束性网络仲裁维权时，更看重的是快速解决争议，而不一定要求严格按照传统的法律适用方法来处理实体问题的适用法。如果按照冲突法规则来决定网上争议解决中实体问题的适用法，情况就会变得非常复杂。因为跨境电子商务涉及许多地点，选择适用何地的冲突法和依据冲突法规则判断准据法可能会非常烦琐，不能发挥网络仲裁快速解决争议的优势。

如果当事人要选择争议解决程序适用的实体法，不大可能约定冲突法规则，

---

① 参见刘一展：《欧盟网上争议解决（ODR）机制：规则与启示》，载《改革与战略》2016年第2期。

② 参见薛源：《跨境电子商务交易全球性网上争议解决体系的构建》，载《国际商务——对外经济贸易大学学报》2014年第4期。

而是直接约定适用何国实体法。所以，用前面所说的用于处理程序法适用的方法也无法解决，若将适用何国冲突法作为“必填信息”，适用冲突法本身依然是复杂的过程，没有达到简化和统一化法律适用的目标。即便要求当事人在提交仲裁申请时，说明希望适用的实体法，通常无助于问题的解决。与程序法不同的是，当事人一般更在意实体问题的处理，产生不一致意见的可能性更大。假设中国人通过互联网购买了美国一个中小企业的产品导致责任事故，虽然中国人更熟悉中国法，但是为了得到更高额的赔偿愿意选择美国法。中国人提交仲裁申请时，更有可能主张适用美国法，而该美国企业可能为了避免更高额的赔偿而提出反对并且主张适用中国法，即使该美国企业没有一个强大的法务团队帮助其解决适用中国法的问题。而且，跨境电子商务网络仲裁争议的网络仲裁收费标准会控制得相对低，不可能要求仲裁员或非约束性网络仲裁的争议解决人为了极少的报酬研究如何应用复杂的冲突法和准据法问题，更何况在有些情况下，仲裁员并不熟悉某些法域的实体法，也不掌握这些实体法使用的语言。

如上文所说，网络仲裁中实体问题的法律适用，应该用统一化的方法而非传统的冲突法方法，无论是用约束性网络仲裁还是非约束性网络仲裁处理跨境电子商务争议。如果当事人选择了适用的实体法，仲裁庭就会按照当事人的选择处理。如果当事人没有选择适用的实体法，有三种可行而且高效的方法：一是采用一般法律原则而非特定国家的法律审理案件，这样能够避免复杂的准据法和管辖权的问题。[①] 在非约束性网络仲裁中可以是用一般法律原则结合经营者或平台网站的交易规则作出决定，在约束性网络仲裁中则类似于友好仲裁，无需严格适用法律，根据公平合理的原则对案件作出裁决。这种方法跳过了复杂的冲突法的推理过程和外国法的查明工作，能够简化案件的审理。二是拟定一套统一实体法规则，该方法需要凝聚不同国家的争议解决机构或者政府的共识，可能在短期内无法实现，但这也许是未来的发展趋势。为实现这一目标，需要对争议进行分类，确定争议的类型和相应的救济方式，在此基础上建立统一的实体法规则。三是适用现代商人法。现代商人法包含国际商事规则和惯例等法律渊源。[②] 适用现代商人法和前面的方法一样可以有效地简化法律适用。总之，上述三种方法都有可行性，符合更快解决跨境电子商务争议的需要，只

---

① 参见丁颖、李建蕾、冀燕娜：《在线解决争议：现状、挑战与未来》，武汉大学出版社2016年版，第109页。

② 参见张潇剑：《跨国网上仲裁若干法律问题研究》，载《河北法学》2006年第4期。

是制定统一的实体法规则还需要一段时间才能完成。

结论

仲裁实践中，网络仲裁的法律适用方法仍然是沿用传统线下仲裁的法律适用方法，会给当事人解决争议带来诸多困难。针对这一情况，虽然许多学者提出了有别于传统的仲裁地的确认方法和法律适用方法，但这些方法忽略了一个基本的事实：跨境电子商务存在大量小额争议案件，当事人提交网络仲裁的案件争议标的额可能很小，不可能为一个标的额不大的案件支付律师费用，且许多网络仲裁案件可能由当事人直接参与。如果用传统的法律适用方法，或者用其他严谨但低效率的方法来解决法律适用问题，会使当事人排斥通过网络仲裁解决争议。原因在于适用不同国家的冲突法和实体法以及仲裁程序法，对于法律专家而言也并非易事，对于一般当事人来说更是如此。如果要求一般当事人为了解决争议去研究这些问题，然后根据查明的外国法来向仲裁庭或争议解决机构提交意见，甚至有可能因某个国家法律使用了当事人的非母语语言，当事人还需要克服语言障碍，那么可想而知，这些其实都是不切实际的方法。

笔者认为，约束性网络仲裁中，在仲裁协议和仲裁程序的法律适用以及仲裁地的确定上，可以通过仲裁机构或仲裁庭或交易平台要求当事人提交仲裁申请时声明希望适用的法律和选择的仲裁地来解决，仲裁的实体问题的法律适用可以通过适用一般法律原则或现代商人法，或者制定统一实体法规则来解决。非约束性网络仲裁中，仲裁协议的法律适用一般不是一个重要的问题。非约束性网络仲裁规则应该努力实现程序规则的统一化，以尽量减少当事人尤其是消费者和中小企业参与程序的困难，而实体规则可以采用一般法律原则和平台或经营者交易规则相结合的方法处理法律适用问题。通过上述方法简化法律适用，更贴近网络仲裁的实践需要，能够让更多当事人愿意选择网络仲裁来解决争议，也更符合未来的发展趋势。

（本文责任编委：赵英①）

① 赵英，中国国际经济贸易仲裁委员会天津分会副秘书长、仲裁员。

理论前沿

论反垄断争议的可仲裁性

——基于中国有关司法实践的反思

朱子琳[*]

摘　要：反垄断争议的可仲裁性是指反垄断争议能否以仲裁方式解决，其中较有争议的是平等市场经营者之间因限制竞争行为产生的反垄断争议是否具备可仲裁性。基于反垄断争议与公共政策的关系，传统观点认为仲裁并不适宜解决此类纠纷。江苏省高级人民法院和最高人民法院先后认定反垄断争议不可仲裁，其理由可归纳为三点：现行法规定存在空白，反垄断法具有公共政策性，反垄断争议涉及公共利益突破双方约定。然而细加审视可以发现，上述理由均有待商榷：其一，现行法并未否定仲裁解决反垄断争议的可能性；其二，公共政策本身内涵模糊，应当严格限制适用；其三，仲裁庭对反垄断争议的认定仅限于争议双方间的权利义务关系，并不影响其他利益相关方通过其他方式维护权利。从应然路径上看，当事人约定的仲裁条款在反垄断争议中应为有效，仲裁庭可在约定范围内解决其纠纷，法院可在仲裁裁决作出后审查该裁决是否有违反公共利益或公共政策的情形，而没有必要在事前一概否定反垄断争议的可仲裁性。总体而言，中国司法机关应以更务实和开放的态度，认可反垄断争议的可仲裁性。

关键词：反垄断争议　可仲裁性　公共政策　意思自治　司法审查

* 朱子琳，经济法学硕士，现就职于上海证券交易所。

引言

反垄断争议，包括主管机关与实施垄断行为的经营者之间产生的行政争议，和市场经营者之间因限制竞争行为而产生的民事赔偿争议。[①] 对于前者，因主管机关处于行政管理地位，与经营者之间并非平等法律关系，其争议因缺乏仲裁合意而无可仲裁的空间，本文不作过多讨论；对于后者，因作为平等市场主体的经营者之间可能存在仲裁合意，其争议能否提交仲裁则存在分歧，本文主要对此展开论述。下文如无特别指出，“反垄断争议”均指经营者之间的争议。

传统上，经营者之间的反垄断争议被视为与公共利益密切相关，而用于解决私人之间商事纠纷的商事仲裁，则因为其私法性质被认为与反垄断争议解决无涉。[②] 随着实践与理论的演进，以美国、欧盟为代表的国家和组织逐渐放弃了反垄断争议严格排除仲裁的观点。与之相对，中国法院在实践中对反垄断争议的可仲裁性仍持否定态度：尽管北京市高级人民法院在2019年6月的一起案件中根据合同解释原则认为该案反垄断争议落入双方仲裁条款中，肯定了反垄断争议的可仲裁性，[③] 但江苏省高级人民法院[④]和最高人民法院[⑤]先后在2016年和2019年8月基于中国法无明确规定、反垄断法的公共政策性以及反垄断纠纷涉及公共利益而否定了反垄断争议的可仲裁性。然而，法院对反垄断争议可仲裁性的保守态度仍遭到质疑：其一，在中国法语境下，采用仲裁解决反垄断争议是否有其适用空间？其二，公共政策是否足以排除通过仲裁解决反垄断纠纷？其三，应如何理解反垄断法涉及的公共利益？此外，若涉及反垄断的争议一概被归入不得仲裁之列，合同双方之间达成的仲裁协议便无法发挥作用，这是否会影响商事主体交易的可预期性？

上述问题表明，仅仅基于公共利益而一概否定反垄断纠纷的可仲裁性，或许并不是合理的选择。如何理解并化解反垄断争议与仲裁之间的冲突关系，是实践中亟待解决的问题。在此背景下，本文从中国法院的三起裁定结果出发，

---

① 杜新丽：《从比较法的角度论我国反垄断争议的可仲裁性》，载《比较法研究》2008年第5期。

② See James Bridgeman, The Arbitrability of Competition Law Disputes, European Business Law Review, 2008, p. 147.

③ 参见北京市高级人民法院（2019）京民辖终44号民事裁定书。

④ 参见江苏省高级人民法院（2015）苏知民辖终字第72号民事裁定书。江苏高院在该案中认定，反垄断争议因涉及公共利益，不具有可仲裁性。

⑤ 参见最高人民法院（2019）最高法知民辖终47号民事裁定书。

结合实践演进与理论研究，探讨反垄断争议的可仲裁性问题。除了引言和结语，文章主要分为六部分：第一部分概述传统视角下反垄断争议与可仲裁性之间的矛盾，为本文的讨论奠定基础；第二部分回顾中国法院在三起案件中对反垄断争议可仲裁性的裁定，分析由此产生的问题；第三部分探讨在中国法语境下，以仲裁方式解决反垄断争议的可行性；第四部分讨论公共政策对反垄断争议解决方式的影响；第五部分讨论公共利益对仲裁解决反垄断争议的影响；第六部分讨论仲裁解决反垄断纠纷的过程中司法介入的应然路径。

一、传统观点：反垄断争议不具备可仲裁性

反垄断法肇始于19世纪末美国的《谢尔曼法》，自诞生时就带有自由企业的大宪章之称号，旨在维护市场公平、自由的竞争秩序。垄断行为是指具有竞争关系的经营者之间，滥用或者谋求滥用市场支配地位，进而排除限制竞争的行为。由于垄断行为不仅会损害其他竞争者的利益，还会影响市场秩序，并进而损害消费者福利，因而反垄断并不仅仅是维护其他竞争者利益，更重要的是恢复被破坏了的市场秩序、维护正常竞争状态。由此，反垄断法被认为超越了平等主体之间的关系，具有公法性质。①

与之相对，仲裁的基础则在于当事人意思自治。仲裁庭管辖权的基础有二，其一是当事人的仲裁协议，其二是争议事项的可仲裁性。所谓可仲裁性，即根据有关法律规定，某项争议能否通过仲裁解决；如果纠纷不具有可仲裁性，当事人即便约定了仲裁，仲裁庭也无法行使管辖权，仲裁庭对不具备可仲裁性的事项作出裁决的，仲裁裁决将遭到法院的撤销，或不被承认和执行。②《承认及执行外国仲裁裁决公约》（以下简称《纽约公约》）第5条第2款即规定，若“依该国法律，争议事项系不能以仲裁解决者”，则法院可以拒绝执行仲裁裁决。因此，可仲裁性是判断特定争议是否可以通过仲裁解决的重要标准。可仲裁性的标准包括可处分性、可诉讼性、商事性、经济利益等。③ 从反面来看，

① 王先林：《反垄断法的基本性质和特征》，载《法学杂志》2002年第1期。

② 宋连斌：《国际商事仲裁管辖权研究》，法律出版社2000年版，第39页。

③ 其中可处分性是指争议事项可以由当事人双方自行处分，属于双方意思自治的范畴；商事性是指争议事项与商事关系有关，涉及商业交易；经济利益则是指争议涉及当事人的经济权益。参见林燕萍：《反垄断争议的仲裁解决路径》，法律出版社2016年版，第48－49页；另见张艾青：《国际商事仲裁中反垄断争议的可仲裁性问题研究》，法律出版社2016年版，第19－23页；参见杜新丽：《从比较法的角度论我国反垄断争议的可仲裁性》，载《比较法研究》2008年第5期。

如果争议涉及公共利益，就超越了当事人之间可以自由处分或和解的范围，不能通过仲裁解决。

反垄断争议不具备可仲裁性，表现在反垄断所代表的公共政策与仲裁所维护的私人利益之间的冲突。反垄断法意在恢复市场正常的竞争秩序，而不仅限于维护某个企业的私人权益；企业因垄断行为受到的侵害，涉及的也不仅仅是企业本身，还有相关市场的竞争状态和下游的消费者福利。因而传统的观点是，反垄断争议涉及一国公共利益，超越了私人利益的范围，无法完全由当事人自行处分，也不适宜由仲裁庭裁决，不具有可仲裁性。

反垄断争议不可被仲裁的原则，最早在美国第二巡回上诉法院1968年判决的"美国安全设备公司诉马奎尔公司案"（以下简称美国安全案）中得到确立。[①] 在该案中，被告希科克制造公司（Hickok Manufacturing Co. Inc.，以下简称希科克公司）是一家生产男士背带服装等物品的制造商，原告美国安全设备公司（American Safety Equipment Corp.，以下简称美国安全公司）是希科克公司的商标被许可人，双方订立了15年的商标使用合同，并约定了仲裁条款。在该案中，美国安全公司向法院起诉，要求认定许可协议因违反《谢尔曼法》自始无效，因为其加剧了希科克公司的商标垄断。由于双方约定了仲裁条款，受理该案的法院裁定中止诉讼，提交仲裁。美国安全公司对法院的管辖权裁定提出上诉，上诉法院最终裁定反垄断争议不具有可仲裁性，支持了美国安全公司的上诉请求。上诉法院认为，首先，保护公共利益的反垄断法与保护私人利益的仲裁之间存在冲突，采用私人手段解决反垄断争议无法实现在《谢尔曼法》下保护消费者利益的目的。其次，商事仲裁员来自商界，容易受商业利益影响，不适宜裁决具有公法性质的反垄断争议。再次，反垄断争议往往较为复杂，法院更具有相应专业能力。最后，若当事人一方具有垄断地位，他们之间的仲裁协议也很可能并非真实意思表示。因此，反垄断争议不应由仲裁解决。[②]

总的来看，传统观点认为，经营者之间的反垄断争议不仅涉及当事人双方的利益，也会涉及相关市场中其他企业和消费者的利益，而仲裁仅关涉合同双方对争议处理的约定，故反垄断争议难以落入仲裁的范围。

---

① See American Safety Equipment Corp. v. J. P. Maguire & Co., 391 F. 2d 821.

② See American Safety Equipment Corp. v. J. P. Maguire & Co., 391 F. 2d 821. 参见林燕萍：《反垄断争议的仲裁解决路径》，法律出版社2016年版，第93页。

二、中国法院对反垄断争议可仲裁性的实践分歧与问题

实践中，中国法院对反垄断争议的可仲裁性存在分歧。更多时候，法院认为反垄断争议不具备可仲裁性，但也有法院在部分案件中认可了反垄断争议的可仲裁性。例如，江苏省高级人民法院和最高人民法院就先后在两起案件中认定反垄断争议不可仲裁。不过，北京市高级人民法院则在另一起案件中作出了相反认定。下文将首先介绍这三起案件，随后分析由此产生的问题。

（一）江苏省高级人民法院与最高人民法院：否定反垄断争议的可仲裁性

在江苏省高级人民法院 2016 年裁定的“南京某旭公司诉某星公司案”（以下简称某旭公司案）中，江苏省高级人民法院以公共利益和公共政策为由否定了反垄断纠纷的可仲裁性。该案中，原告某旭公司向南京市中级人民法院起诉某星公司，控诉某星公司存在以不合理高价销售产品和强制搭售等垄断行为，而某星公司则以双方已经约定仲裁条款为由提出管辖权异议。在二审中，江苏省高级人民法院认为，垄断民事纠纷不可以由仲裁解决，理由主要有三：第一，反垄断法的执行主要依靠行政机关，对垄断纠纷民事诉讼的管辖则仅限定在特定范围的法院。第二，反垄断法具有明显公法性质，且中国反垄断法实施时间短，尚无对反垄断纠纷进行仲裁的实践。第三，反垄断纠纷不仅关涉当事人双方，还可能影响到其他经销商、所有某星公司产品的消费者的利益，该类纠纷已经突破了合同双方之间的仲裁约定。① 因而，江苏省高级人民法院最终驳回了某星公司的管辖权异议。

上述裁判决定和理由在最高人民法院 2019 年裁定的“某牌公司与某力公司横向垄断协议纠纷案”（以下简称某力公司案）中也有所体现。该案中，原告某力公司向法院起诉某牌公司的行为构成横向垄断协议。在上诉中，某牌公司以双方存在仲裁条款为由提出管辖权异议。最高人民法院在二审中否定了反垄断纠纷的可仲裁性，其理由与江苏省高级人民法院的说理十分相似：第一，现行法下垄断行为的认定和处理主要依靠反垄断执法机构和民事诉讼，并未明确包括仲裁；第二，仲裁法解决的争议是平等主体之间的合同纠纷和其他财产权益纠纷，而该案中双方之间的争议是垄断民事纠纷，而非合同纠纷；第三，反垄断法具有明显公法性质，是否构成垄断的认定超出合同相对人之间的权利义

---

① 参见江苏省高级人民法院（2015）苏知民辖终字第 72 号民事裁定书。

务关系。[①] 基于上述原因，最高人民法院再次否定了仲裁条款可以适用于反垄断纠纷。

（二）北京市高级人民法院：肯定反垄断争议的可仲裁性

在某旭公司案的判决作出后，北京市高级人民法院在“某牌公司与某林公司滥用市场支配地位纠纷案”（以下简称某林公司案）中作出了相反认定。该案中，原告某林公司是某牌公司的经销商，诉称某牌公司实施了滥用市场支配地位的行为，侵害了广大经销商及用户的合法权益，某牌公司在上诉中以双方存在仲裁约定为由提出管辖权异议。北京市高级人民法院在该案中认可了仲裁条款的适用，遵循了合同解释的基本原则。该案中仲裁条款约定为“因本协议引起的任何争议”，上述约定包括所有基于双方协议的权利义务关系产生、与权利行使或义务履行有关的争议。而原告提起的垄断侵权之诉同时涉及侵权责任和违约责任，与双方协议约定中的“特许销售权利义务”密不可分，实质上仍属于履行协议而产生的争议。[②] 因此，北京市高级人民法院认为双方的纠纷仍应适用该仲裁条款。

（三）实践分歧产生的问题

笔者注意到，江苏省高级人民法院裁定的某旭公司案和北京市高级人民法院裁定的某林公司案的判决均在最高人民法院发布某力公司案的判决之前作出，但这并不意味着反垄断争议的不可仲裁性已经盖棺定论。这是因为中国并非普通法系国家，最高人民法院的判决并无法律上的普遍约束力，因而不能替代立法，下级法院没有义务“遵循先例”。更重要的是，反垄断争议的可仲裁性问题较为复杂，最高人民法院的判决尚未使法学界停止在该问题上的争论。因此，仍有必要对反垄断争议的可仲裁性进行研究。为此，可从中国法院在实践中的分歧所产生的问题进行研究。

对比来看，最高人民法院和江苏省高级人民法院在两起案件中的说理体现出很大的相似性，其否定反垄断争议可仲裁性的原因可以归纳为三个方面：第一，现行法的限制。中国反垄断法主要由行政机关加以执行或诉诸民事诉讼，但仲裁并未被规定为垄断纠纷的解决方式。第二，公共政策的考量。反垄断法具有明显的公法性质，不属于可被仲裁的范畴。第三，公共利益的影响。反垄

---

① 参见最高人民法院（2019）最高法知民辖终 47 号民事裁定书。

② 参见北京市高级人民法院（2019）京民辖终 44 号民事裁定书。

断纠纷不仅涉及合同当事人双方，还影响到消费者、其他经销商等主体，因其公共利益性而超越了合同当事人的约定。对比来看，北京市高级人民法院认可反垄断争议可以仲裁的原因则在于，双方协议体现出了当事人提交仲裁的合意。不过，北京市高级人民法院对反垄断法涉及的公共政策和公共利益则没有提及。

上述分歧产生的疑问有二：一方面，涉及众多主体的反垄断争议，是否与当事人意思自治完全不可共存。尽管传统观点认为垄断行为不仅涉及市场竞争者之间的关系，还涉及消费者利益等公共利益，但反垄断纠纷产生于合同双方之间，理论上应存在一定合意空间。从这个角度看，法院基于公共政策和公共利益否定反垄断争议可仲裁性的观点还需再加审视。另一方面，以仲裁方式解决反垄断争议在当前中国法下的可行性。尽管江苏省高级人民法院和最高人民法院先后以中国法上没有相关规定为原因否定了反垄断纠纷，但规制上的空白恰恰也说明了没有相关规定禁止仲裁解决反垄断纠纷，故还有必要对相关规定加以检视。

简言之，尽管不乏部分法院对反垄断争议中当事人意思自治的认可，中国法院对反垄断争议的可仲裁性总体上仍持否定态度，但其否定可仲裁性的理由是否合适仍存在疑问。下文将基于上述疑问，以中国法上否定反垄断争议可仲裁性的理由为主线，探讨仲裁解决反垄断争议的可行性与合理性。

三、中国法下仲裁解决反垄断争议的可行性

缺乏法律明确规定是法院否定反垄断争议可仲裁性的首要理由。本文认为，尽管没有明确规定认可，但有关规则提供了仲裁解决反垄断争议的可行性及必要性。

从可行性上看，中国法律规定并未明确排除仲裁解决反垄断纠纷的可能性。

首先，对于某项纠纷是否可以通过仲裁解决，《仲裁法》分别从正面和反面进行了规定。从正面看，《仲裁法》第2条规定："平等主体的公民、法人和其他组织之间发生的合同纠纷和其他财产权益纠纷，可以仲裁。"从反面看，《仲裁法》第3条对不可仲裁事项作出了规定。因而，反垄断争议能否被仲裁解决，关键在于其是否落入上述可仲裁或不可仲裁的范围。

从垄断行为的类型来看，《反垄断法》共规定了四类垄断行为：滥用市场支配地位、垄断协议、经营者集中、行政垄断。[①] 这四类垄断行为并非都不具

① 参见《反垄断法》第13－17条。

有可仲裁性。其一，横向垄断协议的当事人双方可能存在限定价格、划分市场等协议，双方地位是平等的，基于此产生的反垄断争议也落入合同纠纷或其他财产权益纠纷的范围。与之类似，经营者集中的双方则存在并购约定，其由此产生的争议显然也落入可仲裁的范围。

其二，滥用市场支配地位和纵向垄断协议行为中，当事人的地位则可能存在差异。滥用市场支配地位中，具有市场支配地位的经营者可能会滥用其支配地位与相对方进行交易，双方可能并非平等地位。纵向垄断协议则可能涉及供应商对经销商的固定价格、转售限制等协议，供应商同样可能存在对经销商的优势地位。因而，在上述两类行为中，有必要结合具体案情，分析当事人之间的地位是否平等，从而判断双方由此产生的争议是否属于可仲裁的范围。

其三，对于行政性垄断，此时存在行政机关滥用行政权力排除、限制竞争，如有竞争者因此受损，其针对的是行政机关的行政行为。而行政机关处于行政管理地位，行政行为具有公法属性，双方争议也并非平等主体之间的纠纷，并无仲裁适用空间。[①] 类似地，在经营者集中过程中，也涉及国务院反垄断执法机构对经营者集中申报的管辖权，故若参与集中的经营者和反垄断执法机构之间产生纠纷，该类纠纷属于纵向行政管理关系的范畴，纠纷双方的地位也并不平等，此时其争议也无法通过仲裁解决。

从反面看，反垄断纠纷亦不属于仲裁的排除领域。《仲裁法》第3条规定了不能仲裁的范围，包括："（一）婚姻、收养、监护、扶养、继承纠纷；（二）依法应当由行政机关处理的行政争议"。反垄断争议并不涉及第一种除外情况，对于第二种情况，在行政性垄断和行政机关对垄断行为作出处罚的情况下，因之产生的争议可能属于行政争议，故无法以仲裁解决。但是其他类型的反垄断争议并不必然受此影响。

因而，中国现行法并未否定反垄断争议被仲裁解决的可能性，应当结合具体案情，判断争议是否产生于平等主体之间、是否属于合同纠纷或其他财产权益纠纷，从而认定该纠纷能否通过仲裁解决。

其次，在仲裁裁决的承认和执行上，《民事诉讼法》第244条、第281条规定，法院裁定不予执行仲裁裁决的情况包括"人民法院认定执行该裁决违背社

① 参见丁国峰：《美国反垄断法可仲裁性及其对我国的启示》，载《中国工商管理研究》2010年第11期。

会公共利益的”。[①] 下文第五部分将讨论，仲裁解决反垄断纠纷与社会公共利益的维护并不必然矛盾，社会公共利益是否受到侵害仍需要在个案中具体认定。因而，不宜简单以损害社会公共利益否认反垄断争议的可仲裁性。

最后，《涉外民事关系法律适用法》第4条规定：“中华人民共和国法律对涉外民事关系有强制性规定的，直接适用该强制性规定。”《最高人民法院关于适用〈中华人民共和国涉外民事关系法律适用法〉若干问题的解释（一）》第8条进而对该强制性规定的范围作了界定，其中包括“（五）涉及反垄断、反倾销的”。由此看来，反垄断涉外民事关系应适用强制性规定。但上述规定并未否认仲裁的介入，仲裁庭也同样可以直接适用强制性规定。故《涉外民事关系法律适用法》同样未要求法院对反垄断纠纷的专属管辖。

从必要性上看，承认反垄断争议的可仲裁性是中国履行《纽约公约》的义务。[②] 根据《纽约公约》第2条、第3条，任何缔约国对在其他缔约国家或地区作成的仲裁裁决负有承认和执行的义务。中国是《纽约公约》的缔约国，且中国作出的是互惠保留和商事保留声明，因此只要是属于契约性和非契约性商事法律关系所引起的争议，如果在缔约国领土内作出了仲裁裁决，且程序上没有瑕疵，中国法院应负有承认和执行的义务。[③] 而反垄断争议既有合同纠纷，也可能因为侵权产生经济纠纷，属于商事保留的范围。下文第四部分将论述，从国际趋势来看，美国及欧盟多已认可仲裁解决反垄断争议的可行性。在此情况下，如果中国法院依据《纽约公约》第5条的公共政策拒绝承认和执行，既有悖国际趋势，也有可能影响跨国商事交易的发展，对中国市场产生不利影响。因而，认可反垄断争议的可仲裁性，也是中国履行《纽约公约》义务的必然要求。

综上所述，中国法下反垄断争议有可仲裁的空间，这也是中国履行相关国际公约义务的要求。

---

① 《民事诉讼法》第244条：“对依法设立的仲裁机构的裁决，一方当事人不履行的，对方当事人可以向有管辖权的人民法院申请执行。受申请的人民法院应当执行。被申请人提出证据证明仲裁裁决有下列情形之一的，经人民法院组成合议庭审查核实，裁定不予执行：……人民法院认定执行该裁决违背社会公共利益的，裁定不予执行……”第281条：“对中华人民共和国涉外仲裁机构作出的裁决，被申请人提出证据证明仲裁裁决有下列情形之一的，经人民法院组成合议庭审查核实，裁定不予执行：……人民法院认定执行该裁决违背社会公共利益的，裁定不予执行。”

② 杜新丽：《从比较法的角度论我国反垄断争议的可仲裁性》，载《比较法研究》2008年第5期。

③ 《最高人民法院关于执行我国加入的〈承认及执行外国仲裁裁决公约〉的通知》[1987年4月10日，法（经）发〔1987〕5号]，第1条、第2条。

四、对公共政策与可仲裁性之间矛盾的再审视

反垄断法涉及公共政策是法院否定其可仲裁性的第二条理由。本文认为，该理由也不足以成立。一方面，法院可以在事后根据公共政策审查已作出的仲裁裁决能否被承认及执行，没有必要事先否定反垄断争议的可仲裁性。另一方面，从公共政策的审查标准来看，其内涵也是模糊的，应当严格限制适用。

（一）公共政策影响可仲裁性的不同环节

从程序上来看，公共政策主要在两方面影响可仲裁性，一方面，公共政策会在仲裁的一开始，决定着某项争议是否可以通过仲裁解决。另一方面，公共政策会在仲裁的执行阶段，决定着某个仲裁裁决是否能够根据执行地法得到承认及执行。[①] 江苏省高级人民法院和最高人民法院基于反垄断法的公法性质否定其可仲裁，实际上是在仲裁一开始就否定了争议可被仲裁解决。但这样保守的态度与国际趋势并不符合。

从美国法来看，尽管美国安全案认为反垄断争议的公共利益与仲裁存在冲突，但在随后的司法实践中，美国法院逐渐认可了争议涉及反垄断这一事实本身并不足以否认其可仲裁性，它并不必然达到违背法院地公共政策的程度，法院应对案件进行具体分析。在美国联邦最高法院 1985 年判决的“某菱汽车公司诉某勒 · 克莱斯勒—普利茅斯公司一案”（以下简称某菱汽车公司案）中，[②] 原告某菱汽车公司（Mitsubishi Motors Corp.）因被告某勒 · 克莱斯勒—普利茅斯公司（Soler Chrysler – Plymouth, Inc.，以下简称某勒公司）销售合同发生争议，某菱汽车公司在日本提起仲裁，而某勒公司则提出反诉。某菱汽车公司的上诉请求是“考虑美国法院是否应该强制一项国际性协议产生的反垄断诉求进行仲裁”。美国联邦最高法院认为，反垄断争议的复杂性或涉及公共利益本身并不足以否定其可以仲裁解决，既然法律规定了私人可以在反垄断法下得到救济，如果不能通过仲裁来解决垄断纠纷，反而会增加争议解决的不确定程度。若裁决结果真的违背了公共政策，法院仍可以拒绝执行。[③] 可见，法院拒绝采用宽泛的公共政策在仲裁开始阶段就排除一切反垄断争议，而是肯定私人也可以依据

---

① See Nigel Blackby et al., Redfern and Hunter on International Arbitration, Oxford, Oxford University Press, 2009, p. 655.

② See Mitsubishi Motors Corp. v. Soler Chrysler – Plymouth, Inc., 105 S. Ct. 3346.

③ 参见林燕萍：《反垄断争议的仲裁解决路径》，法律出版社 2016 年版，第 98 – 102 页。

反垄断法受到保护，是对公共政策更为严格的限定。

并且，该案中法院还区分了国际争议和国内争议，在国际争议中，应当考虑到“国际礼让、尊重外国以及国际法院的能力，以及国际商事争议解决的可预见性”，从而“将支持仲裁的联邦政策置于不可仲裁的国内法之上”。[①] 而在该案后，美国法院又通过“考得曼电子公司诉 JBL 消费产品公司案”肯定了纯粹的国内反垄断争议同样可以通过仲裁解决。[②] 可见，公共政策并非否定可仲裁性的决定性因素，在仲裁裁决作出后依据公共政策审查裁决能否被承认及执行，应当是更为可取的审查方式。

更进一步，从公共政策的内涵来看，江苏省高级人民法院和最高人民法院都未在判决中对公共政策给出具体的解释，现行法的规定更多集中于审查仲裁裁决的公共政策，下文将对此进行详细论述。

（二）内涵模糊的公共政策

公共政策的内涵范围界定着法院和仲裁庭管辖的边界。公共政策通常被理解为与国家、社会利益有关的重大事项，但其具体含义并无明确统一的规定，不同国家有不同的理解。[③] 这就给公共政策的适用带来了很大的不确定性，各国法院可以根据当地的情况作出不同解释。在裁决作出地被认为不违反公共政策，在裁决执行地就可能相反。如果法院坚持适用广范围的公共政策，就可能导致许多争议无法通过仲裁解决。从中国法院适用公共政策的标准来看，最高人民法院曾试图采用肯定性和否定性的方法对公共政策予以界定。肯定性标准主要包括法律基本原则、社会根本利益和善良风俗；否定性标准则包括仲裁结果显失公平、争议事项不可仲裁等。[④] 但是，这些标准本身就存在解释的空间，在适用时标准也并不统一。

因此，考虑到公共政策内容的模糊性，应当严格限制公共政策的适用。法院只有证明具体的反垄断争议真的达到了足以违背公共政策的程度，才能否认其可仲裁性。如果当事人在合同中约定了仲裁条款，后因合同履行发生争议，即使涉及垄断行为，该仲裁条款所针对的也只是双方之间的合同关系，不会涉

---

① 参见林燕萍：《反垄断争议的仲裁解决路径》，法律出版社 2016 年版，第 103 页。

② See Kotam Electronics, Inc. v. JBL Consumer Products, Inc., 93 F. 3d 724.

③ See Nigel Blackby et al., Redfern and Hunter on International Arbitration, Oxford, Oxford University Press, 2009, p. 656.

④ 参见何其生：《国际商事仲裁司法审查中的公共政策》，载《中国社会科学》2014 年第 7 期。

及公共利益。如果当事人因垄断行为受到经济损失，据此与垄断行为人约定仲裁，更是当事人救济权利的正当手段，与公共政策无涉。而对于法院担心的垄断行为所造成的公共利益损失，仲裁并没有排除行政机关依职权对垄断行为人进行处罚，这种处罚本身就带有补偿公共利益的性质。《反垄断法》在授权反垄断执法机关查处违法行为的同时，也在第50条规定“经营者实施垄断行为，给他人造成损失的，依法承担民事责任”。可见，公益补偿和私益救济同时得到承认，通过仲裁解决私人纠纷并不必然导致对公共政策的违反。

从国际趋势来看，公共政策的范围也不断趋于缩小。传统上，公共政策是各国不信任仲裁的理由，因为争议涉及国家社会利益，不允许带有民间性质的仲裁来解决，而要交给国家司法机关专属管辖。[①] 但随着仲裁作为争议解决方式的普及，法院对公共政策的适用变得越来越谨慎。例如，美国第二巡回上诉法院在帕森案中指出“只有在外国仲裁裁决的执行会违反法院所在国最基本的道德和正义理念的情况下，才能以公共政策为依据拒绝执行外国仲裁裁决”；澳大利亚联邦法院认为只有那些“触及基本、核心道德和正义问题的方面”，才能适用公共政策拒绝执行。在欧洲，瑞士联邦最高法院裁定违背公共政策是指“以无法忍受的方式”违反瑞士正义概念的裁决，德国法院则将规范“影响到德国公众生活和经济生活的基础”作为判断标准。[②] 因此，只有当反垄断争议达到这些标准，构成对最基本道德准则的违背时，才有可能因涉及公共政策而被排除出仲裁范围。并且，法院也在区分国际公共政策和国内公共政策，在国际争议中，考虑到国际礼让和国际贸易的需求，更不应该用国内的公共政策来阻碍仲裁。[③] 这也在上文讨论的某菱汽车公司案中得到体现。[④]

最后，从结果上看，赋予反垄断争议可仲裁性，并不必然与公共政策相冲突，反而可能有利于更好地实现公共政策。仲裁作为替代诉讼的纠纷解决机制，具有专业、高效、保密等特点，具备专业知识水平的仲裁员可以在较短的时间

---

① 参见张艾青：《国际商事仲裁中公共政策事项的可仲裁性问题研究》，载《法学评论》2007年第6期。

② See UNCITRAL Secretariat Guide on the Convention on the Recognition and Enforcement of Foreign Arbitral Awards (New York, 1958), 2016 ed., p. 240 -242.

③ See UNCITRAL Secretariat Guide on the Convention on the Recognition and Enforcement of Foreign Arbitral Awards (New York, 1958), 2016 ed., p. 243 -244.

④ See Mitsubishi Motors Corp. v. Soler Chrysler - Plymouth, Inc., 105 S. Ct. 3346, at 3355. 参见林燕萍：《反垄断争议的仲裁解决路径》，法律出版社2016年版，第103页。

内对争议作出裁断，抑制垄断企业的违法行为，恢复正常的市场秩序，甚至可能比诉讼更加高效方便，这当然有利于更好地维护公共利益。

综上所述，在公共政策的含义本身模糊的情况下，其适用范围应被严格限定，法院不应在仲裁开始阶段就基于公共政策否定反垄断争议的可仲裁性，可在通过仲裁裁决作出后的司法审查中确保相关裁决与公共政策相互协调。

五、公共利益与意思自治的冲突与调和

法院否定反垄断争议可仲裁性的第三条理由，是垄断行为的认定涉及其他主体，超越了当事人之间意思自治的范围。本文认为，该理由同样不能成立，原因在于，第一，平等主体之间的合同纠纷或其他财产权益纠纷属于可仲裁范围，当事人的意思自治应得到尊重。第二，反垄断纠纷涉及的公共利益也可以在仲裁中得到考量，且仲裁庭仅在当事人约定的范围内作出裁决，不涉及对其他主体权利的处分。即便裁决有不当之处，也可通过法院对仲裁裁决的司法审查进行把关。因而，涉及公共利益也不足以否定反垄断争议的可仲裁性。

（一）反垄断争议中意思自治的有效性

意思自治是仲裁的基石，当事人之间有效的仲裁协议授予了仲裁庭管辖权的来源，也约束着仲裁庭对裁判权的行使。如前所述，根据《仲裁法》的规定，平等主体之间的合同纠纷或其他财产权益纠纷，可以仲裁。因而，反垄断纠纷可仲裁的起点，是当事人有效的约定。

一方面，当事人约定的有效性应结合垄断行为的具体类型判断。对于横向垄断行为、经营者集中两类情形，其符合当事人地位平等、合同纠纷或财产权益纠纷的条件，落入可仲裁的范围。对于滥用市场支配地位和纵向垄断协议，则需要结合案情，分析当事人之间的地位是否平等，判断其是否属于可仲裁的范围。行政性垄断则不可仲裁。

另一方面，当事人约定的有效性应结合双方地位、意思表示是否真实进行判断。若当事人之间因地位不对等、意思表示不真实等作出了与实际意思不符的约定，这样的“意思自治”显然是不能被尊重的。[①] 例如，在一方有市场支配地位的反垄断争议里，该方可能利用其在交易中的优势地位，强制性要求对

---

① 类似说理也体现在某菱汽车公司案中。See Mitsubishi Motors Corp. v. Soler Chrysler - Plymouth, Inc., 105 S. Ct. 3346, at 3354.

方与自己签署协议或进行交易，这种情况下，需要考虑双方约定的仲裁条款是否还是真实意思的体现。

本文认为，不宜简单以市场支配地位的存在否认双方在仲裁协议中的意思表示。一方面，市场支配地位的存在对合同的影响主要表现在主合同条款上，例如一方胁迫另一方以高价购买商品或者强制对方交易。而仲裁条款是双方协议解决争议的方式，处于弱势的一方可能恰恰以此作为自己未来寻求救济的方式。而且根据仲裁协议独立性的原则，仲裁协议独立存在，不受合同是否有效的影响，主合同意思表示即便不真实，也不会影响到仲裁协议的效力。另一方面，如果当事人有充分的证据证明，自己在仲裁协议中意思表示不真实，则法院可以认定仲裁协议无效而行使管辖权。但若无上述情形，且符合可仲裁性的其他条件，则应肯定当事人的约定。

由此看来，北京高院在某林公司案中，基于双方有效的仲裁协议，认定该案纠纷落入仲裁协议范围从而应受仲裁管辖，[①] 正是尊重了双方的意思自治，较为合理。

（二）公共利益不足以否定可仲裁性

意思自治并非没有边界，社会公共利益便是限制之一。[②] 社会公共利益本身是个抽象的概念，其代表着社会多数人的共同利益，而非某些个体的利益，[③] 体现出社会最根本的价值取向。[④] 例如，美国安全案中，美国联邦第二巡回上诉法院就认为，仲裁作为解决私人纠纷的方式，并不适宜解决涉及公共利益的反垄断案件。[⑤] 江苏省高级人民法院及最高人民法院的说理也认为，若一方诉请不仅涉及争议双方的纠纷，还关涉其他主体的利益，对该事项就不能仅仅在当事人之间解决。[⑥] 这样的观点有待商榷。

不可否认，在反垄断争议的解决中，垄断行为的认定、当事人权利义务的

---

① 参见北京市高级人民法院（2019）京民辖终44号民事裁定书。

② 参见饶传平、焦洪涛：《可仲裁性理论探微》，载《华中科技大学学报（社会科学版）》2004年第4期。

③ 参见王景斌：《论公共利益之界定——一个公法学基石性范畴的法理学分析》，载《法制与社会发展》2005年第1期。

④ 参见李梦园、宋连斌：《论社会公共利益与商事仲裁的司法监督——对我国法院若干司法实践的分析》，载《北京仲裁》2006年第1期。

⑤ See American Safety Equipment Corp. v. J. P. Maguire & Co., 391 F. 2d 821.

⑥ 参见江苏省高级人民法院（2015）苏知民辖终字第72号民事裁定书；最高人民法院（2019）最高法知民辖终47号民事裁定书。

配置等，都有可能涉及其他竞争者、经销商、消费者等群体，不再仅局限于约定仲裁条款的当事人之间。由此看来，仲裁庭解决此类纠纷的潜在问题可能有两方面：第一，仲裁庭的裁决可能处置了非合同缔约方的权利义务；第二，仲裁庭在作出裁决的过程中，可能没有考虑到其他主体的利益。本文认为，上述两方面的问题都可得到解决，因而不能成为否定反垄断争议可仲裁性的理由。

一方面，对于仲裁庭裁决的范围。根据《仲裁法》及《民事诉讼法》，仲裁的进行应当根据事实，符合法律规定，公平合理解决纠纷。[①] 若仲裁裁决的事项不属于仲裁协议的范围或者仲裁委员会无权仲裁，相关裁决可被撤销[②]或不予执行。[③] 由此可见，仲裁庭需要基于当事人的仲裁协议解决纠纷，处理双方之间的权利义务关系，而不能超出该协议的范围。并且，仲裁庭对缔约一方的救济，并不影响其他利益相关方基于垄断者的不当行为通过其他方式主张权利。即便有裁决与仲裁协议不符的情况，法院的司法审查也将发挥把关作用，可以在事后否定其效力。

另一方面，对于仲裁庭在裁决中的考量。仲裁是专业的纠纷解决方式，在纠纷解决的过程中，仲裁员应有专业能力考虑公共利益。例如，仲裁机构在聘任仲裁员时，也会聘任具有反垄断专长的仲裁员。如果仲裁庭在裁决中合理考量了其他相关方的利益，同时仅对双方权利义务作出裁决，这样的仲裁结果并无不当之处，应得到承认及执行。如果仲裁庭在裁决中没有考虑到公共利益，法院可以通过对裁决的司法审查撤销违反公共利益的裁决。

此外，还应考虑到反垄断纠纷也有民事解决路径。《反垄断法》第50条明确规定："经营者实施垄断行为，给他人造成损失的，依法承担民事责任。"正如美国联邦最高法院在某菱汽车公司案中所指出的，法律赋予了当事人通过民事诉讼从垄断者处获得赔偿的权利，而仲裁恰恰是当事人实现这一权利的重要途径。[④] 这也正是北京市高级人民法院在某林公司案中的观点：在当事人约定

---

① 《仲裁法》第7条："仲裁应当根据事实，符合法律规定，公平合理地解决纠纷。"

② 《仲裁法》第58条："当事人提出证据证明裁决有下列情形之一的，可以向仲裁委员会所在地的中级人民法院申请撤销裁决：……（二）裁决的事项不属于仲裁协议的范围或者仲裁委员会无权仲裁的；……人民法院认定该裁决违背社会公共利益的，应当裁定撤销。"

③ 《民事诉讼法》第281条："对中华人民共和国涉外仲裁机构作出的裁决，被申请人提出证据证明仲裁裁决有下列情形之一的，经人民法院组成合议庭审查核实，裁定不予执行：……（四）裁决的事项不属于仲裁协议的范围或者仲裁机构无权仲裁的。人民法院认定执行该裁决违背社会公共利益的，裁定不予执行。"

④ See Mitsubishi Motors Corp. v. Soler Chrysler – Plymouth, Inc., 105 S. Ct. 3346, at 3357.

了仲裁事项的情况下，基于双方协议的有关争议都应属于仲裁事项，这是双方合意处置的范畴。①

与上述做法相比，若法院直接在事前否定了反垄断争议的可仲裁性，反而会产生不利影响：一方面，商事主体难以对双方约定的执行形成稳定预期，这可能进一步影响其是否进行商事活动的判断；另一方面，全盘否定合同双方之间的仲裁约定，也有可能变相鼓励一方当事人在纠纷发生时否认其原先的意思表示，而是借助选择法院实现利益诉求，② 这也有悖于商事交易的诚信原则和稳定性要求。

综上所述，反垄断争议尽管涉及公共利益，但这不能成为否认仲裁解决反垄断争议的充分理由。更为妥当的做法是，尊重当事人的约定，允许当事人在适当范围内通过仲裁解决反垄断纠纷，在执行仲裁裁决时由法院结合个案具体情况审查仲裁裁决是否违反公共利益。

六、反垄断争议可仲裁性的司法介入路径

根据前文所述，对于反垄断争议，应当区分不同类型，判断是否可以通过仲裁形式解决：对于因行政垄断造成的争议，仲裁并无介入空间；而对于平等主体之间因垄断行为产生的争议，仲裁在现行法下具有可行性与必要性，反垄断法涉及的公共政策和公共利益也都不足以否定相关争议的可仲裁性。在具体实施的层面上，由于反垄断争议的可仲裁性由司法机关作出判断，故有必要明确司法介入这一问题的具体路径。司法机关的介入有两个可能的时点：其一是在仲裁刚开始之时，如果一方当事人提交仲裁，另一方可能否认仲裁庭的管辖权并在法院起诉。其二是仲裁裁决作出后，涉及法院对仲裁裁决的承认和执行。

在仲裁刚开始之时，如果一方当事人对仲裁有异议，可以提交法院作出判断，问题在于，如何处理仲裁委员会自行裁定管辖权和人民法院裁定管辖权的关系？《仲裁法》第20条规定：“当事人对仲裁协议的效力有异议的，可以请求仲裁委员会作出决定或者请求人民法院作出裁定。一方请求仲裁委员会作出

---

① 参见北京市高级人民法院（2019）京民辖终44号民事裁定书。

② 参见黄伟、尹蓓、周雯：《中国反垄断实践实务问题与案例解析》，载威科先行法律信息库，https://law.wkinfo.com.cn/commentary/detail/MTU1NTM0Nw%3D%3D?searchId=785435f3233e4af0b6b66a63cd987bf2&index=1&q=%E5%8F%8D%E5%9E%84%E6%96%AD%E4%BA%89%E8%AE%AE%20%E5%8F%AF%E4%BB%B2%E8%A3%81%E6%80%A7&title=2.2.%20%E5%8F%8D%E5%9E%84%E6%96%AD%E6%B0%91%E4%BA%8，最后访问日期：2021年8月1日。

决定，另一方请求人民法院作出裁定的，由人民法院裁定。”由此可见，法律并不否认仲裁庭的自裁管辖权，但法院应对可仲裁性拥有最终管辖权。考虑到反垄断争议涉及公共政策，可能属于司法管辖权的范畴，由法院而非仲裁庭来对之作出判断也更为合适。

在仲裁裁决作出后，涉及法院对裁决的承认和执行。

首先，法院可依职权直接审查涉及反垄断争议的裁决是否因违背公共政策而应拒绝承认和执行。根据《民事诉讼法》第 244 条、第 281 条规定，人民法院认定仲裁裁决违背社会公共利益的，裁定不予执行。根据《纽约公约》第 5 条第 2 款，对于经认定违反公共政策，或者不能以仲裁解决的争议事项，法院可以拒绝承认和执行仲裁裁决。这两处规定的措辞都赋予了法院直接依职权审查的权利。从实质上看，公共政策关涉法院地最根本的道德准则，法院也应有权直接审查。①

其次，在审查标准上，存在最高标准、最低标准和平衡标准之分。所谓最高标准，是指法院可以对仲裁庭认定的事实和适用的法律都重新予以审查，这在 2005 年荷兰海牙上诉法院判决的“市场显示器国际有限公司诉范拉尔特广告有限公司案”② 中得到体现。海牙上诉法院审理后认为，当事人存在限制竞争行为且不属于豁免情形，协议中关于限制竞争的规定违反了欧盟竞争法，导致整个独家许可协议无效，并最终依据《纽约公约》第 5 条第 2 款的公共政策条款拒绝执行美国仲裁机构作出的裁决。③

与之相对，最低标准则是指法院对仲裁庭认定的事实一般不重新审查，对如何确定与适用法律也不予审查，只有当仲裁庭解释法院地的公共政策存在错误，或者当事人提出的新证据足以影响仲裁庭改变裁决的情况下，法院才应对仲裁裁决重新审查。该标准在巴黎上诉法院 2004 年判决的“泰雷兹公司诉欧洲导弹公司案”④ 中被适用。该案中，泰雷兹公司（Thales Air Defense）以案涉许可规定违反欧盟竞争法而无效为理由，请求法院撤销该仲裁裁决，但这一申辩

---

① See UNCITRAL Secretariat Guide on the Convention on the Recognition and Enforcement of Foreign Arbitral Awards (New York, 1958), 2016 ed., p. 258 – 259.

② See Court of Appeal of The Hague, Marketing Displays International Inc., v. VR Van RaalteReclame BV, Case No. 04/694 and 04/695.

③ 参见林燕萍：《反垄断争议的仲裁解决路径》，法律出版社 2016 年版，第 129 – 136 页。

④ See La S. A. Thalès Air Defense v. Le G. I. E. Euromissile and La S. A. EADS France and La socie’te’ EADS Deutschland GmbH, Case 2002/19606, decision of 18 November 2004.

并未在仲裁进行过程中提出。法院认为，尽管请求撤销裁决不是毫无道理，但这要求对仲裁裁决进行实质审查，法国法律并不允许这样做，并且，仲裁裁决只有违反竞争法达到明显的程度才能构成撤销的理由。最后，法院尊重了仲裁庭的裁决。[①]

对比来看，在最高标准下，法院实际上对案件进行了重新审理，与仲裁一裁终局的原则相违背。在最低标准下，法院尽管尊重了仲裁庭的决定，但其适用过于宽松的标准，又与其依职权认定是否违背公共政策有相悖之处。基于此，有学者提出了平衡标准，即法院应根据案涉垄断行为的类型、仲裁程序等因素综合确定是否承认和执行仲裁裁决。这也是某菱汽车公司案中美国联邦最高法院所持的立场。本文亦认可以平衡标准作为法院审查相应仲裁裁决的合理标准。

最后，在实质上，还需明确仲裁裁决足以违反公共政策的事实情形。如前所述，笼统地根据公共政策否定仲裁可行性的做法难以站住脚，还应当根据案涉反垄断争议的具体类型进行判断。在具体适用中，公共政策的范围应被严格限定，并在跨国反垄断争议中考虑到国际礼让等因素。若相应仲裁裁决没有其他违背公共政策情形的情况，不宜仅仅因其裁定了反垄断争议，就认定其不可被承认及执行。[②]

结语

传统上，经营者之间的反垄断争议因涉及公共利益和公共政策，被认为与可仲裁性之间存在矛盾。中国法院也对反垄断争议持不可仲裁的态度。最高人民法院及江苏省高级人民法院在各自的裁定中，对反垄断案件不可仲裁给出了三点原因：缺乏明确规定认可；反垄断争议具有公共政策性；案件涉及公共利益。然而细加审视可以发现，反垄断争议与仲裁之间并非不可共存。

首先，从法律规定上看，承认反垄断争议的可仲裁性没有超出《仲裁法》所规定的可仲裁范围，也是中国作为《纽约公约》的缔约国应当履行的条约义务。其次，反垄断争议并不一定违反公共政策，因合同纠纷产生的反垄断争议由当事人自行处理，因垄断行为遭受经济损失而寻求仲裁也是当事人理应得到的救济。公共政策的含义具有模糊性和不确定性，应当严格限制适用，避免滥用公共政策而过分排除仲裁庭的管辖权。再次，反垄断争议中当事人有效的意

① 参见林燕萍：《反垄断争议的仲裁解决路径》，法律出版社2016年版，第129-136页。

② 参见何其生：《国际商事仲裁司法审查中的公共政策》，载《中国社会科学》2014年第7期。

思自治应得到尊重，仲裁庭有能力在裁决过程中考量公共利益，也应仅就双方的权利义务作出裁断。最后，在司法介入路径上，法院在仲裁刚开始之时对争议是否可以仲裁拥有最终管辖权，在裁决作出后则可依职权对反垄断争议是否违背公共政策予以审查，但应严格限制公共政策适用，并根据具体案件事实判断。

尽管否定了反垄断争议的可仲裁性，对于仲裁解决案件中所涉垄断行为对公共利益造成的具体不利影响，法院却缺乏实质和具体的分析。事实上，中国法律对反垄断争议的可仲裁性问题也确实没有具体明确的规定可资参考。在反垄断争议的可仲裁性已经被越来越多的外国法院所承认的背景下，建议中国也能够通过最高人民法院作出司法解释，或者至少是有法院对该问题进行具体分析等方式，对反垄断争议的可仲裁性予以阐明，明确涉及部分垄断行为的纠纷是可以被仲裁的。这对于中国商事仲裁的发展、《纽约公约》义务的履行以及商事交易的进行，都将起到积极作用。

（本文责任编委：粟撒[①]）

① 粟撒，中国国际经济贸易仲裁委员会仲裁研究所副主任。

论中国仲裁司法审查报核制度向上诉机制的过渡

张榆钧*

摘　要：2017 年中国最高人民法院颁布了相关文件对仲裁司法审查制度作出了革新。其中，将仲裁案件司法审查的内部请示报告制度变更为报核制度，并延伸适用于部分国内仲裁。报核制度虽然对原报告制度进行了改善，但仍存在一些缺陷，如报核制度性质不明确、审查程序不确定等。考虑到上诉机制具有丰富的理论与实践基础，制度更为完善，不少学者建议将仲裁司法审查报核制度转变为上诉机制。为了进一步完善中国仲裁司法审查制度，有必要探讨报核制度向上诉机制转变的理论和现实基础。报核制度具有统一审查标准、提高承认与执行比例的优点，但同时也因其内部审查的制度特点，可能会对审查公正性与效率造成一定减损；而上诉机制因具有更为丰富的理论与实践基础而能对审查效率和公正性带来积极影响，但是结合中国的本土情况来看，也存在地方保护主义再次抬头、审查标准无法统一的潜在风险。鉴于报核机制目前实施效果尚佳，推进报核制度改革可以参考两种路径，一是保留报核制度并不断完善，二是逐步建立有限的上诉制度。

关键词：仲裁司法审查　报核制度　上诉制度

一、问题背景

（一）报核制度前身——报告制度的创设背景

中国现行的仲裁司法审查案件报核制度（以下简称报核制度）的前身是建

---

* 张榆钧，上海市方达律师事务所律师助理；复旦大学法学院国际法学硕士。

立于1995年的司法审查内部请示报告制度（以下简称报告制度）。1986年中国正式加入《承认及执行外国仲裁裁决公约》（以下简称《纽约公约》），而中国的商事仲裁制度在1995年《仲裁法》施行后才逐步建立起来。显然，商事仲裁在中国的发展起步较晚，因此即使在加入《纽约公约》后，中国在承认和执行涉外商事仲裁裁决的实践中也存在一些问题。在一些案件中，部分地方法院的业务水平不足且地方保护主义严重，以致仲裁司法审查的标准过于严格、执行程序拖沓，甚至存在滥用公共利益原则的情况。例如，在1992年河南省开封市东风服装厂申请执行由中国国际经济贸易仲裁委员会（CIETAC）作出的涉外仲裁裁决案中，河南省郑州市中级人民法院在1992年9月作出了《民事裁定书》，以“三资企业”的进出口配额问题为由，认定仲裁裁决若予以执行，将严重损害国家经济利益和社会公共利益，影响国家的对外贸易秩序，最终裁定对该裁决不予执行。河南省郑州市中级人民法院的意见后被最高人民法院否定。[①] 此外，著名的1993年某夫动力公司案也反映出中国当时在承认和执行仲裁裁决中存在类似问题。香港某夫动力有限公司（以下简称某夫公司）与上海某东航空技术进出口公司（以下简称某东公司）在履行补充贸易协定过程中发生纠纷，某夫公司于1991年在瑞典斯德哥尔摩商会仲裁院提起仲裁。仲裁庭作出裁决后，某东公司拒绝执行，某夫公司在1993年12月向上海市中级人民法院[②]申请执行仲裁裁决，但是法院对此案执行请求的回应一直比较消极，最终驳回了某夫公司要求执行仲裁裁决的请求。直到1996年3月，上海市第二中级人民法院才作出裁定，承认瑞典斯德哥尔摩商会仲裁院的仲裁裁决。[③] 这些实践中存在的问题一方面影响了仲裁的终局效力，反映出当时中国仲裁司法审查制度存在的缺陷；另一方面也对中国履行《纽约公约》义务造成了一定负面影响。[④] 类似的实践状况在客观上成为报告制度产生的动因。最高人民法院于1995年8月28日发布了《关于人民法院处理与涉外仲裁及外国仲裁事项有关问题的通知》，

---

① 参见赵健：《国际商事仲裁的司法监督》，法律出版社2000年版，第268页；See DEJUN CHENG ET AL., International Arbitration in the People's Republic of China, Commentary, Cases & Materials, 2nd ed., 2000, p. 131, cited in Lan-fang Fei, A Case Study of the Reporting Mechanism of International Arbitration in China, 5 Contemp. Asia Arb. J. 83, 2012, p. 85。

② 上海市中级人民法院为现今上海市第一中级人民法院和上海市第二中级人民法院的前身。

③ 参见赵秀文：《从某夫动力公司案看仲裁管辖原则》，载《法学家》1998年第3期。

④ See Alberto Mora, The Revpower Dispute: Chinas Breach of the New York Convention?, in Chris Hunter ed., Dispute Resolution in the PRC, a Practical Guide to Litigation and Arbitration in China, 1995, p. 151-158, 转引自赵健：《国际商事仲裁的司法监督》，法律出版社2000年版，第263页。

中国涉外仲裁司法审查的报告制度就此正式建立。此后在1998年最高人民法院又相继颁布了《关于人民法院撤销涉外仲裁裁决有关事项的通知》和《关于承认和执行外国仲裁裁决收费及审查期限问题的规定》(已失效)。这三个文件共同建立起中国涉外仲裁裁决和仲裁协议司法审查的报告制度，即受理案件的人民法院若对于涉外、涉港澳台仲裁司法审查案件拟作出“否定性”结论，其中包括认定仲裁协议无效、不予承认(认可)和执行仲裁裁决或者撤销仲裁裁决，均需要层层上报最高人民法院作出决定。

(二) 报核制度的发展与局限

报告制度建立之后，涉外仲裁裁决在中国被承认和执行的比例得到有效提高。[①] 最高人民法院主动介入审查程序也在一定程度上遏制了地方保护主义，有助于统一涉外仲裁裁决的承认与执行标准，保障审查质量。但是报告制度也有较明显的不足。首先，报告制度以通知形式确立，其法律效力有限，且在具体程序上缺乏明确规范。[②] 其次，报告制度在实践中存在未能严格执行的情况。[③] 此外，报告制度未规定最高人民法院的回复期限，导致实践中下级法院上报后获得最高人民法院批复的时间过长，使当事人为此付出巨大成本。[④]

---

① 参见许进胜、陈曦:《中国涉外商事仲裁实务指引》，法律出版社2014年版，第373页，“从最高人民法院民四庭对于2002年至2006年间承认和执行外国仲裁裁决案件的统计资料显示，拒绝承认与执行外国仲裁裁决的案件只占同类案件的6.67%，执行比例远远高于不执行的比例”; See Lan-fang Fei, A Case Study of the Reporting Mechanism of International Arbitration in China, 5 Contemp. Asia Arb. J. 83, 2012, p. 88。据该文中统计，2001年至2009年最高人民法院接收的司法审查报告案件中，有38%的案件被最高人民法院改变了审查结果，即改变了下级法院作出的“否定性”裁定。

② 刘麟:《论我国国际商事仲裁裁决的司法追诉制度》，中国政法大学2010年硕士学位论文，第23页。

③ 参见广州市仲裁委员会:《仲裁司法审查的报核制度浅析(上)——报核制度的前世今生》，载搜狐网，http://www.sohu.com/a/218472744_740841，最后访问日期:2019年1月9日，“公开资料显示，至少在提单仲裁条款问题上，存在地方法院未上报即径直作出管辖权裁定，遭到了最高人民法院批评”。

④ 参见广州市仲裁委员会:《仲裁司法审查的报核制度浅析(上)——报核制度的前世今生》，载搜狐网，http://www.sohu.com/a/218472744_740841，最后访问日期:2019年1月9日，“在司法实践中，从法院上报到获得批复往往要等待一年以上甚至数年的时间。数据显示，2000年到2015年期间公布的220起案件中，从提起报告程序到最高人民法院最终复函的时间平均分别为800多日(承认和执行仲裁裁决案件)、100多天(仲裁协议效力)以及500多天(撤销仲裁裁决案件)，时间最长的案件甚至长达7年。当事人往往在经历漫长等待以后，只能得到裁决不予执行的裁定，不但此前为仲裁所作的努力付诸东流，还要付出巨大的时间成本”; See Weimao International (Hong Kong) Co., Ltd. v. Shanxi Tianli Industry Co., Ltd., Min Si Ta Zi No. 6, 9 (3) GFCMT, Apr. 1, 2005, at 59 (SUP. PEOPLES CT. GAZ., July 5, 2004), cited in Lan-fang Fei, A Case Study of the Reporting Mechanism of International Arbitration in China, Vol. 83 Asia Arbitration Journal, 2012, p. 96。在该案中，高级人民法院上报最高人民法院的时间为2001年4月5日，最高人民法院直至2005年7月13日才回复。

2017 年 12 月 26 日，最高人民法院公布了《关于仲裁司法审查案件报核问题的有关规定》（2021 年 11 月 15 日修正，以下简称《报核问题规定》）和《关于审理仲裁司法审查案件若干问题的规定》（以下简称《仲裁司法审查规定》），其中将“报告”改为“报核”，以司法解释的方式明确了报核制度的程序规范，并且明确把报核制度的案件适用范围扩大至对部分非涉外涉港澳台仲裁的司法审查。① 但报核制度并未对报告制度的内容作出实质性变更，保持了法院内部审查机制的性质，报告制度的缺陷无法就此得到解决。因此，不少学者呼吁，将仲裁裁决司法审查的内部层报制度（即报核制度）改为上诉制度，以更好保障当事人的权益。② 本文将结合相关理论和实践的发展，探讨将报核制度转变为上诉制度的需求，并以制度比较的方式探索在中国建立上诉机制的可行性，最后为完善和改进现有报核制度提出建议。

二、报核制度向上诉机制过渡的基础

《仲裁司法审查规定》第 20 条确定了仲裁司法审查裁定的终局性，即人民法院在仲裁司法审查案件中作出的裁定，一经送达即发生效力。当事人申请复议、提出上诉或者申请再审的，除了法律和司法解释另有规定的以外，人民法院不予受理。③ 同时，若当事人对于人民法院作出的不予受理、驳回申请、管辖权异议的裁定不服，可以提起上诉。《仲裁司法审查规定》第 7 条至第 10 条具体明确了可上诉情况。

尽管中国对于仲裁司法审查裁定采纳“一裁终局”的规定，但同时又规定适用报核制度，这实际上为“否定性”司法审查裁定（以下统称“否定性”裁

---

① 根据《报核问题规定》第 3 条规定，仅限定这类非涉外涉港澳台仲裁司法审查案件适用报核制度：高级人民法院经审查，拟同意中级人民法院或者专门人民法院以违背社会公共利益为由不予执行或者撤销我国内地仲裁机构的仲裁裁决的。

② 参见张圣翠：《论我国仲裁裁决撤销制度的完善》，载《上海财经大学学报》（第 14 卷）2012 年第 1 期，第 43 页；沈永东：《拒绝撤销仲裁裁决后的再救济：可上诉还是不可上诉——以香港〈仲裁条例〉第 81（4）条违反〈基本法〉审查案切入》，载《仲裁与法律》第 132 辑，法律出版社 2016 年版，第 97－99 页；朱科：《国际商事仲裁司法审查案件内部请示报告制度的转型》，载《法学杂志》2017 年第 6 期，第 126 页；张虎：《外国仲裁裁决在我国承认与执行程序的重构》，载《法学杂志》2018 年第 10 期，第 114 页。

③ 参见“大连蔚蓝天健物流有限公司案”，最高人民法院（2013）民四他字第 71 号。最高人民法院认为“当事人对人民法院承认及执行外国仲裁裁决的裁定不服而申请再审，没有法律依据，人民法院不予受理”，转引自张虎：《外国仲裁裁决在我国承认与执行程序的重构》，载《法学杂志》2018 年第 10 期，第 109 页。

定）提供了一定程度的救济途径。《报核问题规定》第1条和第8条明确了适用报核制度的司法审查案件，除对仲裁裁决和仲裁协议的“否定性”裁定外，在民事诉讼程序中，法院因涉及仲裁协议效力而作出不予受理、驳回起诉、管辖权异议裁定，当事人对此提出上诉的案件，上诉法院对仲裁协议效力持否定态度的，此类案件也被纳入逐级报核制度的适用范围内。

由此看来，报核制度似乎是上诉制度的一种“替代”，但是两者在制度性质和具体流程上不尽相同。因报核制度存在诸多理论与实践中的缺陷，而有了建立上诉机制的呼吁。

（一）报核制度存在的问题

1. 报核制度性质不明确

根据《报核问题规定》第6条规定，上级人民法院收到下级人民法院的报核申请后，“认为案件相关事实不清的，可以询问当事人或者退回下级人民法院补充查明事实后再报”。第7条规定：“上级人民法院应当以复函的形式将审核意见答复下级人民法院。”这两条规定明确了报核制度在不同级别法院之间执行的具体流程。有学者指出，报核制度的规定是将作为内部管理手段的报告制度外部化，有利于提高人民法院司法审查的公开透明性和规范性，并且有对仲裁司法审查进行诉讼化改造的表现，如其中第6条具有准上诉的特征。① 但是，由此也引发了对于报核制度性质的进一步思考。上级法院对于上报的案件以“复函”形式作出答复，下级法院再根据复函作出裁定，若下级法院需要根据上级法院的意见对涉外仲裁司法审查的“否定性”裁定进行修正，这属于法院系统的内部审核还是一种实质的上诉制度？

若报核制度是上级法院对下级法院所作出裁定的一种内部审核，这种机制的法理依据尚不明确。若报核制度具有实质上的上诉性质，那么从审级制度方面来看，部分报核案件从中级人民法院上报至高级人民法院，在高级人民法院维持“否定性”结论时，案件还要上报至最高人民法院。这样的层报机制事实上经历了三次“审判”，与中国民事诉讼制度中的两审终审要求不相符。②

另外，从审级独立原则的角度来看，上下级法院之间为审判监督的关系，而不是隶属的关系。法院对于其管辖范围内的案件依法独立作出裁判，不受上

---

① 参见宋连斌：《仲裁司法监督制度的新进展及其意义》，载《人民法治》2018年第5期，第23页。

② 参见广州市仲裁委员会：《仲裁司法审查的报核制度浅析（上）——报核制度的前世今生》，载搜狐网，http://www.sohu.com/a/218472744_740841，最后访问日期：2019年1月9日。

级法院的干预，上级法院只有对依照法定诉讼程序获得案件管辖权时，才能审查下级法院作出的裁判。而报核制度要求的逐级层报制度，使得中级法院在作出“否定性”裁定时，需要依据上级法院意见，因此违反了中国法律规定的审级独立原则。[①] 诚然，以司法解释的方式对报核制度的范围及具体程序进行规定有助于司法审查的公开透明，但是报核制度运作的法理依据以及其中可能与中国民事诉讼法律规定相矛盾之处尚未能从司法解释中得到结论。

2. 报核制度的审查程序不确定

《仲裁司法审查规定》第 11 条指出，“人民法院审查仲裁司法审查案件，应当组成合议庭并询问当事人”。根据《报核问题规定》第 6 条的规定，上级人民法院在审查下级法院的报核申请时，若认为案件事实不清，可以询问当事人或者退回下级人民法院补充查明事实后再报。从这两个条文中可知报核制度中存在询问当事人的程序。但中国《仲裁法》未对询问的具体方式作出规定，实践中存在采用公开听证审理或书面审查的不同方式。在采用书面审查方式时，当事人无法当庭陈述和辩论，其陈述和辩论权因此有所减损。[②] 鉴于报核制度与上诉机制不完全相同，也许无法要求其完全符合民事诉讼法的有关原则和原理。但目前尚未明确报核制度中的审查程序是否应遵循民事诉讼法的有关原则和原理，不利于保障当事人在审查程序中的权利。

随着中国“一带一路”倡议的推进和国家对外开放程度的加深，承认与执行涉外仲裁裁决的需求必然增加，而这就对仲裁裁决的司法监督体系提出了不断完善的要求。[③] 目前报核制度虽在机制透明规范化上作出了改进，但仍未能解决报告制度时期便一直存在的问题，如上级法院的回复时间未明确，审查程序的不一致、不透明，“否定性”裁定的决定权统归于最高人民法院而浪费司法资源，报核制度与诉讼基本原理的内在冲突等。

（二）上诉机制存在的优势

与报核制度相比，上诉机制存在更大的优势。上诉机制本身旨在纠正审判

---

① 参见朱科：《国际商事仲裁司法审查案件内部请示报告制度的转型》，载《法学杂志》2017 年第 6 期，第 128 页。

② 参见张圣翠：《论我国仲裁裁决撤销制度的完善》，载《上海财经大学学报》（第 14 卷）2012 年第 1 期，第 43 页，“不少国家仲裁法规定开庭言辞辩论、诉讼对抗或者听证程序”。

③ 《关于人民法院为“一带一路”建设提供司法服务和保障的若干意见》明确提出“要探索完善撤销、不予执行我国涉外、涉港澳台仲裁裁决以及拒绝承认和执行外国仲裁裁决的司法审查程序制度，统一司法尺度，支持仲裁发展”，载中国涉外商事海事审判网，http：//ccmt. court. gov. cn/shangshi/unintercept/topic17. do，最后访问日期：2019 年 4 月 25 日。

错误，维护当事人依法得到公正审判的权利，其理论基础更为丰富，与报核制度相比有更完善的纠错机制。此外，上诉机制同样可以弥补仲裁司法审查“一裁终局”存在的缺陷，从而保障当事人获得救济的权利。

与此同时，德国、美国、英国等许多国家或地区实行仲裁司法审查上诉机制，且截至目前运行良好，可供中国借鉴。因此，笔者认为有必要探讨中国是否应该对报核制度向上诉机制转变，以使仲裁司法审查程序更加精细化、理论化，积极与国际接轨，履行《纽约公约》下的义务。

三、从制度比较角度看上诉机制的可行性

报核制度是中国仲裁司法审查制度中特有的机制，虽然在制度性质、审查方式等各方面与其他国家和地区采取的上诉制度有所不同，但是两种制度在功能和目的上有相通之处，即都以促进仲裁裁决得到承认与执行为原则，并为当事方提供司法审查救济途径。因此，通过对域外立法及实践进行研究，有助于更清晰地了解上诉机制的利弊及其在中国本土环境下的可行性。

（一）域外制度比较

1. 立法规定

一国在承认和执行涉外仲裁裁决时，当事人对法院作出的裁定能否上诉，目前并无统一的国际条约对此进行规范，属于各国国内法规定的范畴。中国仲裁司法审查采取“一裁终局”，仅在对不予受理、驳回申请、管辖权异议三种裁定不服时可以上诉。同时，存在针对部分案件的报核制度，即“否定性”仲裁司法审查裁定必须向上级法院层层报核批准后才能作出最终裁定。这与世界上大部分法域立法不同。首先，部分其他法域的司法审查上诉可适用于“肯定性”和“否定性”裁定，而中国的报核制度仅针对“否定性”裁定适用。其次，采用上诉机制的司法审查制度一般没有对国内仲裁和涉外仲裁进行区分，而中国对国内仲裁和涉外涉港澳台仲裁在适用报核制度上则有所区别，国内仲裁仅有部分“否定性”裁定适用报核制度，涉外涉港澳台仲裁全部“否定性”裁定适用报核制度。下文论及的域外立法中的上诉制度适用对象既包括“肯定性”也包括“否定性”仲裁司法审查裁定。

对于解决仲裁司法审查报核制度存在的问题，不少学者提出应参考域外普

遍的立法实践，建立上诉机制以代替现有法院内部的报核制度。[①] 有学者提出，允许对仲裁司法审查的“否定性”裁定提起上诉其实并非一种国际惯例，并将对于仲裁司法审查裁定能否提起上诉的域外立法实践分成三类，分别是不允许上诉、仅在法院允许的情况下才可上诉和无条件允许上诉。[②] 本文将对这三类域外立法进行具体分析。

（1）不允许上诉

有的国家不允许当事人对于“否定性”的仲裁司法审查裁决提起上诉。例如，爱尔兰2010年《仲裁法》第11条明确指出，对以下事项不可提起上诉：①任何由法院作出的关于根据《联合国国际贸易法委员会国际商事仲裁示范法》（以下简称《示范法》）第8条或《纽约公约》第2条第3款提出申请的决定。[③] ②任何由高等法院作出的关于基于《示范法》第34条下申请撤销仲裁裁决的决定，或关于基于《示范法》第八章而申请承认和执行国际商事仲裁裁决的决定。③任何由高等法院作出的关于基于《日内瓦公约》《纽约公约》或者《华盛顿公约》提出的承认和执行仲裁裁决的决定。[④] 从中可得知，对于拒绝承认和执行仲裁裁决、撤销仲裁裁决和与仲裁协议有关的司法审查裁判，爱尔兰《仲裁法》均明确规定不允许上诉。据此，中国仲裁司法审查裁定实行“一裁终局”这一规则并非没有同例。

（2）仅在法院允许的情况下才可上诉

部分国家和地区的仲裁法规定，当事人仅在法院允许之时才可以对其作出的仲裁司法审查的决定提起上诉。最典型的代表国家是英国，如英国1996年《仲裁法》，其中第67条、第68条和第69条是对仲裁裁决司法审查事项的规定，这三个条款中均包括“对于法院基于本条款下而作出的任何裁定提起上诉，

---

① 参见罗楚湘：《英国仲裁法研究》，武汉大学出版社2012年版，第267－268页。

② 参见张圣翠：《论我国仲裁裁决撤销制度的完善》，载《上海财经大学学报》（第14卷）2012年第1期，第43页。

③ 即法院对仲裁协议效力所作的决定。

④ Ireland Arbitration Act 2010, Article 11, “There shall be no appeal from— (a) any court determination of a stay application, pursuant to Article 8 (1) of the Model Law or Article Ⅱ (3) of the New York Convention, (b) any determination by the High Court— (i) of an application for setting aside an award under Article 34 of the Model Law, or (ii) of an application under Chapter Ⅷ of the Model Law for the recognition and enforcement of an award made in an international commercial arbitration, or (c) any determination by the High Court in relation to an application to recognize or enforce an arbitral award pursuant to the Geneva Convention, New York Convention or Washington Convention”, http: //www. irishstatutebook. ie/eli/2010/act/1/section/11/enacted/en/html，最后访问日期：2019年1月10日。

需要得到法院的同意",[①] 也即，若当事人对于法庭作出的仲裁裁决司法审查的裁定不服，需要得到法院的同意才可提起上诉。类似的规定如我国香港特别行政区2011年《仲裁条例》第81条第4款，"凡原讼法庭根据第1款而具有效力的《示范法》第34条作出的决定，则须获原讼法庭许可，方可针对该决定提出上诉"。[②] 新加坡《仲裁法》在第49条中规定了法院在特定情况下可对基于仲裁裁决中的法律问题的"上诉"申请作出裁定。[③] 根据第49条第10款，当事人可在获得法院的批准下对法院此类司法审查的裁定提出上诉，"法庭在第49条下作出的对仲裁裁决'上诉'的裁定应当被视为可以在上诉法院提起上诉的裁决。"[④] 第49条第11款中指出了法院在何种情况下应当准许第10款提到的对法庭司法审查裁定的上诉，"只有在法律问题是由普遍重要性，或基于其他特别原因案件应当由上诉法院考量"[⑤]。

我国香港特别行政区与新加坡的仲裁法沿袭了英国仲裁法的体系，从新加坡仲裁法的条款规定中我们也可以了解到，只有在司法审查所涉及案情具有一定重要程度时才会得到法院的上诉准许。

（3）无条件允许上诉

有很多国家在立法中无条件地允许当事人对于"否定性"的仲裁司法审查裁决提起上诉。如根据德国1998年《民事程序法典》第1065条第1款，由地区高等法院作为仲裁司法审查的初审法院，若对初审法院的司法审查决定不服，

---

① See UK Arbitration Act 1996, Article 67 (4), Article 68 (4), "The leave of the court is required for any appeal from a decision of the court under this section"; Article 69 (6) of Arbitration Act 1996, "The leave of the court is required for any appeal from a decision of the court under this section to grant or refuse leave to appeal".

② https://www.elegislation.gov.hk/hk/cap609! en-sc? xpid=ID_ 1438403521492_ 001，最后访问日期：2019年1月10日。

③ Singapore Arbitration Act 2002, Article 49 (1), "A party to arbitral proceedings may (upon notice to the other parties and to the arbitral tribunal) appeal to the Court on a question of law arising out of an award made in the proceedings", https://sso.agc.gov.sg/Act/AA2001，最后访问日期：2019年1月10日。

④ Singapore Arbitration Act 2002, Article 49 (10), "The decision of the Court on an appeal under this section shall be treated as a judgment of the Court for the purposes of an appeal to the Court of Appeal", https://sso.agc.gov.sg/Act/AA2001，最后访问日期：2019年1月10日。

⑤ Singapore Arbitration Act 2002, Article 49 (11), "The Court may give leave to appeal against the decision of the Court in subsection (10) only if the question of law before it is one of general importance, or one which for some other special reason should be considered by the Court of Appeal", https://sso.agc.gov.sg/Act/AA2001，最后访问日期：2019年1月10日。

当事人可以上诉至联邦最高法院。[①] 同类上诉规定还可见于美国2000年《统一仲裁法》第28条[②]和法国《新民事诉讼法典》第1481条。[③]

2. 司法实践

本文将主要选择有条件允许上诉的法域的司法案例进行分析，即英国、我国香港特别行政区、新加坡。一方面，是因为英国法院在1996年《仲裁法》颁布前对仲裁的过度干预广为诟病，而英国1996年《仲裁法》在吸收了《示范法》的优点后，重新平衡了仲裁司法监督的程度与界限。中国目前也在采取司法支持仲裁的政策引导，逐渐厘清司法对于仲裁的监督方式与标准。从这点看，英国的仲裁制度和仲裁实践背后反映的制度设计思路有参考价值。另一方面，中国目前对于仲裁司法审查裁定仍规定"一裁终局"，不得上诉，而报核制度又反映出对中级人民法院裁定的纠错意愿。因此，有条件的上诉制度在实践案例中的运用能反映出在司法监督公正与仲裁效率之间的价值衡量与取舍，这对完善或改进报核制度有借鉴意义。

其中，在我国香港特别行政区发生的中国国际基金有限公司与刘某广、伍某民建筑师事务所（香港）有限公司［China International Fund Limited v. Dennies Lau & Ng Chun Man Architects & Engineers（HK）LTD］[④] 一案具有典型意义，该案涉及拒绝撤销仲裁裁决的裁定能否上诉的问题，下文将对该案进行具体分析。

（1）案件背景

2013年11月21日，仲裁申请人与被申请人之间有一份仲裁裁决，裁决支持被申请人。香港特别行政特区高等法院（Hong Kong High Court）的原讼法庭

---

① 参见毛晓飞：《德国仲裁的司法审查》，http://gmw.cn/xueshu/2018-02/05/content_27582129.htm，最后访问日期：2019年1月10日。该文记录了作者对德国柏林高等法院院长毕克博士和高特庭长的访谈笔录："根据德国民事诉讼法的规定，仲裁司法审查主要有两种情况，一是仲裁裁决的撤销程序，二是仲裁裁决的执行程序。不论是本国还是外国裁决的司法审查都以各州高等法院为初审法院，负责本辖区内的案件。对初审法院的司法审查决定不服可以上诉至联邦最高法院。除了程序不同，对于本国仲裁裁决和外国仲裁裁决实施同一审查标准，没有差别对待。"

② US Uniform Arbitration Act 2000, Section 28, "a. An appeal may be taken from: (1) an order denying a [motion] to compel arbitration; (2) an order granting a [motion] to stay arbitration; (3) an order confirming or denying confirmation of an award; (4) an order modifying or correcting an award; (5) an order vacating an award without directing a rehearing; or (6) a final judgment entered pursuant to this [Act]. b. An appeal under this section must be taken as from an order or a judgment in a civil action."

③ 法国《新民事诉讼法典》第1481条第1款："对上诉法院就申请撤销仲裁裁决案件所作的判决，可以向最高人民法院提起上诉。"

④ China International Fund Limited v. Dennies Lau & Ng Chun Man Architects & Engineers (HK) LTD, HCMP 2472/2014.

（Court of First Instance，CFI）对申请撤销仲裁裁决有管辖权。而后，申请人向原讼法庭提出撤销该仲裁裁决的申请，但该申请被法官拒绝了。依据我国香港特别行政区《仲裁条例》第 81 条的规定，申请者若要提起上诉，需要向原讼法庭申请上诉许可（leave to appeal）。但是 2014 年 12 月 24 日，本案原讼法庭的法官拒绝授予上诉许可。至此，根据我国香港特别行政区法律规定，当原讼法庭的法官拒绝授予上诉许可，申请人已经没有更进一步的救济途径，即应当履行仲裁裁决，但其仍然坚持向我国香港特别行政区高等法院的上诉法庭（Court of Appeal）寻求上诉的许可。被申请人则认为法律中未规定上诉法庭具有授予上诉许可的管辖权。于是，申请者提出，《香港特别行政区基本法》在我国香港特别行政区法域具有最高法律地位，是宪法性的法律，其中第 82 条规定了我国香港特别行政区终审法院拥有司法终审权。[①] 据此，申请人认为其有权把纠纷上诉至香港特别行政区终审法院。而我国香港特别行政区《仲裁条例》第 81 条第 4 款要求当事人仅能在取得原讼法庭允许的条件下才可以上诉，这种对上诉至终审法院权利的限制是对《香港特别行政区基本法》的违反，不适当地限制了我国香港特别行政区终审法院的司法终审权，申请人针对该条款提起了“违反基本法的审查”。上诉法庭认为本案涉及的问题具有“普遍的公众重要性”（general public importance），因其涉及关于对法律条款合乎基本法的解释，因此由三个法官组成审判庭对案件进行全面审理，并邀请律政司司长介入（intervene）庭审。[②]

（2）争议焦点

关于违反基本法的审查标准，上诉法庭同意了申请方律师潘尼克（Pannick）援引的违反基本法的审查的合比例标准（proportionality test），即对于上诉至终审法院的权利可以有限制，但是要通过合比例的审查标准，该标准包括三个层次：（1）该种限制必须是为了追求正当目的；（2）该种限制必须也是与正当目的相关；（3）该种限制对达到正当目的必须是必要的。[③] 即该手段具有“目的正当性、与达成目的具有关联性和为达成目的之必要性”。[④] 上诉法庭根

---

① 《香港特别行政区基本法》第 82 条：“香港特别行政区的终审权属于香港特别行政区终审法院……”

② 参见沈永东：《拒绝撤销仲裁裁决后的再救济：可上诉还是不可上诉——以香港〈仲裁条例〉第 81（4）条违反〈基本法〉审查案切入》，载《仲裁与法律》第 132 辑，法律出版社 2016 年版，第 83 页。

③ China International Fund Limited v. Dennies Lau & Ng Chun Man Architects & Engineers（HK）LTD, HCMP 2472/2014, para. 9.

④ 参见沈永东：《拒绝撤销仲裁裁决后的再救济：可上诉还是不可上诉——以香港〈仲裁条例〉第 81（4）条违反〈基本法〉审查案切入》，载《仲裁与法律》第 132 辑，法律出版社 2016 年版，第 86 页。

据双方当事人的主张总结出，双方对于前两个标准无争议，因此关于违反基本法的审查的争议焦点在于第三个标准，即《仲裁条例》第 81 条第 4 款对上诉权的限制是不是达成正当目的之必要手段。"正当目的"之内涵依据《仲裁条例》第 3 条所得。① 申请方提出了 10 项理由支持其认为第 81 条第 4 款违反《香港特别行政区基本法》的主张。被申请方的反驳主张如下：首先，第 81 条第 4 款并没有绝对禁止上诉，反之，它允许原讼法庭在案件有合理的胜诉前景（reasonable prospect of success）时授予上诉许可。其次，法官认为本案应当结合仲裁制度的语境分析。当事人对选择争端解决方式有意思自治的权利，这种方式应当同时具备高效率、终局性和隐私性的特点。最后，《仲裁条例》为当事人提供了不同的选择，当事人可以选择附表 2 第 4 条中的机制，为上诉法庭参与仲裁司法审查的上诉决定权给予更多机会。②

因此在当事人没有选择附表 2 时，第 81 条第 4 款中对上诉权的限制并不会与附表 2 中扩大上诉法庭干预的规定发生冲突。③ 此外，被申请方还提出三点理由说明由原讼法庭决定是否授予上诉许可并非不合比例。④ 律政司采纳了被申请方的有关合乎基本法问题的主张，并强调比例审查标准应当结合整个《仲裁条例》的机制分析，最终这是有关政策实施的问题，即在我国香港特别行政区鼓励使用仲裁和提升其作为仲裁友好的法域。据此，律政司提出，在本案中，关键问题是谁应当有权决定是否授予上诉许可，以及第 81 条第 4 款的限制不能说是不合比例的。

上诉法庭同意对第 81 条第 4 款的违反基本法的审查不应当被孤立审视，而应当与整个仲裁裁决司法监督制度一同考量。⑤ 首先，上诉法庭认定，依据香

---

① 我国香港特别行政区《仲裁条例》第 3 条："本条例的目的，是促进在省却非必要开支的情况下，藉仲裁公平及迅速地解决争议。" See China International Fund Limited v. Dennies Lau & Ng Chun Man Architects & Engineers (HK) LTD, HCMP 2472/2014, para. 12, "promoting speed, finality and reduction of costs in relation to arbitration and parties' autonomy in choosing their own dispute resolution process."

② 我国香港特别行政区《仲裁条例》附表 2 "可以明文选择或自动适用的条文"，第 4 条第 6 款："凡原讼法庭根据本条作出决定、命令或指示，则须获原讼法庭或上诉法庭许可，方可针对该决定、命令或指示提出上诉。"

③ China International Fund Limited v. Dennies Lau & Ng Chun Man Architects & Engineers (HK) LTD, HCMP 2472/2014, para. 14.

④ China International Fund Limited v. Dennies Lau & Ng Chun Man Architects & Engineers (HK) LTD, HCMP 2472/2014, para. 15.

⑤ China International Fund Limited v. Dennies Lau & Ng Chun Man Architects & Engineers (HK) LTD, HCMP 2472/2014, para. 20.

港特别行政区《高等法院条例》（High Court Ordinance）第14条第1款规定，上诉法庭在授予上诉许可的问题上有剩余管辖权。[①] 其次，上诉法庭分析了上诉法庭在授予上诉许可问题上的角色，以反驳申请方认为第81条绝对禁止上诉且剥夺了当事方在仲裁程序有严重错误时向上诉法庭寻求救济的主张。上诉法庭认为，从《仲裁条例》整体框架来看，法律给予了上诉法庭介入的潜在可能性，若一方希望保有向上诉法庭寻求上诉许可的机会，可以在仲裁协议中明示对于附表2第4条的适用，若仲裁协议中并没有这样的规定，那么上诉法庭对授予上诉许可问题的决定权应当基于第81条而受到限制。[②] 当事方对于是否保留向上诉法庭寻求许可有选择的权利，且即使没有选择适用附表2第4条，上诉法庭也有剩余管辖权可以对无法获得原讼法庭许可进行整体监督。[③] 最后，上诉法庭分析了为何原讼法庭是上诉许可的“守门人”（gatekeeper）。一方面，是基于仲裁制度的正当目的考虑，即效率、成本价值。若是由上诉法院保有上诉许可授予权，那么案件如果上诉至终审法院，则要经过上诉至上诉法庭和终审法院的两次许可。[④] 由此带来的额外消耗将和《仲裁条例》的立法初衷相悖。[⑤] 另一方面，法官认为，由对案件了解且对案件作出决定的法官来判断是否存在一个合理的胜诉前景——是否应授予上诉许可的判断标准，是符合比例标准的。对此，法官还援引了英国上诉法庭在哈萨克斯坦共和国与伊丝蒂尔集团有限公司案［Republic of Kazakhstan v Istil Group Ltd（No 2）］对相同问题的判决以支撑其推理。[⑥]

---

① China International Fund Limited v. Dennies Lau & Ng Chun Man Architects & Engineers（HK）LTD, HCMP 2472/2014, para. 24.

② China International Fund Limited v. Dennies Lau & Ng Chun Man Architects & Engineers（HK）LTD, HCMP 2472/2014, para. 24.

③ 承认上诉法庭的“剩余管辖权”意味着能否申请上诉许可是非必要的，若肯定上诉法庭授予上诉许可的必要性，即意味着上诉法庭无需“剩余管辖权”。因此，这里法庭认为上诉法庭有“剩余管辖权”，因此不必要使上诉法庭具有上诉许可的授予权。据此，法庭认为上诉许可的授予权在于原讼法庭。参见沈永东：《拒绝撤销仲裁裁决后的再救济：可上诉还是不可上诉——以香港〈仲裁条例〉第81（4）条违反〈基本法〉审查案切入》，载《仲裁与法律》第132辑，法律出版社2016年版，第88页。

④ China International Fund Limited v. Dennies Lau & Ng Chun Man Architects & Engineers（HK）LTD, HCMP 2472/2014, paras. 35, 36.

⑤ 参见沈永东：《拒绝撤销仲裁裁决后的再救济：可上诉还是不可上诉——以香港〈仲裁条例〉第81（4）条违反〈基本法〉审查案切入》，载《仲裁与法律》第132辑，法律出版社2016年版，第88页。

⑥ China International Fund Limited v. Dennies Lau & Ng Chun Man Architects & Engineers（HK）LTD, HCMP 2472/2014, paras. 35 – 39.

(3) 案例评析

从本案中我们可以窥见有条件的允许上诉机制在实践中的适用标准及制度背后的价值考量。关于允许上诉的条件，通过该案例得知，首先，应当授予上诉许可的条件是当法庭认为案件有合理的胜诉前景。其次，上诉许可的授予权取决于当事人的选择，若当事人选择保留上诉法庭授予许可的机会，则原讼法庭和上诉法庭都有授予权，若当事人没有选择附表 2 第 4 条，则根据《仲裁条例》第 81 条，原讼法庭具有许可授予权，同时，上诉法庭也有“剩余管辖权”以纠正极端情况下下级法院拒绝授予许可的决定并非一个公正的司法决定（judicial decision）的情况。[①] 最后，这种有条件的上诉机制其实是对上诉权作出了一定限制，而这种限制的价值考量主要是保障仲裁在效率和终局性上的特点和优势，以支持仲裁机制的发展。需要注意的是，法庭紧密结合了仲裁法中具体关于仲裁法律制度设计的目的来解释上诉机制的制度考量，也反映出我国香港特别行政区承袭英国仲裁法中司法监督从十分严格到逐渐宽松的特点，是符合立法特色的。

目前中国仲裁司法审查裁定采取“一裁终局”必然也存在相似的价值考虑。但同时存在的报核制度，实际上也使裁定经过上级法院的再次审查，与上诉机制所要保护的司法审查的公正性有相同的目的和作用。而报核制度存在的种种缺陷，也使其优势受到减损。因此，在完善报核制度并朝着上诉机制转变的过程中，需要结合中国的立法和实践特点，综合考量仲裁和司法审查之间的关系，在公平和效率价值之间把握平衡。

（二）上诉机制与报核制度比较——公平和效率的价值衡量

高效率与灵活性是仲裁作为一种争端解决机制的重要特点，也因此使仲裁成为非常受欢迎的商事纠纷解决机制。仲裁制度根本上是为帮助当事人解决争议、促进经济活动、维护社会和谐，其高效并不意味着要牺牲公正，因此有必要对仲裁裁决进行司法监督，以弥补仲裁一裁终局、仲裁保密性等特点给仲裁公正性所带来的局限，维护仲裁裁决的公信力。但发挥司法审查维护仲裁公正性的作用，也不能减损仲裁的效率价值，因此司法审查制度的设计还要尊重仲

---

① China International Fund Limited v. Dennies Lau & Ng Chun Man Architects & Engineers (HK) LTD, HCMP 2472/2014, para. 22.

裁的“效率本位”,[①] 才能有效地达到司法对仲裁的支持、保障和监督作用。下文将分析报核制度与上诉制度在平衡公平与效率价值上的优势比较。因中国报核制度目前仅及于“否定性”裁定，因此对上诉机制的讨论也限于对“否定性”裁定，不及于“肯定性”裁定。需要明确的是，域外立法中仲裁司法审查的上诉机制一般无此区分。

报核制度的优点主要在于有助于统一审查的判断标准，防止地方保护主义。此外，实践也证明报核制度（承继报告制度）有效地提高了涉外仲裁裁决被承认与执行的概率。但是其缺点也是显而易见的，首先，报核制度的公正性会因其内部审查的特点而减损。作为一种法院内部的审查机制，其透明度较低，无法保障当事人参与审核过程以提出主张与抗辩。其次，报核制度在实践中有减损仲裁的效率价值的情况。报核制度仍然未对最高人民法院的回复时间作出要求，以致时间成本高。司法审查的问题种类比较集中，因此最高人民法院常常需要对同类或者较简单的法律问题进行多次回复，这对司法资源也是一种浪费。[②] 最后，报核制度使裁定可能经过三级人民法院的三次审查，是不是一种实质上的“三审”？由前述我国香港特别行政区案例可以得知，上诉机制中允许法庭审查的次数对于维护仲裁的效率价值和终局性有直接影响，而报核制度中会出现裁定经历三次审查的情况，从这点来看，报核制度未必比上诉机制有更高的效率。

上诉机制的优点主要在于其制度的理论基础更加完备，制度透明度较高，有助于保障当事人的上诉权利，也有利于提高仲裁司法审查的公正性和正当性。同时，在效率方面，笔者认为采用上诉机制并不会导致仲裁的效率价值受到严重减损，反而有助于实现公正与效率的辩证统一。首先，若仅讨论“否定性”裁决的审查，上诉机制司法审查的案件数量只可能比报核制度更少，而不会更多，由于是否上诉取决于当事人的主张，法院“主动”审查转变为“被动”审查，因此并非所有“否定性”裁决都一定会被上诉。法院对仲裁的干预和介入应以当事人提出申请作为前提，将仲裁司法审查提起的主动权交还给当事人，

---

① 参见汪祖兴：《效率本位与本位回归——论我国仲裁法的效率之维》，载《中国法学》2005年第4期，第113页。

② 仲裁司法审查的问题主要集中在仲裁协议效力、承认与执行仲裁裁决、撤销仲裁裁决这几个方面；See Lan - fang Fei, A Case Study of the Reporting Mechanism of International Arbitration in China, 5 Contemp. Asia Arb. J. 83, 2012, p. 96 - 98。

这既是对仲裁意思自治原则的尊重，也保持了司法监督的“适度”原则。[①] 其次，司法审查的审查范围与标准不会因为改为上诉制度而变得更为复杂。上诉法院的审查范围限于当事人提起之事由，即关于仲裁协议效力、承认与执行仲裁裁决和撤销仲裁裁决等审查事项，[②] 审查要点更为集中，审查的内容也比诉讼或者仲裁案件审理过程涉及的方面更少，法院主要审查程序问题，而不对案件进行全面审查。审查之标准适用“仲裁标准”而非“诉讼标准”，即符合《仲裁法》以及国际条约对上述审查事由规定的具体标准，不是遵循民事诉讼“事实清楚、适用法律正确”的严格标准。[③] 因此在审查范围和标准上，上诉制度不改变报核制度已有的有限、适度审查标准。最后，在程序设计方面，上诉程序在时间限制、程序保障等方面已经有较详细和成熟的规定，具有可预期性，且有学者提出仅允许上诉而不允许再审，并不全面照搬诉讼程序，以此维持仲裁司法审查上诉制度的“监督”性质，[④] 在这个方面也顾及了仲裁效率的保障，避免因多次上诉而减损效率价值。此外，仲裁司法审查制度本身就有助于提高仲裁裁决的准确性，客观上也有助于节省纠纷解决的成本，当事人无须再提起仲裁或向法院另外提起诉讼，只要上诉机制保证审查的有效适度，总体上仍然是对仲裁起到互补、促进的作用。[⑤] 若上诉机制严重减损仲裁效率，也不会为世界上大多数国家采用和实践。尽管与现行报核制度比较，上诉机制也有一些缺点，如上诉机制将司法审查的主动权从上级法院下沉，地方保护主义是否有可能因此再次抬头，而导致审查标准再次不统一，从而使仲裁裁决承认与执行的概率受到影响，但这些问题随着中国司法实践的不断进步，有望逐步得到解决，与上诉机制带来的优势不冲突。

---

① 参见赵健：《国际商事仲裁的司法监督》，法律出版社 2000 年版，第 15 - 16 页。

② 参见《最高人民法院关于审理仲裁司法审查案件若干问题的规定》（法释〔2017〕22 号）第 1 条：“本规定所称仲裁司法审查案件，包括下列案件：（一）申请确认仲裁协议效力案件；（二）申请执行我国内地仲裁机构的仲裁裁决案件；（三）申请撤销我国内地仲裁机构的仲裁裁决案件；（四）申请认可和执行香港特别行政区、澳门特别行政区、台湾地区仲裁裁决案件；（五）申请承认和执行外国仲裁裁决案件；（六）其他仲裁司法审查案件。”

③ 参见朱科：《中国国际商事仲裁司法审查制度完善研究》，法律出版社 2018 年版，第 55 页。

④ 参见朱科：《中国国际商事仲裁司法审查制度完善研究》，法律出版社 2018 年版，第 293 页。

⑤ 参见杨玲：《司法变更仲裁裁决能否上诉》，载中国法院网，https：//www. chinacourt. org/article/detail/2007/07/id/258009. shtml，最后访问日期：2019 年 1 月 11 日。文中作者提出以下观点，支持“仲裁裁决司法监督程序实行内外无别的‘两审终审’制”：“仲裁司法监督‘两审终审’与‘一裁终局’不矛盾；裁决司法监督‘两审终审’让司法监督更慎重；两审终审比一审终局在社会纠纷解决成本上更低”。

（三）小结——上诉机制在中国具备可行性

不可否认的是，报核制度与上诉机制都是为了谨慎处理仲裁司法审查的“否定性”结论，提高承认与执行涉外仲裁裁决的概率，以积极履行《纽约公约》下的义务，两种制度在一定程度上都对此目的有所帮助。但通过以上比较，笔者认为上诉机制一方面能弥补现行报核制度的缺陷，另一方面能更好地平衡司法审查的公正和仲裁制度的效率两者的关系，如审查主动权下沉，上诉案件可能减少，在效率方面可以弥补打破司法审查裁定“一裁终局”带来的效率损失；地方保护主义抬头的问题还是需要通过整体完善法院系统的司法审查水平以及提高审判者正确适用审查标准的意识等方式从根源上解决，依赖上级法院包揽审查责任并非长久之举。此外，域外立法与司法实践也可以为中国建立仲裁司法审查上诉机制提供丰富的参考和借鉴资源。即便是先完善报核制度再逐渐向上诉制度过渡，也可以吸收上诉制度中的各种优势。

综上所述，笔者认为将报核制度转变为上诉机制在理论与实践上都具备可行的空间。然而制度的完善也需要一个过程，应结合中国不同阶段的实践情况，选择合适的制度方案。

四、中国仲裁司法审查报核制度完善建议

不可忽视的是，报核制度目前在中国的实践业已有比较好的效果，且司法解释的不断完善也在逐渐弥补该制度的缺陷。如果对报核制度进行创新可以适应中国的法治土壤，未尝不可让其存续并不断改善；而建立上诉机制则是对报核制度更深层次的改革。对此，我们需要从报核制度在中国产生的源头、在中国的实践情况以及上诉机制的有关配套规范等多方面衡量向上诉机制转变的必要性及可行性。一味照搬域外立法实践的方式并不可取。究竟是继续对报核制度进行完善，还是朝着上诉机制转变，仍需要根据实践的发展深化探讨。基于上诉机制的可行性以及报核制度也有效果的考量，以下提出两种完善路径。

（一）路径一——保留并完善报核制度

针对报核制度现有的主要缺陷，笔者拟提出以下几个方面的建议：

1. 明确上级法院作出审查回复的期限

目前最高人民法院在报核机制中的回复时间不明确，在报告机制时期就已经存在因回复期限过长而导致审查效率降低、对当事人的利益造成负面影响等问题。因此，若是继续保留报核制度，应对其予以完善，首先应积极对法院的

司法审查有关的期限作出必要和明确的规定，以提高报核机制运作的效率，解决实践中当事人因等待审查结果时间过长而利益受损的情况，同时对仲裁的效率价值也在客观上起到保障的作用。此外，也可以考虑为当事人设置报核制度的监督和救济机制，包括下级法院没有按要求上报以及上级法院没有按时回复的情况，以保障当事人在报核制度中应有的正当权益。①

2. 进一步明确报核制度审查的程序

目前报核制度中对于审查的具体方式和程序并没有较为详细的规定，包括当事人在审查过程中的地位、权利义务以及审查的具体形式，如何时应当采用书面审查，何时应当采用公开听证程序等。而当事人在审查程序中的权益保障还是需要依靠明确的制度。同时，对上级法院作出的回复也应当有较统一的规范，以此提高司法审查的透明度，增强司法审查的公正性。

3. 明确报核制度的审查范围和标准

虽然报核制度是法院内部的审查机制，但是报核制度也是仲裁司法审查制度中重要的一部分。也正因如此，更有必要明确报核制度中的审查范围和标准，即上级法院对下级法院"否定性"裁定的审查范围和审查内容，以避免司法审查的过多干预对仲裁的终局效力和效率价值造成影响。同时可以将报核审查中出现的各种情形进行归类总结，以便提高报核审查的效率。

4. 逐渐完善报核制度的制度理论

若是继续保留报核制度，就有必要明确其制度性质，是作为法院内部的审查机制还是具有准上诉性质，抑或是其他。因此，完善报核制度的理论基础有利于发现制度中存在的问题并有效改进。

（二）路径二——逐步建立有限的上诉机制

1. 参考有条件的允许上诉制度，建立有限的上诉制度

"限制"体现在两个方面，一方面是限制可以上诉的裁定类型，应限制在"否定性"裁定，② 这是考虑到中国建立上诉机制主要是为了防止地方保护主

---

① 参见《2018 年度仲裁司法审查实践观察报告——主题二：〈报核规定〉的适用范围与监督救济路径》，载微信公众号"天同诉讼圈"2019 年 3 月 4 日。某远公司申请执行仲裁裁决案［甘肃高院（2018）甘执监 12 号至 19 号］，某远公司不服甘肃定西中院不予执行仲裁裁决的裁定，因认为定西中院没有按规定报核而向甘肃高院申诉，后甘肃高院查明定西中院未依法报核，因此撤销其作出的不予执行裁定。

② 朱科：《国际商事仲裁司法审查案件内部请示报告制度的转型》，载《法学杂志》2017 年第 6 期，第 130 页。

义，提高仲裁裁决的承认和执行率，而报核制度的实践表明仅对“否定性”裁定进行审核已经可以有效地达到这个目标。考虑到中国仲裁实践和司法审查机制在未来的进步，特别是仲裁司法审查并轨的发展趋势，未来有将“肯定性”裁定也纳入允许上诉的范围的可能性。另一方面可以参考英国、我国香港特别行政区的实践，对允许上诉的原因作出限制（合理的胜诉前景）。在中国应考虑到地方保护主义的问题，对审查原因不应作过多限制，同时在涉及公共利益等重大问题时，上级法院应当受理上诉申请。

2. 决定是否受理上诉的主体为上诉法院

与有条件的允许上诉制度不同，笔者认为，在中国是否受理当事人上诉申请的决定权不归于作出裁定的法院，而是上级法院，因为中国各地司法发展程度不平衡，不少地区仍存在地方保护主义的问题，若是由作出裁定的法院决定当事人能否提起上诉，则很有可能导致法院因地方保护主义不倾向于改变自己的裁定而使当事人陷入失去救济渠道的困境。

3. 上诉机制的审理程序可参照民事审判二审程序

有学者提出上诉机制的审理程序应参照民事诉讼二审程序审理，有利于明确当事双方在仲裁司法审查程序中的地位、权利及义务，以规范、透明、公开的制度保障当事人获得公正的审查结果。① 同时为了保障仲裁效率，不再设置再审程序。但是笔者认为，是否应该允许再审，或许还值得进一步考量。目前报核程序允许对部分“否定性”裁定层报至最高人民法院，就是为了让最高人民法院统一仲裁司法审查的标准，在重大或者涉外仲裁裁决的承认与执行问题上严格把关、谨慎判断。因此，若是完全否定再审的可能性，最高人民法院发挥的作用可能会降低，对于一些特别重要的案件（范围应当比“否定性”裁定更小）是否应当保留申请再审的可能性，这些案件的种类和范围又如何确定，以及若是不允许再审，最高人民法院的功能如何重新定位，笔者认为这些问题在上诉机制的构建中还需更深入的研究与探讨。

结语

2018 年 12 月，中共中央办公厅及国务院办公厅颁布《关于完善仲裁制度提高仲裁公信力的若干意见》，其中强调了“完善仲裁制度，提高仲裁公信力”

---

① 参见朱科：《中国国际商事仲裁司法审查制度完善研究》，法律出版社 2018 年版，第 293 页。

的改革任务，而完善仲裁司法支持和监督机制的相关法律及司法解释是改革的一个重点。由此可知，报核制度作为中国仲裁司法审查中的独特制度，必然是制度改革与完善过程中关注的重点。

法律制度的构建与改革需要根植本土，对于不完善的制度和机制不应一律推翻重构。从本文的研究结果来看，报核制度与上诉机制的确各有利弊，而立足于中国本土仲裁实践的历史与司法环境，报核制度的诞生与发展的确起到了非常积极的作用。故本文提供了两种报核制度改革与完善的参考路径，以期立法与司法机关在制度完善的过程中对中国本土法律实践的特点加以关注，更有效地建立既体现中国法律文化特色又符合仲裁制度的国际发展趋势的司法审查机制。

（本文责任编委：吴绍轩[①]）

① 吴绍轩，中国国际经济贸易仲裁委员会委员会工作处职员。

国际商事仲裁非法证据可采性问题探究

金挺峰*

摘　要：网络入侵的层出不穷使得机密文件信息的获取成为可能，对于是否采纳此类通过非法方式获取的证据，国际商事仲裁尚未形成明确的判断标准。在现有商事仲裁规则与实践无法提供足够指导的前提下，审视与梳理投资仲裁庭的相关实践对于解决该问题或能提供诸多有益借鉴。总体而言，在自由裁量的基础之上，通过综合考虑证据的相关性与重要性、证据的真实性、提交证据一方是否亲自参与非法取证以及证据是否涉及特权制度这四个要素，商事仲裁庭能相对全面地对该问题作出判断。

关键词：国际商事仲裁　非法取证　可采性　自由裁量

引言

所谓证据“可采性”（admissibility），源于英美法系的证据立法，是英美法下的特有概念，[①] 大致相当于大陆法中的“证据能力”。证据的可采性是指其作为法律上的诉讼证据的资格问题，例如许多国家会在其国内刑法中规定以非法手段获得的证据不具有可采性。不同于国内诉讼，国际仲裁并没有明确的非法证据排除规则，加之当事人可能具有不同法律文化背景，仲裁庭倾向于将重点放在决定争议所需要的事实认定上，而不愿先验地受到证据可采性规则的约束，

---

* 金挺峰，北京市环球律师事务所上海分所律师助理。

① Samira A. Saleh, Reflections on Admissibility of Evidence: Interrelation Between Domestic Law and International Arbitration, Arbitration International 15, 1999, p. 142.

阻碍其可能借以获取纠纷解决结果的任何途径。①

然而另一方面，随着尖端科学技术的进步，网络入侵和黑客攻击变得愈加频繁，这一客观现状对非法取得证据之可采性提出了新的问题。以著名的维基解密网站为例，成立于2006年12月的维基解密是一个大型文档泄露及分析网站，各国的黑客均可将自己盗取的机密文件上传到该网站上，以揭露政府及企业的腐败或犯罪行为。自创立以来，无论在商事仲裁还是投资仲裁中，争端当事方多次提交维基解密公布的相关机密文件作为证据。多国政府对维基解密网站发出警告，美国认定维基解密泄露文件的行为违反美国国内法，② 澳大利亚总理吉拉德曾声明组建维基解密基金会和从外国窃取美国政府的保密文件是非法行为，③ 其创始人阿桑奇也被英国警方正式逮捕。如果黑客行为或者以维基解密为代表的泄密行为违反有关法律，那么通过这些非法手段获取的证据在国际商事仲裁中能被采纳吗？目前尚无统一答案。有鉴于此，我们有必要对以维基解密文件为代表的通过非法手段获取的证据之可采性进行研究。

一、国际商事仲裁非法证据可采性的“规则缺失”

各国国内法往往通过立法或判例发展的方式对非法证据可采性问题作出较明确的规定。以美国为例，作为英美法系的代表以及非法证据排除规则的发源地，美国通过维克斯案（Weeks v. United States）和马普案（Mapp v. Ohio）等判例正式确立了刑法意义上的非法证据排除规则，即凡通过违反《美国宪法第四修正案》获取的证据均不具有可采性。④ 简言之，美国非法证据排除规则适用对象是通过非法搜查等方式获取的实物证据，该规则旨在确保执法人员在程序中合法扣押或搜查。我国目前亦在刑事案件中明确适用非法证据排除规则，《刑事诉讼法》第56条规定：“采用刑讯逼供等非法方法收集的犯罪嫌疑人、被告人供述和采用暴力、威胁等非法方法收集的证人证言、被害人陈述，应当予以排除。收

---

① ［英］艾伦·雷德芬等：《国际商事仲裁法律与实践》，宋连斌等译，北京大学出版社2005年版，第317页。

② Verdict in Bradley Manning case, http://www.washingtonpost.com/wp-srv/special/national/manning-verdict/, July 8, 2019.

③ Gillard refines verdict on Assange, http://www.abc.net.au/worldtoday/2010/s308673.htm, July 8, 2019.

④ 《美国宪法第四修正案》规定：“人民保护其身体、住宅、文件与财产之权利，以对抗无理由之搜查和扣押，不得被侵犯。除有合理根据并宣誓保证，并详述搜查之地点、须扣押之人或物之外，不得颁发搜捕证。”

集物证、书证不符合法定程序，可能严重影响司法公正的，应当予以补正或者作出合理解释；不能补正或者作出合理解释的，对该证据应当予以排除……”

国际法通常不对证据可采性问题作出严格规定。[①] 以国际法院为例，《国际法院规约》仅在第52条强调证据必须在指定期限内提交，除此之外未对证据可采性施加任何限制。概括而言，国际法院适用的证据可采性一般原则为：当事方提供的证据通常都是可采的。[②] 这一原则在国际法院于其成立之初审理的科孚海峡案（Corfu Channel Case）中得到体现，并为法院在后续案件中对该问题的处理提供基础。该案源于1946年，一支英国舰队驶入科孚海峡时，引爆阿尔巴尼亚布下的水雷，从而造成英国舰队大量人员死伤。为了证明阿尔巴尼亚违反国际法上的通知义务，英国皇家海军在没有得到阿尔巴尼亚许可的情况下进入该水域扫雷，并将发现的水雷作为证据向国际法院出示。国际法院虽认定英国海军的行为侵犯了阿尔巴尼亚国家主权，是一种国际不法行为，然而法院并未对英国作出实质性惩罚判决，也并未在程序中排除英国以非法侵犯他国主权这一方式所获取的证据。[③]

国际商事仲裁在处理非法证据可采性时同样面临着规则缺失的困境。一般而言，仲裁庭对证据问题的处理主要根据仲裁协议、机构仲裁规则和仲裁地法中的强制性规定。[④] 在这三者中，仲裁协议中的争端解决条款很少细化到证据问题，仲裁地法的强制性规定往往涉及的是更为宏观的公共利益与政策等事项，故事实上仲裁庭主要参考仲裁规则中的证据条款。然而，仲裁规则中的证据条款能给予仲裁庭的指导也十分有限。一方面，各机构仲裁规则中证据条款数量普遍较少，鲜有仲裁机构制定专门的证据规则。[⑤] 另一方面，仲裁规则中的证

---

① Charles N. Brower, Evidence before International Tribunals: The Need for Some Standard Rules, The International Layer 28, 1994, p. 47.

② 张卫彬：《国际法院解决领土争端中的证据问题研究》，华东政法大学2011年博士学位论文，第68页。

③ Corfu Channel case, Judgment of 9 April 1949, I. C. J. Reports 1949, p. 35.

④ Marghitola Reto, Document Production in International Arbitration, Netherlands, Kluwer Law International, 2015, p. 122.

⑤ 以目前在国际社会认可度较高的仲裁规则为例，2013年《联合国国际贸易法委员会仲裁规则》仅有第20条一个条文规定证据问题，2018年《香港国际仲裁中心机构仲裁规则》同样仅有第22条一个条文涉及证据问题。当然，个别仲裁机构可能在仲裁规则之外另行制定专门的证据规则或证据指引，例如中国国际经济贸易仲裁委员会自2015年起施行的《中国国际经济贸易仲裁委员会证据指引》。该指引第19条规定以下两类证据不具有可采性，即仲裁庭认为不应被采纳的证据，尤其是那些律师与客户之间的保密通讯或涉及当事人之间和解谈判的证据，以及仅在调解程序中披露的证据和信息。但对于非法证据的可采性问题，该指引同样没有作出规定。

据条款往往仅规定仲裁庭需要判断证据可采性，但缺少进一步指导细则。总体而言，国际商事仲裁尚未形成有关非法证据可采性的具体规则。

当然，不同于国内法院适用严格的证据规则，国际仲裁庭在证据可采性问题上享有广泛的自由裁量权，这已成为国际仲裁的共识并在多个机构规则中得到体现。[①] 例如，《伦敦国际仲裁院仲裁规则》第22条第1款第6项指出，“在事先给予各方当事人合理的机会以表达他们的意见的基础上，仲裁庭有权根据当事人的申请或依照仲裁庭自己的动议进行下列事项，……裁定对一方当事人提出的任何有关事实或专家意见方面的材料的可采性、关联性和重要性，是否适用任何严格的举证规则（或其他规则）等”。

最后，仲裁庭在实践中频繁地援引《国际律师协会国际仲裁取证规则》（IBA Rules on the Taking of Evidence in International Arbitration，以下简称《IBA规则》）来弥补仲裁协议或机构规则中证据规则的缺失。[②] 《IBA 规则》旨在为国际仲裁（特别是涉及不同法律传统当事人的国际仲裁）的取证问题提供高效、经济及公平的处理方式，故尽管不具有强制的法律拘束力，但是国际仲裁庭多次援引该规则作为处理证据问题的依据。[③]

《IBA 规则》中规定证据可采性问题的主要是第9条第1款和第2款。第9条第1款赋予仲裁庭在证据可采性上享有自由裁量权，第9条第2款列举了不采纳证据的7种情况。

相较于仲裁规则，IBA 证据规则给出了更加细化的判断标准。当然，对于判断非法获取证据的可采性问题，第9条第2款所提供的帮助仍有一定的局限性，这是因为：首先，第9条第2款的列举是否穷尽，尚存争议。其次，第9条第2款的用语存在模糊与不确定性，例如第9条第2款第7项规定可以排除证据的情形为“仲裁庭认定基于程序的经济性、适当性和公平的考虑，以及平

① Nathan D. O' Malley, *Rules of Evidence in International Arbitration: An Annotated Guide*, London, Informa Law International, 2012, p. 267.

② Jeffrey Waincymer, *Procedure and Evidence in International Arbitration*, Netherlands, Kluwer Law International, 2012, p. 750 – 751.

③ Cambodia Power Company v. Kingdom of Cambodia, ICSID Case No. ARB/09/18, Amended Decision on the Claimant's Application to Exclude Mr Lobit's Witness Statement and Derivative Evidence, 14 February 2012, p. 2; Tidewater Inc., Tidewater Investment SRL, Tidewater Caribe, C. A., et at. v. The Bolivarian Republic of Venezuela, ICSID Case No. ARB/10/5, Procedure Order No. 1 on Production of Documents, 29 March 2011, para. 6; CME Czech Republic B. V. v. The Czech Republic, UNCITRAL, Partial Award, 13 September 2001, para. 46.

等对待当事人的考虑具有说服力”。不同仲裁庭对何谓程序的经济性、适当性和公平缺乏统一标准，实践中容易引发分歧。最后，第9条第2款中规定的不采纳证据的7种情形并不包括以非法手段获取的证据，因此即便援引《IBA规则》，仲裁庭也很难直接对该问题得出结论。

二、非法证据的可采性——基于国际投资仲裁实践分析

相较于投资仲裁，商事仲裁显然具有更高的保密性，这使得通过考察商事仲裁实践来研究仲裁庭对该问题的处理路径显得几无可能。与之相反，投资仲裁的透明度使得公众能接触到大量案件材料，从而使得将投资仲裁处理该问题的经验“嫁接”于商事仲裁成为可能。考虑到投资仲裁与商事仲裁并非泾渭分明，而是在很多问题上具有共通性，[①] 故在缺乏明确判断路径的现状下，可考虑参考投资仲裁相关案例在解决非法证据的可采性问题上的做法来解决国际商事仲裁中非法证据的可采性问题。下面对有关投资仲裁实践进行分析。

（一）决定不予采纳非法获得的证据之实践

在多个投资仲裁案件中，仲裁庭基于不同考量均拒绝采纳通过非法手段获取的证据。

1. 梅赛尼斯诉美国案

梅赛尼斯（Methanex）诉美国案是一起根据北美自由协定提起的投资仲裁。该案投资者梅赛尼斯公司是全球最大的乙醇生产商和经销商。由于加利福尼亚政府颁布了禁止使用或销售某种汽油添加剂的禁令，梅赛尼斯根据协定向美国提出索赔申请。

仲裁过程中，梅赛尼斯公司对美国政府的一位证人冯德（Vind）先生的资格持疑。为了证明冯德先生与加利福尼亚政府的利益关系，梅赛尼斯公司向仲裁庭提交了一系列文件，包括冯德先生的私人笔记、信函、通讯录等。对此，美国政府指出，这些文件是梅赛尼斯公司的私人侦探非法潜入冯德先生工作大楼搜寻垃圾箱而得。尽管梅赛尼斯极力主张其“垃圾搜索”行为不构成美国刑法意义上的非法取证，但美国仍坚持请求仲裁庭排除这些证据。

仲裁庭主要从两方面分析了证据的可采性问题。首先，仲裁庭强调作为一

---

① 关于投资仲裁与商事仲裁的共同性，参见傅攀峰：《商事仲裁与投资仲裁：当今两者差异几何?》，载《仲裁研究》2014年第2期。

般法律原则，争端当事方均有义务在仲裁程序中恪守善意原则，尊重程序公正。因此，正如同美国政府不被允许提交其依靠情报资源监视投资活动而获得的文件，梅赛尼斯通过"垃圾搜索"获得的证据也不应被采纳。其次，仲裁庭分析了该证据的重要性。在仔细考虑文件内容后，仲裁庭认定本案还有更直接的口头和书面证据能证明梅赛尼斯公司的主张，即争议文件对于本案而言并非不可或缺，对案件结果也不产生重要影响。基于上述分析，仲裁庭最终决定不采纳梅赛尼斯公司提交的证据。①

2. 萨纳伊诉土库曼斯坦案

萨纳伊（Sanayi）诉土库曼斯坦案是一起建筑工程承包合同争端。在施工过程中，投资者土耳其萨纳伊公司与土库曼斯坦政府对合同履约情况产生分歧。根据《土耳其土库曼斯坦双边投资协定》第 7 条规定，双方在争端产生后应尽可能以友好协商的方式解决争端，若争端自被提起之日起 6 个月内未解决，投资者可提起仲裁申请。

为了证明自己根据投资协定第 7 条向土库曼斯坦国内法院寻求用尽当地救济的努力是徒劳的，萨纳伊公司向仲裁庭提交了一份从维基解密网站下载的有关土库曼斯坦政府的文件。在该文件中，土库曼斯坦承认本国国内司法体制存在弊端，"鉴于土库曼斯坦自上而下的决策形成机制，很难想象法官会仅仅根据案件事实作出裁判，尤其是在涉及国家利益的案件中。同时，政府权力扩张和腐败受贿的情况也不容忽视……"② 土库曼斯坦政府认为维基解密网站从事的是非法获取文件行为，故申请方提交的证据不应被采纳。

仲裁庭并未直接回应维基解密文件的可采性，而是用较长的篇幅分析这份文件与投资者主张间的相关性。仲裁庭认为，作为一份内容广泛的第三方研究报告，该文件仅概括性地指出土库曼斯坦国内司法体系缺乏独立、对土耳其投资者并不友好的情况，但这并不能必然地证明萨纳伊公司的主张。相反，萨纳伊公司必须明确地向仲裁庭展示其诉诸土库曼斯坦国内法院的经过，才能分析出其寻求东道国当地救济的权利是否被剥夺。因此，仲裁庭认定萨纳伊公司所

---

① Methanex Corporation v. United States of America, UNCITRAL, Final Award, Part II - Chapter I, 3 August 2005, paras. 54 - 59.

② Kılıç İnşaat İthalat İhracat Sanayi v. Turkmenistan, ICSID Case No. ARB/10/1, Award, 2 July 2013, p. 58, para. 4. 3. 16.

提交的证据无法证明其主张，故不予采纳。[①]

3. 伊迪夫诉罗马尼亚案

伊迪夫（EDF）诉罗马尼亚案涉及通过窃听获得的录音文件的可采性。本案申请方伊迪夫公司声称由于拒绝向时任罗马尼亚首相行贿，导致其在罗马尼亚境内的投资遭到了政府阻挠。伊迪夫公司向仲裁庭提交了一份录音文件，内容为罗马尼亚政府官员对其提出了必须行贿才能继续开展业务的要求。罗马尼亚请求仲裁庭拒绝采纳该证据，并提出三点理由：首先，伊迪夫公司早在7年前就录下了对话，但直到7年后才将该证据公布，这种行为有违善意原则；其次，该录音是伊迪夫公司在另一方不知情的情况下非法佩戴窃听器录制，该取证方式侵犯当事人隐私权；最后，录音文件应提供原件，伊迪夫提供的录音真实性、完整性存疑。

仲裁庭针对这三点理由进行了详细的分析。首先，仲裁庭指出，考虑是否采纳证据的标准之一是证据的可靠性和真实性，采纳一份无法辨明真假的文件无疑是浪费时间。鉴于该录音大量对话内容缺失，且很有可能进行了内容增删等操作，该录音内容不具有可靠性与真实性。其次，仲裁庭重点分析了非法窃听这一取证行为。仲裁庭参考了科孚海峡案，认为非法取证的后果应加以个案分析。同时，仲裁庭赞同梅赛尼斯案对非法取证效力的分析，指出善意参与程序的重要性。鉴于该录音是在伊科布（Iacob）女士不知情的情况下偷录的，这显然侵犯了其隐私权，采纳这份证据将有违国际仲裁中的善意原则和公平原则。最后，仲裁庭分析了伊迪夫公司直到7年后才公布该证据这一行为。仲裁庭结合双方证言，认定EDF公司早在7年前已掌握该录音，这种无理由的故意迟延提交显示了伊迪夫公司的非善意。[②]

值得注意的是，本案涉及投资者对东道国的腐败指控，鉴于索贿指控的严重性，仲裁庭在本案采取“明确且令人信服”的证明标准。[③] 这也不难理解为何仲裁庭在基于上述分析的前提下，最终决定不采纳该份录音文件。

4. 利班纳科诉土耳其案

本案涉及土耳其政府通过非法监听方式获得的与投资者有关的信息的可采

---

① Ibid, para. 8.1.10.

② EDF v. Republic of Turkey, ICSID Case No. ARB/05/13, Procedural Order No. 3, 29 August 2008, paras. 29–46.

③ Ibid, para. 30.

性问题。塞浦路斯公司利班纳科（Libananco）指责土耳其政府通过非法监听获取了大量有关本案的机密文件。土耳其政府承认存在监听行为，但表示只是为了调查另一起洗钱案，与本案无关。

仲裁庭首先指出，本案双方在证据问题上的分歧恰恰揭示了解决投资争端国际中心（International Centre for Settlement of Investment Disputes，ICSID）仲裁中的一些核心问题，如基本的程序公正，对法律特权和保密信息的尊重，赋予双方寻求意见以及自由、不受干涉地推动案件进程的权利等。其次强调，当事方均应公平善意地参与仲裁过程，这一原则适用于包括国际投资仲裁在内的所有仲裁。对于土耳其提出的调查洗钱犯罪这一抗辩理由，仲裁庭表示其无意否认一个主权国家享有追踪犯罪的天然权力，但这并不意味着该权力的行使不受约束，也不代表一个国家可以通过阻碍 ICSID 仲裁开展的方式进行犯罪调查。最后，仲裁庭再次强调了法律特权和保密制度的重要性，并认为采纳这些证据将会对利班纳科公司造成程序偏见。①

（二）决定采纳非法获得的证据之实践

当然，在个别案件中，仲裁庭决定采纳当事方提交的涉及通过非法手段获取的证据，其中以卡拉图布（Caratube）诉哈萨克斯坦案最为典型。

卡拉图布诉哈萨克斯坦案是一起在 ICSID 下提起的投资仲裁，本案主要涉及投资者从非法网站上自行下载的文件的可采性问题。

仲裁进程中，卡拉图布公司提交了从名为“哈萨克解密”（KazakhLeaks）的网站上下载的 11 份文件作为证据。“哈萨克解密”是由黑客建立的一个信息分享网站，通过入侵哈萨克斯坦政府网络系统，黑客在该网站上传了约 6 万份政府文件。哈萨克斯坦强烈反对申请方提交该证据，并请求仲裁庭将这些“被盗文件”排除出仲裁程序。双方均就该证据的可采性问题提交了法律意见。②

仲裁庭认为，在证据问题上，法律特权的保护应始终放在首位。因此，仲裁庭并未采纳其中 4 份涉及律师客户间通信的文件，但采纳了卡拉图布公司提交的其他不涉及法律特权的文件作为证据。③

---

① Libananco Holdings Co. Limited v. Republic of Turkey, ICSID Case No. ARB/06/8, Decision on Preliminary Issues, 23 June 2008, paras. 78 – 80.

② Caratube International Oil Company LLP and Mr. Devincci Saleh Hourani v. Republic of Kazakhstan, ICSID Case No. ARB/13/13, Award, 27 September 2017, paras. 150 & 152.

③ Ibid., para. 1259.

本案仲裁庭的做法为我们提供了以下两点思考。首先，涉及法律特权的信息不应作为证据被提交。在这一点上，仲裁庭充分尊重了《IBA 规则》第9条第2款关于法律特权的规定。其次，本案仲裁庭似乎释放出除法律特权信息外，非法取得的证据原则上可以被采纳的信号。

三、仲裁庭决定非法证据可采性的考量因素

由于仲裁规则普遍未对证据可采性问题作出明确规定，国际投资仲裁实践呈现出个案裁判，缺乏统一标准之局面。不过通过对已有案例的梳理，仍能提取出某些共通的考虑因素：首先，从证据本身而言，仲裁员会关注证据内容是否具有真实性，与案件是否具有相关性，对结果是否产生重要性。其次，仲裁庭会关注采纳这份证据对于程序公平正义是否产生影响。最后，仲裁庭还会关注证据是否涉及保密信息、律师及当事人信息等为法律特权所包含的内容。在国际商事仲裁中，判断非法证据的可采性同样要考虑这些因素，因此投资仲裁对该问题的分析路径对于商事仲裁同样具有借鉴意义。

（一）非法证据的重要性及其与案件的相关性

证据应该与案件具有相关性，并对案件结果有重要影响。一般认为，相关性要求证据有助于当事方展示案情、证成主张，重要性侧重证据有助于仲裁庭发现案件真相或作出裁决。[①] 由于仲裁一裁终局的属性，仲裁庭往往倾向于采纳而非排除证据来帮助其发现案件真相，但这并非意味着当事方提交的任何证据均应被采纳。国际仲裁在一定程度上认可了国内法中的某些证据排除规则。[②] 对于仲裁庭而言，若一份待提交的证据与案件不相关不重要，而该证据又是通过非法手段获得，采纳该证据显然得不偿失。

梅赛尼斯诉美国案即引入证据相关性、重要性标准来帮助判断可采性问题。仲裁庭认为，鉴于争议文件不能达到申请方梅赛尼斯公司预期的证明效果，该证据对案件结果不产生决定性影响，因此决定不采纳该证据。同样，在萨纳伊诉土库曼斯坦案中，仲裁庭重点论述了萨纳伊公司提交的维基解密文件与试图证明的诉求间并不相关，因此拒绝采纳。

---

① Konstantin Pilkov, Evidence in International Arbitration: Criteria for Admission and Evaluation, Arbitration 80, 2014, p. 148 – 149.

② Richard Mosk, The Role of Facts in International Dispute Resolution, Recueil Des Cours 304, 2003, p. 120.

在笔者看来，国际商事仲裁庭在衡量非法取得的证据可采性时，可先考虑该证据的相关性、重要性问题。若仲裁庭不认为证据与争端有联系，可直接决定不予采纳该证据。相反，若该证据与案件相关或对案件结果产生重要影响，仲裁庭可认定证据具有初步（prima facie）可采性，并结合其他标准作出进一步认定。

（二）非法证据的真实性

证据应具有真实性、可靠性。两大法系虽对证据种类各有侧重，但均出于对证据真实性的考量。英美法系重视收集证人证言，并通过交叉询问来确保口头证词的真实性；大陆法系则普遍认为由于争端往往在瞬间发生且证人的事后回忆存有偏差，从而使证人证言的真实性大打折扣，故倾向书面证据。[①] 当今，随着科学技术的不断发展，对文件原件的修改或伪造变得更加容易，这也使得判断证据的真实性显得尤为重要。对仲裁庭而言，采纳一份内容上不具有真实性、可靠性的证据将会使依靠该证据作出的裁决面临被撤销的风险。

黎巴嫩国内仲裁庭在其2015年作出的一份决定中指出，当事方若想使用维基解密文件作为证据，必须确保其内容的真实性或提供其他证据来印证文件所含信息的准确性。类似地，在伊迪夫诉罗马尼亚案中，仲裁庭指出，判断录音文件的真实性是决定是否采纳该文件的前提。由于本案申请方提交的录音文件缺失了开头与结尾，内容不完整，录音中存在多达20处停顿等，仲裁庭对该录音的真实性存疑，并以此作为拒绝采纳该证据的理由之一。

笔者认为，在判断非法证据可采性之前，仲裁庭可自行对非法获取的证据内容是否真实可靠作出判断。与相关性和重要性的判断相同，若仲裁庭不认定证据具有真实性、可靠性，可直接决定不予采纳该证据。相反，若仲裁庭确信证据的真实性、可靠性，可认定证据具有初步（prima facie）可采性，并结合其他标准作进一步认定。

（三）提交非法证据的一方是否亲自参与了非法取证

作为起源于英美衡平法中的一项法律原则，“干净之手”强调寻求救济或主张权利的一方必须清白无瑕。[②] 但仲裁庭可以将其与善意原则、程序正当原

---

① Josefa Sicard - Mirabal and Yves Derains, Introduction to Investor - State Arbitration, Netherlands, Kluwer Law International, 2018, p. 194.

② Patrick Dumberry, State of Confusion: The Doctrine of “Clean Hands” in Investment Arbitration After the Yukos Award, Journal of World Investments and Trade 17, 2016, p. 230.

则等挂钩而使其得到适用。[①] 国际投资仲裁实践中，“干净之手”原则在处理争端方违法行为时，包括非法取证这一问题上发挥着重要的作用。[②]

在梅赛尼斯诉美国案中，仲裁庭将梅赛尼斯公司亲自参与了“垃圾搜索”这一非法的证据获取过程作为认定证据不具有可采性的理由之一。在伊迪夫诉罗马尼亚案中，仲裁庭将投资者携带录音器偷录谈话内容这一行为视为违反了“干净之手”原则，作为不采纳证据的理由之一。在利班纳科诉土耳其案中，利班纳科在书面陈述中着重强调了土耳其政府以监听的方式获取文件的行为违反了“干净之手”原则，故不应采纳土耳其政府提交的证据。此外，欧盟法院在波斯银行诉欧洲理事会一案中的意见也颇具参考价值，该案同样涉及一份维基解密文件能否被采纳为证据这一问题。法院认为，维基解密文件的泄露渠道在源头上或许违法，但试图提交该文件作为证据的波斯银行并未参与非法获取过程。证据源头潜在的非法性不应成为阻碍案件一方提交该证据的理由。[③]

因此，笔者认为，在国际商事仲裁中判断非法证据的可采性问题上，仲裁庭可以引入“干净之手”原则，即提交非法获取的证据而使自己在案件中获益的争端当事方若亲自参与了非法取证过程，该证据可被认定不具有可采性。[④]

（四）非法证据是否涉及法律特权

是否涉及法律特权是仲裁庭在判断证据可采性时的另一个参考因素。所谓法律特权，是指被法律认可的拒绝向法庭或另一方当事人出示证据的权利。[⑤] 对于法律特权，两大法系有着不同的理解。英美法系对特权概念持广义解释态度，并将其与保密制度加以区分。大陆法系虽并未有特权概念，但也要求程序参与方恪守保密性。[⑥] 目前国际仲裁中比较普遍的几种特权包括律师客户特权

---

① 例如在 Inceysa 诉 El Salvador 一案中，仲裁庭虽未直接适用“干净之手”原则，但仍强调没有任何一个基于理性的法律体系会允许实施违法行为的一方从中受益，Inceysa Vallisoletana S. L. v. Republic of El Salvador, ICSID Case No. ARB/03/26, Award, 2 August 2006, para. 244。

② Aloysius Llamzon, The State of the “Unclean Hands” Doctrine in International Investment Law: Yukos as Both Omega and Alpha, *ICSID Review* 30, 2015, p. 315 – 325.

③ Persia International Bank v Council, Case T – 493/10, ECLI: EU: T: 2013: 398, para. 95.

④ Nikki O’Sullivan, Lagging behind: is there a clear set of rules for the treatment of illegally obtained evidence in international arbitrations? http://arbitrationblog.practicallaw.com, July 8, 2019.

⑤ Norah Gallagher, Legal Privilege in International Arbitration, International Arbitration Law Review 2, 2003, p. 45.

⑥ Tom Ginsburg and Richard Mosk, Evidentiary Privileges in International Arbitration, International and Comparative Law Quarterly 50, 2013, p. 345 – 346.

制度、商业秘密特权保护制度、公共特权制度等。[①] 国际投资仲裁虽缺乏成文的“特权规则”，但在实践中已经在适用“特权规则”上形成一些共识。[②]

因此，仲裁庭如果认定当事方提交的非法取得的证据中涉及侵犯法律特权，可不采纳该证据。在利班纳科诉土耳其案中，仲裁庭指出，法律特权与机密信息的保护应受到高度重视。如果允许一方以不正当的手段获取特权与机密信息并使自己在案件中受益，将对另一方造成严重的偏见。同样，在卡拉图布诉哈萨克斯坦案中，仲裁庭将投资者与其律师之间的邮件信函以侵犯法律特权与违反机密信息的保护为由排除，而允许提交其他不涉及侵犯法律特权的证据。

当然，界定证据内容是否涉及法律特权本身也是一个复杂的问题。《IBA 规则》第 9 条第 2 款第 2 项规定，如果一项证据的出示会造成法律障碍或形成法律特权，仲裁庭可以排除该证据。第 9 条第 3 款列举了判断何谓法律障碍或特权时可以考虑的五点因素，其中第 1 项为“与提供或获得法律建议有关、或者出于提供或获得法律建议的目的而产生的文件材料、陈述和口头沟通”。从这个角度出发，尽管律师客户特权制度已被公认为是一种法律特权，但需要注意的是并非律师与其客户之间的所有沟通文件均可受到特权制度的保护。正如仲裁庭在维托·加洛（Vito G. Gallo）诉加拿大一案中指出，只有当律师是以专业律师身份（而非其他身份）给出相关意见，客户和律师之间存在信任关系，文件材料是出于提供或获得法律建议之目的而制作，并且双方均合理期待即便产生相关争议该信息将被保密时，律师与客户特权制度方可得以适用。[③]

四、借鉴与展望

由于国际投资仲裁的仲裁庭享有的高度自由裁量权，目前的投资仲裁实践尚未对判断非法证据的可采性形成统一的标准。在笔者看来，未来非法证据的可采性问题仍将保持一定的复杂性，投资仲裁实践对该问题的判断也可能存在不同，不同仲裁庭依旧倾向于从个案案情的角度出发进行分析。此外，鉴于来自不同法律背景和文化的仲裁员对证据问题往往会产生不同的理解，力求国际投资仲裁在判断非法获取证据的可采性问题时得出统一结论尚显不切实际。当

---

① 崔起凡：《国际商事仲裁中的证据问题研究》，华东政法大学 2011 年博士学位论文，第 142 页。

② C. Tevendale and U. Cartwright-Finch, Privilege in International Arbitration: Is It Time to Recognized the Consensus, Journal of International Arbitration 26, 2009, p. 823, 839.

③ Vito G. Gallo v. Government of Canada, NAFTA/UNCITRAL/PCA, Procedural Order No. 3, 8 April 2009, para. 47.

然，有一点是可以明确的，即通过非法手段获取的证据不必然被排除。在国际商事仲裁中亦是如此。

在具体的判断路径上，参考已有规则和有关国际投资仲裁案例判例，笔者认为，在判断国际商事仲裁非法证据的可采性问题上，以下方法或许可供参考：首先，仲裁庭可以考虑该证据的相关性、重要性问题。若仲裁庭不认为证据与案件有联系，可直接决定不予采纳该证据。相反，若该证据与案件相关或对案件结果产生重要影响，仲裁庭可认定证据具有初步可采性。其次，仲裁庭可对非法获取的证据内容是否真实作出判断。若仲裁庭不认为证据具有真实性、可靠性，可直接决定不予采纳该证据。相反，若仲裁庭确信证据的真实性，可结合其他标准作出下一步的判断。再次，仲裁庭可以引入“干净之手”原则，即若争端当事方亲自参与了非法取证过程或采纳该证据会使另一方的程序利益受损，该证据可被认定不具有可采性。最后，仲裁庭可以判断提交的证据是否受证据特权制度的保护，如果相关信息受到证据特权制度的保护，则仲裁庭可认定不予采纳该证据。

（本文责任编委：潘楚婧[1]）

① 潘楚婧，中国国际经济贸易仲裁委员会天津分会职员。

论《华盛顿公约》框架下仲裁员的披露义务

黄琦琦*

摘　要： 仲裁员的披露义务制度作为《华盛顿公约》框架下的基本制度，关系到仲裁员的独立性和公正性。实践中存在大量以仲裁员不履行披露义务为根据提起仲裁员回避的申请。但《解决投资争端国际中心仲裁规则》对仲裁员的披露义务的要求比较抽象和概括，仲裁员在实际披露过程中容易出现披露不足的问题。当事方因此认为仲裁员不披露的行为显示仲裁员缺乏独立性和公正性。该仲裁规则本身并未规定不履行披露义务的后果，当事方只能通过申请仲裁员回避的方式以否定仲裁员不履行披露义务的行为。在具体案例中，判断仲裁员是否履行披露义务，存在“以仲裁员为中心”和“以当事方为中心”的两种观点。但是，仲裁员回避的标准高于仲裁员履行披露义务的标准，导致仲裁员不履行披露义务可能无需承担相应的法律后果。因此，为了维护仲裁员的独立性和公正性以及当事方对仲裁庭的信任，应“以当事方为中心”规范履行披露义务的标准，并严格规定不履行披露义务的法律后果。

关键词： 仲裁规则　仲裁员　披露义务　独立性　公正性

引言

随着国际投资的发展，越来越多的投资者诉国家的案件被提交到解决投资争端国际中心（以下简称争端中心），同时产生大量挑战仲裁员资格的案件（图1），这些案件中，仲裁员的独立性和公正性遭到质疑。独立性和公正性是

* 黄琦琦，中国人民大学法律硕士，比较法方向，欧盟伊拉斯姆世界联合硕士（Erasmus Mundus Scholarship）。

仲裁制度的基石（corner stone）[①]。按照《关于解决国家和他国国民之间投资争端公约》（以下简称《华盛顿公约》）作出的仲裁裁决，由于其不受仲裁地法和国内法的审查[②]，这些案件中仲裁员的独立性和公正性显得尤为重要，因为仲裁员的独立性和公正性很大程度上决定着仲裁的独立性和公正性。[③] 对仲裁员资格的挑战，不仅影响到仲裁的效率（图2，平均在3.2个月内），更影响到仲裁裁决结果的稳定性。一旦当事方对仲裁员的独立性和公正性产生怀疑，当事方往往会提出仲裁员回避的申请，以保障自身获得公正裁判的权利，且可能不止一次对该仲裁员提出挑战[④]。甚至在裁决作出之后，当事方仍会依据《华盛顿公约》第52条第1款第1项和第3项的规定，主张仲裁庭组成有缺陷和严重违反基本程序规则[⑤]，以否定仲裁裁决的效力。尽管以仲裁员缺乏独立性和公正性作为撤销裁决的理由非常困难[⑥]，但是这足以影响仲裁裁决的终局性和稳定性。

在众多申请仲裁员回避的案件中，以仲裁员不履行披露义务或不完全履行披露义务[⑦]为根据而申请仲裁员回避不在少数。从理论上说，可以通过采取某些事先预防措施或规范措施来避免日后当事方以仲裁员未披露为由挑战仲裁员

---

① A. J van den Berg, Report on the Challenge Procedure, in The Arbitral Process and the Independence of Arbitrators, Lundon, ICC Publication, 1991, p. 87; Gary. Born, International Commercial Arbitration, Netherlands Kluwer Law International, 2009, p. 1461, 1463 – 1464; Jan Paulsson, Ethics, Elitism, Eligibility, Journal International Arbitration, 1997, p. 13.

② 《华盛顿公约》第53条第1款：裁决对双方具有约束力。不得进行任何上诉或采取除本公约规定外的任何其他补救办法。除依照本公约有关规定予以停止执行的情况外，每一方应遵守和履行裁决的规定。

③ "Arbitration is only as good as its arbitrators." Lord Hacking, "Arbitration is Only Good as Its Arbitrators", in Stefan Kröll, Loukas A, et al., eds., International Arbitration and International Commercial Law: Synergy Convergence and Evolution, Wolters Kluwer, 2011.

④ 在ConocoPhillips Petrozuata B. V., ConocoPhillips Hamaca B. V. and ConocoPhillips Gulf of Paria B. V. v. Bolivarian Republic of Venezuela（ICSID Case No. ARB/07/30）案中，提出6次仲裁员回避的申请；在Fábrica de Vidrios Los Andes, C. A. and Owens – Illinois de Venezuela, C. A. v. Bolivarian Republic of Venezuela（ICSID Case No. ARB/12/21）案中，提出4次仲裁员回避的申请；在Blue Bank International & Trust（Barbados）Ltd. v. Bolivarian Republic of Venezuela（ICSID Case No. ARB/12/20）案中，提出2次仲裁员回避的申请。

⑤ 主要理由指仲裁员缺乏独立性和公正性，导致当事方受到不公平对待，违反公平的基本原则。

⑥ R. Doak Bishop and Silvia M. Marchili, Annulment Under the ICSID Convention, Oxford, Oxford University Press, 2012, p. 59.

⑦ 在《解决投资争端国际中心仲裁规则》中，仅对仲裁员要求披露的行为作出规定，笔者认为该行为与《华盛顿公约》的强制性义务紧密相关，是仲裁员的一项法定义务，因此在本文中"披露"与"履行披露义务"同义，本文在第二部分会对"披露"构成法定义务进行进一步分析。

资格。例如，仲裁员按照《解决投资争端国际中心仲裁规则》（ICSID Rules of Procedure for Arbitration Proceedings，Arbitration Rules）（以下简称《中心仲裁规则》）的要求严格履行披露义务，那么当事方在嗣后则无法以此为根据提起仲裁员回避的申请。又如，仲裁规则可以通过规定时效消灭的方式，使得有意愿挑战仲裁员资格的当事方在仲裁员披露相关事实的情况下迅速（promptly）行使权利，逾期行使权利则视为当事方放弃提出异议的权利，以避免当事方企图通过披露义务实施拖延仲裁的策略。但《中心仲裁规则》所规定的仲裁员披露义务具有概括性，以致实践中仲裁员的披露行为千差万别，当事方也利用这种模糊规定指责仲裁员未履行披露义务，并据此提起仲裁员回避的申请，拖延仲裁程序进程。大部分国际仲裁规则如《联合国国际贸易法委员会仲裁规则》《国际商会仲裁规则》《伦敦国际仲裁院仲裁规则》等，都要求仲裁员履行披露义务。披露义务虽存在共性，但不同仲裁规则对披露的时间、内容、标准存在差异，各仲裁规则对披露义务的具体内容尚未形成一致的规定，不同仲裁规则会对仲裁员未履行披露义务或不完全履行披露义务是否能成功挑战仲裁员资格产生不同的判断，这将进一步加剧投资仲裁实践的不一致问题。为了解决这一问题，有必要对仲裁员的披露义务进行研究。考虑到《华盛顿公约》所构建的投资仲裁制度影响范围最广且最为典型，笔者将在本文讨论《华盛顿公约》框架下仲裁员的披露义务①，并分析仲裁员未履行披露义务或不完全履行披露义务会产生什么样的法律后果。

为此，本文首先探讨披露义务的内涵和外延。披露的性质决定披露是否具有强制性特征，披露的时间和应当披露的内容从时间维度和空间维度界定了披露义务的内涵和外延，通过对性质、时间和应当披露的内容的分析和解释，可以在具体案件中判断仲裁员是否履行或完全履行披露义务。在此基础上，本文将分析仲裁员在未履行或未完全履行披露义务的情况下是否可以成功挑战仲裁员资格。挑战仲裁员资格需要满足严格的条件和标准，而是否履行披露义务也存在一定的标准，两者标准并不一致，因此对两者关系的讨论和分析有助于进一步厘清仲裁员独立性和公正性的问题。

---

① 本文的讨论范围限定在当事一方指定仲裁员之后仲裁员的披露义务，并不包含当事一方正式指定仲裁员之前仲裁员候选人对指定方的披露。指定仲裁员之前仲裁员候选人对指定方的披露来自双方普通民事关系的诚信义务，和本文讨论主旨不相关。

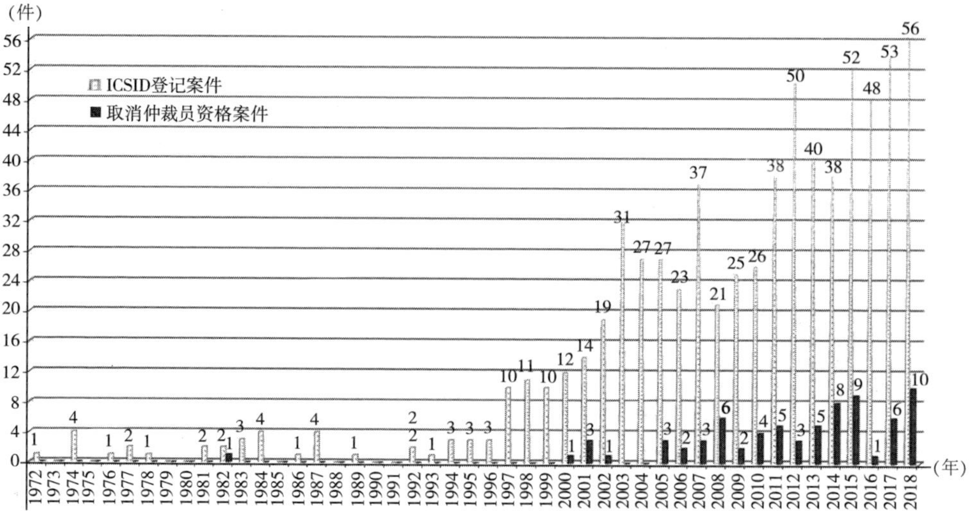

图 1① 取消仲裁员资格案件数

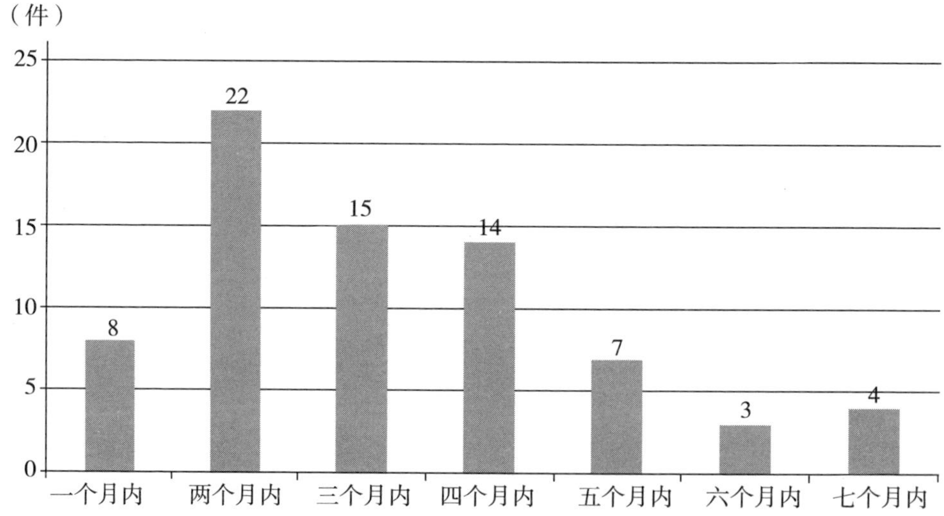

图 2② 取消仲裁员资格案件处理时间（1972－2018）

一、《华盛顿公约》框架下仲裁员披露义务概述

《华盛顿公约》框架下的仲裁员披露义务体现在《中心仲裁规则》中，《中

① 数据来自争端中心网站，https：//icsid. worldbank. org/en，最后统计时间为 2019 年 3 月 21 日。

② 数据来自争端中心网站，https：//icsid. worldbank. org/en，最后统计时间为 2019 年 3 月 21 日。

心仲裁规则》历经多次修改，关于披露义务的条款也随着规则的修改而得到发展，从披露义务的发展历史分析披露义务，有利于更好地理解仲裁员披露义务的具体制度和意义。

（一）仲裁员披露义务的演进及内涵

在国家法院系统中，裁判者是由国家任命的法官，通过国家的强制力和背书被认为是独立和公正的，而国际仲裁具有当事人可以非常灵活地选择裁决争议的个人的特点，这也是国际仲裁的主要吸引力之一。但这并不意味着当事人舍弃裁决的公正性和独立性。相反，在国际仲裁中，争议能否公正裁决在很大程度上依赖于仲裁员对公正的持续维护。当事方对仲裁员独立和公正的依赖对国际仲裁的声誉至关重要。[①] 但在三位仲裁员组成的仲裁庭中，许多情况下是由双方选定的两名成员和共同选定的首席仲裁员组成的，当事方倾向于选择他们信任的仲裁员，如此前有合作的仲裁员。[②] 而另一当事方难以了解对方与对方委任仲裁员的关系。因此，为保障仲裁员的独立性和公正性，几乎所有的国际仲裁规则都规定了仲裁员的披露义务，并允许当事方挑战仲裁员资格，以保障程序正义。

《中心仲裁规则》文本本身并未直接规定仲裁员的披露义务，仲裁员的披露义务体现在仲裁员接受委任时作出的声明上（make declaration），即《中心仲裁规则》（2006 年修改）第 6 条第 2 款："在此附上第 1 项有关本人过去和现在职业、商业以及与当事双方的其他关系（如系任何存在）之声明；第 2 项任何可能会使一方对本人作出独立判断的信赖产生疑问的情形。本人认为，通过签署这份声明，本人承担持续并及时告知中心秘书长在仲裁进行过程中出现的上述的关系或者情形的义务。"[③]

《华盛顿公约》并不包含披露义务条款，1968 年最初的《中心仲裁规则》

---

① Nathalie Allen Prince, Daisy Mallett, Arbitrator Disclosure—No Room For The Colour Blind, *Asian International Arbitration Journal* 7 (2), 2011, p. 118.

② J. Lani Bader, Arbitrator Disclosure-Probing the Issues, *Journal of International Arbitration* 12 (3), 1995, p. 39.

③ Attached is a statement of (a) my past and present professional, business and other relationships (if any) with the parties and (b) any other circumstance that might cause my reliability for independent judgment to be questioned by a party. I acknowledge that by signing this declaration, I assume a continuing obligation promptly to notify the Secretary-General of the Centre of any such relationship or circumstance that subsequently arises during this proceeding.

也无仲裁员披露义务条款，1968年《中心仲裁规则》第6条第2款的声明只包含三个内容：裁决案件的能力、保密义务和公正裁判，即不接受指示和额外报酬的义务[①]。披露义务第一次出现是在1978年的《附加便利规则》（ICSID Additional Facility Rules）第14条第2款：各位仲裁员在接受委任之时应签署声明，声明应包含“一份关于本人过去和现在与当事双方（如系任何存在）职业、商业或者其他相关关系的附件”。在1982年《中心仲裁规则》第一次修改时，增加了与《附加便利规则》第14条相似的披露义务，即一份关于过去和现在与双方的关系的声明。由于越来越多的国际投资案件提交到争端中心，国际投资的增长以及国际律所的扩张导致潜在利益冲突范围的扩大，2006年修改的《中心仲裁规则》，加重了仲裁员的披露义务。2006年《中心仲裁规则》第6条第2款所规定的仲裁员披露义务，不仅包含披露仲裁员与当事双方的其他关系，还包含披露任何可能对仲裁员独立性产生疑问的情形。这些规定即为2006年修改的《中心仲裁规则》第6条第2款第2项的内容。此外，2006年《中心仲裁规则》同时扩展了披露义务的时间范围，仲裁员不仅需要在作出声明之时进行披露，而且在整个仲裁过程中都有持续披露的义务（continuing obligation）[②]。

2016年10月，争端中心启动了新的一轮《中心仲裁规则》修改程序，其中2018年8月的工作文件和2019年3月的工作文件对仲裁员披露的时间和内容进行了细化，体现在修改工作组制作的一份格式化的《仲裁员声明》（Arbitrator Declaration，以下简称《声明书》）中。修改工作组提议，仲裁员应在接受委任20天内签署《声明书》[③]。该声明书首次写入“公正性”（impartial）文字，并对2006年《中心仲裁规则》第6条第2款进行重构，通过概括和列举的方式，对披露的内容进行细化。格式化《声明书》的第4款第1项为2006年《中心仲裁规则》第6条第2款第1项当事方的职业、商业关系，同时增加了其他“显著关系”（significant），并将关系对象扩展至当事方的代理人、仲裁庭的其他成员、任何第三方资助，但将2006年《中心仲裁规则》第6条第2款第2项要求的时间范围“过去和现在”明确限缩在“过去的5年内”。格式化《声

① Daele Karel, Challenge and Disqualification of Arbitrators in International Arbitration, Netherlands, Kluwer Law International, 2012, p. 4.

② Suggested Changes to the ICSID Rules and Regulations, https://icsid.worldbank.org/en/Documents/resources, March 21, 2019.

③ Proposals for amendment of the ICSID Rules: Working Paper#2, Volume 1, March 2019, p. 666. https://icsid.worldbank.org/en/Documents/Vol_1.pdf, March 21, 2019.

明书》的第4款第2项为新增的披露内容，该项要求披露“任何该仲裁员曾经作为代理人、调解员、仲裁员、临时委员会成员、事实调查委员会成员、调停者或者专家证人参与的投资者诉国家的案件”。格式化《声明书》第4款第3项为2006年《中心仲裁规则》第6条第2款第2项的内容，但须将披露的其他情形用“合理地”（reasonably）加以限制，即会使仲裁员的独立性或公正性合理地遭受质疑的其他情形，删去了2006年《中心仲裁规则》第6条第2款第2项“使一方”产生疑问的表述。这份格式化《声明书》虽然对披露的内容进行了细化，但是细化的内容过于单一——除《声明书》第4款第1项明确了关系的对象，增加了第2项仲裁员参与的投资者诉国家的案件，第3项作为兜底条款仍然具有较大的不确定性，仲裁员难以依据此格式化《声明书》准确判断哪些内容需要披露，哪些内容不需要披露。同时该格式化《声明书》并未回应实践中出现的争议，比如公开信息是否需要披露，仲裁员的调查义务的问题。当然，是否采取这份格式《声明书》有待日后行政理事会的表决结果。目前，从国际投资争端解决中心（ICSID）秘书处2021年6月25日发布的工作文件可以看出，《声明书》采用的是“合理地对仲裁员独立性和公正性产生质疑的其他情形”（Other circumstances that might reasonably cause my independence or impartiality to be questioned）的表述。①

（二）仲裁员履行披露义务的意义

1. 有利于建立当事方对仲裁的信任

仲裁员履行披露义务有利于建立当事方对仲裁的信任。在国际投资争端中，争端双方各自选任一名仲裁员的委任方式成为惯例。② 在我国与104个国家签订

① International Centre for Settlement of Investment Disputes, Proposals for the Amendament of the ICSID Rules, Working Paper #5, Volume 1 English June 2021, https://icsid.worldbank.org/sites/default/files/documents/WP%205 – Volume1 – ENG – FINAL.pdf, July 12, 2021, p. 228.

② German Model Treaty – 2008, Artcle 9 (3), https://investmentpolicyhub.unctad.org/Download/TreatyFile/2865; 2012 U.S. Model Bilateral Investment Treaty, Article 27 (1), https://www.state.gov/documents/organization/188371.pdf, March 21, 2019.

的双边投资协定中，均采取双方各指定一名仲裁员的方式。[①] 然而，当事一方对对方指定的仲裁员有一种天然的不信任倾向，特别是败诉方对仲裁员中立性的怀疑，这种不信任“植根于仲裁员的选任方式”[②]。而在国际仲裁中，组成仲裁庭方面一个最突出的特点就是当事方意思自治原则（the principle of party autonomy）[③]。这种意思自治体现在仲裁庭的组成方面，即当事方可以自由选择仲裁员，这种自由选择受到的限制很小，只需受到国籍和《华盛顿公约》第14条第1款关于仲裁员任职资格规定的限制[④]。为平衡当事方意思自治原则和当事方有权获得独立公正裁判的权利，仲裁员在接受委任时的披露义务显得非常重要。“当事方是他们仲裁过程中的设计师（architect），在仲裁开始之时披露，当事方可以自由选择拒绝或者在了解仲裁员与当事方存在相关关系的前提下持有信心地接受该仲裁员的裁判，好过于在仲裁过程中发现仲裁员与当事方存在相关关系或影响仲裁员独立性和公正性的其他情形。”[⑤]

2. 有利于保障仲裁的公正

首先，仲裁员履行披露义务有利于保障当事方的知情权，特别是当事方对

---

① 我国对外签订双边投资协定一览表 Bilateral Investment Treaty，载商务部条约法律司网站，http://tfs.mofcom.gov.cn/article/Nocategory/201111/20111107819474.shtml，最后访问日期：2019年3月21日。如《中华人民共和国政府和瑞典王国政府关于相互保护投资的协定》第6条第3款：“仲裁庭应据案单独设立，缔约双方各委任一名仲裁员，再由两名仲裁员协商推举一名第三国国民，并由缔约双方政府委任为仲裁庭首席仲裁员。”《中华人民共和国政府和乌克兰政府关于鼓励和相互保护投资协定》第9条第3款：“仲裁庭由三名仲裁员组成，按下列方式设立：在缔约一方收到缔约另一方关于将争议提交仲裁的书面通知之日起的两个月内缔约每一方应各任命一名仲裁员。”《中华人民共和国和日本国关于鼓励和相互保护投资协定》第11条第3款：“第二款所述的仲裁委员会，由三名仲裁员组成：当事双方各委任一名仲裁员，该两名仲裁员应自当事一方收到另一方要求将争端提交第二款所述仲裁的通知之日起六十天内委任，该两名仲裁员在其后九十天内一致同意决定另一名非缔约任何一方国民的第三名仲裁员为首席仲裁员。”《中华人民共和国政府和老挝人民民主共和国政府关于鼓励和相互保护投资协定》第7条第3款：“专设仲裁庭由三名仲裁员组成。缔约国双方应在缔约国一方收到缔约国另一方要求仲裁的书面通知之日起的两个月内各委派一名仲裁员。”

② Albert Jan van den Berg, “Dissenting Opinions by Party - Appointed Arbitrators in Investment Arbitration”, in Mahnoush Arsanjani et al., eds, Looking to the Future: Essays on International Law in Honor of W Michael Reisman, Leiden, Brill Academic, 2011, p. 824 - 825.

③ Gary B. Born, International Arbitration: Cases and Materials, 2ed., Netherlands, Wolters Kluwer, 2015, p. 671.

④ 《华盛顿公约》第14条：“指派在小组服务的人员应具有高尚的道德品质，并且在法律、商务、工业和金融方面有公认的能力，他们可以被信赖作出独立的判断。对仲裁员小组的人员而言，在法律方面的能力尤其重要。” Dispute Settlement, ICSID Procedural Issues. UNCTARD /EDM/misc. 232/Add. 6, p. 14.

⑤ Commonwealth Coatings Corp. v. Continental Casuality Co., 393 U. S. 145, 89 S. Ct. 337 (November 18, 1968).

对方指定仲裁员的知情权。披露的目的在于允许当事方判断是否同意仲裁员对自身能够胜任仲裁的评估[①]，即该仲裁员是否符合《华盛顿公约》第14条第1款要求的资格[②]，特别是独立和公正裁判案件的能力。披露义务在国际投资仲裁领域中显得尤为重要。《中心仲裁规则》规定仲裁员国籍回避原则，即指定一人作为其所任命的仲裁员，该仲裁员既不得具有任何一方当事方的国籍，也不得为任何一方当事方的国民。[③] 因此对当事方来说，获取活动范围不在本国境内的仲裁员的道德品德、声誉和社会关系等信息并不容易[④]。同时，影响仲裁员公正性的利害关系或其他情形具有隐蔽性[⑤]，当事方难以主动发现，因此当事方被充分告知在其看来可能产生疑问的一切情形，有利于保障当事方的知情权。

其次，仲裁员履行披露义务可以为仲裁员回避申请的裁判提供重要信息[⑥]。根据《中心仲裁规则》规定，仲裁员应当披露的内容包括仲裁员与当事方的关系和“使一方对仲裁员独立判断的信赖产生疑问”的情形，而裁定仲裁员回避必须达到《华盛顿公约》第14条第1款所规定的“明显缺乏”（manifest lack）要求。显然，应当披露的判断标准低于《华盛顿公约》的要求，即在接受委任之前仲裁员应当披露的内容和范围相对较广。因此仲裁员披露的内容有利于帮助分析仲裁员回避申请案件中仲裁员与当事方的关系和其他情形是否显示仲裁员明显缺乏《华盛顿公约》第14条第1款所规定的要求。

3. 有利于保障仲裁程序效率

仲裁员履行披露义务有利于保障仲裁程序效率。根据《中心仲裁规则》第9条，当事方可以在仲裁程序结束之前提起仲裁员回避的申请，即有可能出现当事方为了拖延仲裁程序在庭审结束之后仍然提出仲裁员回避申请的情形。当

---

① 《国际律师协会国际仲裁利益冲突指引》标准3解释3：“披露的目的在于允许当事人判断他们是否同意仲裁员的评估，以及如果他们希望的话，允许其进一步探究所披露的情形。”

② 《华盛顿公约》第14条第1款：“指派在小组服务的人员应具有高尚的道德品质，并且在法律、商务、工业和金融方面有公认的能力，他们可以被信赖作出独立的判断。对仲裁员小组的人员而言，在法律方面的能力尤其重要。”

③ 《中心仲裁规则》第3条。

④ Daele Karel, *Challenge and Disqualification of Arbitrators in International Arbitration*, Kluwer Law International, 2012, p. 3.

⑤ 陈博闻：《仲裁员公正性的保障——以仲裁员披露义务为视角》，载《北京仲裁》2016年第4期，第145页。

⑥ Alpha Projektholding GmbH v. Ukraine (ICSID Case No. ARB/07/16), Decision on Disqualification (19 March 2010), para. 47.

事方容易提出的理由往往是一些仲裁员未披露的内容。因此，在规则中明确仲裁员的披露义务，仲裁员得以在声明时严格按照《中心仲裁规则》进行披露，使得有意愿挑战仲裁员资格的当事方在了解相关事实的情况下迅速（promptly）提起仲裁员回避的申请，否则按照《中心仲裁规则》第27条“一方当事方未遵守其知道或应当知道行政和财务条例、本规则及任何其他规则的规定，或仲裁所适用的协议、仲裁庭裁定，并且未及时陈述其主张，应视为依公约第45条，放弃了提出异议的权利”的规定，即可驳回该申请，以避免当事方企图通过仲裁员的披露义务实施拖延仲裁程序的策略，从而保障仲裁程序效率。

二、仲裁员披露的性质和时间

仲裁强调当事人意思自治，分析仲裁员披露的性质有利于确定该行为是否可以通过当事方的合意排除。而仲裁员披露的时间要求也是分析仲裁员是否及时履行义务的评判标准。

（一）披露的性质

披露在《中心仲裁规则》中具有义务属性。义务是主体以作为或不作为的方式保障权利主体获得利益的一种有效的约束手段[①]，仲裁员不披露将会面临一定的法律后果。《中心仲裁规则》第6条规定：“在仲裁庭第一次开庭结束时，任何未签署《声明书》的仲裁员应被视为已经辞职。”但如前述，《声明书》的内容并非只有披露内容，还包含裁决案件的能力、保密义务和公正裁判，即不接受指示和额外报酬的义务。这条规定是简单而非具体的，因为仲裁员只要在第一次开庭前签署《声明书》即可以免于自动辞职的后果，而不考虑仲裁员所签《声明书》的具体内容。因此实践中有仲裁员直接划掉《中心仲裁规则》第6条第2款第1项和第2项要求的内容而不披露的情况，[②] 即仲裁员虽然签署了《声明书》，但并未在《声明书》中进行相关内容的披露。

学界对披露的义务属性达成了共识，主要争议在于披露义务的性质，是约

① 张文显主编：《法理学》第4版，高等教育出版社和北京大学出版社2015年版，第94页。

② Tidewater Inc. and others v. Bolivarian Republic of Venezuela (ICSID Case No. ARB/10/5), Decision on Disqualification (23 December 2010), para. 6.

定义务还是法定义务，即仲裁员的披露义务能否通过当事双方的合意予以排除。[①]《华盛顿公约》的所有规则具有强制性[②]，除非规则本身允许当事方作出合意[③]。而披露义务在《华盛顿公约》中并无反映，仅规定在《中心仲裁规则》和《附加便利规则》中，关于当事方能否合意排除仲裁员披露义务的争议由此产生。可以肯定的是，当事方有权选择、修改、替换仲裁规则，因为《华盛顿公约》第44条允许当事方对"仲裁规则"另行协议。仲裁规则具有非强制性特征（nonmandatory character）[④]，同时《华盛顿公约》在其起草文件中反复强调当事方的意思自治，即允许当事方排除、更改或替换《中心仲裁规则》。[⑤] 但当事方对《中心仲裁规则》的意思自治并非没有限制。从《中心仲裁规则》和《华盛顿公约》的关系看，《中心仲裁规则》从属于（subject to）《华盛顿公约》，对公约起补充和细化的作用[⑥]，当《中心仲裁规则》反映（reflect）《华盛顿公约》的强制性规则时或者代表国际法上最基本的公平裁判的程序正义（international minimum standards of fair procedure）时，当事方对仲裁规则的排除、更改或替换要受到限制[⑦]。

因此，我们需要探讨《中心仲裁规则》第6条第2款项下的披露义务和《华盛顿公约》的关系以界定披露义务的性质，从而判断当事方是否可以合意

---

① 张圣翠：《论国际商事仲裁员披露义务规则》，载《上海财经大学学报》2007年第3期，第18－25页；马占军：《国际商事仲裁员披露义务规则研究》，载《法学论坛》2011年第4期，第80－81页；陈博闻：《仲裁员公正性的保障——以仲裁员披露义务为视角》，载《北京仲裁》2016年第4期，第146－147页；王云：《仲裁员披露制度研究》，载《商事仲裁》2016年第1期，第22－23页。

② Overview of an Arbitration under the ICSID Convention, https://icsid.worldbank.org/en/Pages/process/Arbitration.aspx, April 1, 2019.

③ 允许当事方作出合意的条文有：第26条、第37条、第38条、第43条、第46条、第47条、第60条、第61条、第62条、第63条。

④ Christoph H. Schreuer et al., eds., The ICSID Convention: a Commentary on the Convention on the Settlement of Investment Disputes between States and Nationals of Other States, 2ed, Cambridge, Cambridge University Press, 2009, p. 676.

⑤ History of the ICSID Convention, Documents Concerning the Origin and the Formulation of the Convention on the Settlement of Investment Disputes between States and Nations of Other States, Volume II－1, 2009, p. 79, 107, 111, 249, 357, 383, 479, 481, 807.

⑥ History of the ICSID Convention, Documents Concerning the Origin and the Formulation of the Convention on the Settlement of Investment Disputes between States and Nations of Other States, Volume II－1 2009), p. 109, 110, 382, 383, 497, 572.

⑦ Christoph H. Schreuer et al., eds., The ICSID Convention: a Commentary on the Convention on the Settlement of Investment Disputes between States and Nationals of Other States, 2ed, Cambridge, Cambridge University Press, 2009, p. 676, 679.

排除仲裁员的披露义务。笔者认为，无论是从《中心仲裁规则》和《华盛顿公约》的关系看，还是从基本程序正义看，披露义务都具有强制性，因而应被界定为法定义务。学者克里斯多夫（Christoph H. Schreuer）在评述中直接认为仲裁员的《声明书》具有强制性，而在整个仲裁过程中，仲裁员披露义务的履行正是通过签署《声明书》的方式完成的。① 《中心仲裁规则》第6条第2款第1项和第2项的内容涉及仲裁员与当事方的利益冲突问题，目的是判断仲裁员是否符合《华盛顿公约》第14条第1款仲裁员的资格要求，而《华盛顿公约》第14条第1款并不允许当事方合意排除，因而具有强制性。仲裁员履行披露义务是为了防止利益冲突，保障当事方特别是非指定当事方获得平等和公正裁判的权利，这是基本程序正义的要求。因此，笔者认为仲裁员的披露义务具有强制性，当事方不能通过合意予以排除。

（二）披露的时间

根据《中心仲裁规则》第6条第2款和《附加便利规则》第13条第2款，仲裁员应在仲裁庭第一次开庭结束前签署《声明书》并附上应披露的信息。这意味着仲裁员可以在被委任之后，甚至是仲裁庭已经组建之后再履行披露义务，但这将严重影响当事方对仲裁庭组成的异议权。根据《中心仲裁规则》第6条第1款规定，全体仲裁员接受任命之日仲裁庭即组成完毕，仲裁庭一旦组成，仲裁程序开始而仲裁庭的成员不再变动。② 这就意味着在仲裁庭组建之后非指定当事方无法依据仲裁员作出的披露内容向指定方提出反对意见，指定方也无权再作出替换仲裁员的决定，非指定方只能通过申请仲裁员回避的方式提出异议以中止仲裁程序，这无异于拖延仲裁进程。

与《中心仲裁规则》允许在第一次庭审结束前披露不同的是，大多数仲裁规则对披露时间的规定均早于仲裁庭正式组建之前。例如，《联合国国际贸易法委员会仲裁规则》第11条要求在正式委任之前披露相关内容和情况；《国际律师协会国际仲裁利益冲突指引》（以下简称《冲突指引》）标准3解释第1项规定"仲裁员应在接受指定前向当事人、仲裁机构、其他仲裁员指定机构（如果

---

① "Mandatory declaration of independence of a prospective arbitrator." Christoph H. Schreuer et al., eds., The ICSID Convention: a Commentary on the Convention on the Settlement of Investment Disputes between States and Nationals of Other States, 2ed, Cambridge, Cambridge University Press, 2009, p. 684.

② 《华盛顿公约》第56条第1款："在委员会或仲裁庭组成和程序开始之后，其成员的组成应保持不变。"

有该等机构且适用的仲裁机构规则如此要求的话）和其他仲裁庭成员（如有）披露该事实或情形”；《国际商会仲裁规则》第11条第2款规定“在获得任命或确认前，仲裁员候选人应签署一份有关接受任命、有时间处理案件、具有中立性和独立性的声明”；《伦敦国际仲裁院仲裁规则》第5条第3款规定“每位仲裁员在得到仲裁法院指定之前，均应向书记员签署一份声明”；《斯德哥尔摩商会仲裁院仲裁规则》第14条第2款规定“拟被指定为仲裁员的人在接受指定前应当披露可能对其独立公正性产生合理怀疑的任何情形……”《北京仲裁委员会/北京国际仲裁中心国际投资仲裁规则》第14条第2款规定“仲裁员在接受选定或指定之时，应立即签署并向本会提交一份具备公正性与独立性及有时间处理案件的书面声明，并在声明中披露可能对其公正性与独立性产生合理怀疑的任何事实或情形……”值得肯定的是，大部分的仲裁员会在仲裁庭正式组建之前披露①，只有少部分案件中的仲裁员是在仲裁庭组建之后进行披露，比如在乌克兰一代公司诉乌克兰（Generation Ukraine v. Ukraine）② 案中，仲裁员在仲裁庭组建3周之后第一次庭审之前进行披露；在维旺迪诉阿根廷（Vivendi v. Argentina，以下简称“维旺迪案”）③ 案中，仲裁员在仲裁庭组建1个月后第一次庭审的3天前才披露；在知瓦利诉格鲁吉亚（Zhinvali v. Georgia）④ 案中，仲裁员在第一次庭审中进行披露。

根据2006年修改的《中心仲裁规则》，仲裁员在整个仲裁阶段有持续披露的义务，但并未规定仲裁员的披露义务何时结束。只有仲裁员在应当披露时间内没有进行披露，当事方才有基础挑战仲裁员资格。《中心仲裁规则》规定，当事方应当在仲裁程序（proceeding）结束之前尽快（promptly）挑战仲裁员资格。⑤ 而根据《中心仲裁规则》第37条的规定，当事方完成申辩即宣示仲裁程序结束。一般而言，一个案件（含合并审理案件）的仲裁庭只开一次庭；但例外情况下，在裁决作出前仲裁庭因发现对裁决有决定性影响的新证据或对澄清

---

① Daele Karel, Challenge and Disqualification of Arbitrators in International Arbitration, Netherlands, Kluwer Law International, 2012, p. 39.

② Generation Ukraine Inc. v. Ukraine (ICSID Case No. ARB/00/9).

③ Compañia de Aguas del Aconquija S. A. and Vivendi Universal v. Argentine Republic (ICSID Case No. ARB/97/3) -Annulment Proceeding.

④ Zhinvali Development Ltd. v. Republic of Georgia (ICSID Case No. ARB/00/1).

⑤ 《中心仲裁规则》第1条。

某些具体案情必要时，可再次开庭审理，[①] 当事方仍可通过重新请求开庭审理的方式延长仲裁员履行披露义务的时间范围。如果将披露的结束时间确定在当庭申辩结束时，而当事方可以在裁决作出之前的任何时间提起仲裁员回避的申请[②]，即当事方可以在当庭申辩结束之后和裁决公布之前的时间内以仲裁员未履行或未完全履行披露义务为由提起仲裁员回避的申请。但这会导致仲裁员在当庭申辩结束之后没有披露义务，却有被挑战资格的风险。但笔者认为，应当进一步明确仲裁员履行披露义务的时间范围，特别是结束时间，仲裁员履行披露义务的时间范围应与提起仲裁员回避之诉的时间一致。两者时间的一致可以实现规则的自洽，使得当事方对仲裁员的独立性和公正性的合理期待在庭审结束之后的合议期间和裁决书撰写期间也能得到保护，虽然可能存在拖延仲裁程序的风险。

三、仲裁员披露的内容

《中心仲裁规则》施加给仲裁员的披露义务并非要求仲裁员事无巨细地披露所有的内容，而只需要根据规则的要求披露“与当事方的关系”和“其他会使一方对仲裁员作出独立判断的信赖产生疑问的情形”两个方面的内容。而这两方面披露的具体内涵在《中心仲裁规则》有不同。此外，在实践中还存在公开信息是否需要披露的问题。

（一）与当事方的关系

《中心仲裁规则》第6条第2款第1项要求披露“有关本人过去和现在职业、商业以及与当事双方的其他关系（如系任何存在）”。存在疑问的是“过去和现在”是否包括仲裁员过去整个人生阶段，“与当事双方”是否包含当事方的代理律师或当事方的专家证人等。在阿尔法诉乌克兰（Alpha v. Ukraine，以下简称“阿尔法案”）一案中，被申请方对申请方指定的仲裁员约兰·突博瓦兹（Yoram Turbowize）提出挑战仲裁员资格申请，理由是突博瓦兹与阿尔法的代理律师20年前有在哈佛大学共同学习的经历，而突博瓦兹并未对此种关系进行披露。突博瓦兹解释认为，这种共同学习经历的关系是微小的，且发生在20

---

① 《中心仲裁规则》第38条。

② Christoph H. Schreuer et al., eds., The ICSID Convention: a Commentary on the Convention on the Settlement of Investment Disputes between States and Nationals of Other States, 2ed, Cambridge, Cambridge University Press, 2009, p. 1200.

年前，因此不需要披露。仲裁庭的其他成员[①]认为，《中心仲裁规则》第6条第2款第1项的法律语言是简单明了的，它要求仲裁员披露所有与当事方的关系，无论这种关系是发生在遥远的年代还是影响微小的。[②] 但由于限定在“与当事方”的关系，因此仲裁员和当事方代理人之间的关系不在第1项要求披露的范围内。[③]

《中心仲裁规则》要求披露的关系为“职业、商业和其他关系”，但其并未进一步规定需要披露何种“职业、商业和其他关系”。应当认为，“职业关系”包括仲裁员曾经或现在是当事一方的代理人、雇员、咨询师或者顾问。[④] “商业关系”产生于商业交易，如仲裁员持有当事一方的股份。“其他关系”包含家庭关系，如仲裁员与当事一方存在配偶、血亲或姻亲关系；也包含个人关系，如长期的朋友关系。[⑤] 关系的主体为“本人”和“当事方”，在阿尔法案中，“本人”指仲裁员自身与当事方的关系，不包含仲裁员的律所与当事方的关系。“当事方”并不包含当事方的代理人、证人或专家证人。《中心仲裁规则》并未对“当事方”进行定义，狭义上的当事方仅指争端中心注册登记的争议双方，但广泛意义上的“当事方”应当包含法律实体或个人[⑥]。因为当事人一方通常是法人，因此该法人的经理、董事会成员、监事会成员或者是对该法人有实际控制能力的自然人也应该涵盖在“当事人”的范围内。当事人的另一方通常是国家，因此也有合理必要披露与该国家的官方代表人、国家领导人、总理或是国会成员等可以代表国家的自然人之间的关系。

学者卡莱尔·达埃勒（Karel Daele）认为只要与当事方存在关系，无论这种关系发生的时间，无论这种关系是否重大，也无论是否会引起当事方对仲裁

---

① 根据《中心仲裁规则》第9条规定，仲裁员回避由仲裁庭的其他成员决定，当取消资格涉及仲裁庭绝大多数成员或者独任仲裁员时，由行政理事会主席决定。

② Alpha Projektholding GmbH v. Ukraine (ICSID Case No. ARB/07/16), Decision on Disqualification (19 March 2010), para. 55.

③ Alpha Projektholding GmbH v. Ukraine (ICSID Case No. ARB/07/16), Decision on Disqualification (19 March 2010), para. 54.

④ Christoph H. Schreuer et al., eds., The ICSID Convention: a Commentary on the Convention on the Settlement of Investment Disputes between States and Nationals of Other States, 2ed, Cambridge, Cambridge University Press, 2009, ambridge University Press (2009), p. 513.

⑤ Christoph H. Schreuer et al., eds., The ICSID Convention: a Commentary on the Convention on the Settlement of Investment Disputes between States and Nationals of Other States, 2ed, Cambridge, Cambridge University Press, 2009, ambridge University Press (2009), p. 513.

⑥ Daele Karel, Challenge and Disqualification of Arbitrators in International Arbitration, Netherlands, Kluwer Law International, 2012, p. 8.

员缺乏独立性和公正性产生怀疑，都应当披露[①]。这种观点在《中心仲裁规则》修改文件中可以窥见，1984年《中心仲裁规则》第一次参照《附加便利规则》引入披露内容之时，只要求披露“本人过去和现在与当事双方（如系存在任何）职业、商业或者其他相关（relevant）关系”，而在随后的修改中删除“相关”的表述。“相关”的文字表述将披露的关系限定在对案件有一定影响力，删除“相关”即不再受关系影响大小的限制，任何关系都应当披露。

（二）其他情形

《中心仲裁规则》第6条第2款第2项要求披露任何会“使一方对仲裁员作出独立判断的信赖可能产生疑问的情形”，即其他情形。在阿尔法案中，仲裁庭的其他成员通过文义解释对《中心仲裁规则》第6条第2款第1项（即“与当事方的关系”）和第2项的内容做了区分。在披露的内容范围方面，根据韦伯斯特大辞典（Webster's Dictionary），“情形”指的是“相伴随的或是具有确定他种事件的状态、事实或事件”[②]，而第1项只要求披露“关系”，因此“情形”比“关系”内容范围要广泛[③]。但“情形”披露的要求在某些方面要比“关系”狭小，如第2项并无第1项“过去和现在”以及“如系存在任何”的文字表述，同时第2项对于披露的内容以“一方对仲裁员作出独立判断的信赖产生疑问”为限，在第2项要求的披露内容项下，仲裁员并不需要披露过去和现在发生的所有情形，仅需披露有可能产生疑问的情形。[④]

“情形”是大概念，包含实际上的各种关系、利益、与案件有关的任何联系。这里的关系不再限于仲裁员与当事方的关系，还包括仲裁员与其他仲裁员、当事方的代理人、证人、专家证人的关系，也包括仲裁员与其他来自同一个职业协会的相关人员，或者是仲裁员与当事方法人集团之间的关系。利益包含仲裁员本人或是家庭成员对案件结果有直接或间接的利益关系。[⑤] 这些情形甚至

---

① Karel Daele, Challenge and Disqualification of Arbitrators in International Arbitration, Netherlands, Kluwer Law International, 2012, p. 7.

② “Condition, fact or event accompanying, conditioning, or determining another”, Webster's Dictionary at 207.

③ Alpha v. Ukraine, para. 53.

④ Alpha v. Ukraine, paras. 49 – 55.

⑤ Christoph H. Schreuer et al., eds., The ICSID Convention: a Commentary on the Convention on the Settlement of Investment Disputes between States and Nationals of Other States, 2ed, Cambridge, Cambridge University Press, 2009, p. 513.

包含仲裁员曾经在公开演讲或是学术期刊上对与当事方有关的法律问题发表的观点。[①]

还需要澄清的是，“仲裁员作出独立判断的信赖”中的“独立判断”是否包含“公正判断”。独立性和公正性具体内涵不同，在仲裁员回避案件中，虽然仲裁员的独立性和公正性不能完全区分，但仍存在区别。独立性指的是与当事方不存在会影响到仲裁员决定的关系，公正性指的是仲裁员不对当事方存在偏见或倾向性（predisposition）[②]。笔者认为，《中心仲裁规则》第6条第2款第2项的“独立判断”应当包括“公正判断”。大多数仲裁规则所规定的披露义务都要求仲裁员披露有可能对独立性和公正性产生疑问的内容[③]。更重要的是，从《华盛顿公约》不同语种文本的规定来看，“独立判断”应当包括“公正判断”。独立判断来源于《华盛顿公约》第14条和第40条以及《附加便利规则》第8条，仲裁员应当“可以被信赖作出独立的判断”，《华盛顿公约》英文版本仅包含独立（independent）的表述，但具有同等效力的西班牙版本公约同时包含独立性和公正性要求，因此“仲裁员作出独立判断的信赖”应当解释为仲裁员应披露会使一方对仲裁员作出独立和公正判断的信赖产生怀疑的“情形”[④]。

（三）公开信息是否需要披露的问题

“披露”（disclosure）一词在《布莱克法律词典》（Black's Law Dictionary）的解释为“使之前不知道的事情公开化的行为”[⑤]，因此存在披露的内容是否以非公开信息为必要的问题。在潮水公司诉委内瑞拉[⑥]（Tidewater v. Venezuela,

---

① David D. Caron, Lee M. Caplan, The UNCITRAL Arbitration Rules, A Commentary, 2ed, Oxford, Oxford Press, 2013, p. 206, 207.

② Tidewater Inc. and others v. Bolivarian Republic of Venezuela (ICSID Case No. ARB/10/5), Decision on Disqualification (23 December 2010), para. 37.

③ 《联合国国际贸易法委员会仲裁规则》第11条；《冲突指引》标准3解释第1项；《国际商会仲裁规则》第11条第2款；《伦敦国际仲裁院仲裁规则》第5条第3款；《斯德哥尔摩商会仲裁院仲裁规则》第14条第2款；《世界知识产权仲裁规则》第22条第2项；《美国仲裁协会仲裁规则》第17条。

④ Possible Improvements of the Framework for ICSID Arbitration, ICSID Secretariat Discussion Paper, October 22, 2004, para. 16.

⑤ “The act or process of making known something that was previously unknown.” Black's Law Dictionary 9th edition, Minnesota, West Group, 2009, p. 531.

⑥ Tidewater Inc. and others v. Bolivarian Republic of Venezuela (ICSID Case No. ARB/10/5), Decision on Disqualification (23 December 2010).

以下简称潮水案）和通用诉委内瑞拉[①]（Universal v. Venezuela，以下简称通用案）案中，申请方对被申请方指定的仲裁员布里吉特斯·特恩（Brigitte Stern，以下简称特恩）提出仲裁员回避的申请，理由是特恩在多个案件中被委内瑞拉委任为仲裁员，并且在特恩最初的声明中并未按照《中心仲裁规则》第6条进行披露，而是直接删掉了第6条第2款第1项和第2项要求的内容。特恩提交的解释认为，在声明中她只需要披露未公开的信息，她在多个案件中担任仲裁员的信息在争端中心网站均可获得，因此不需要披露。在阿尔法案中，被挑战的仲裁员突博瓦兹认为他在哈佛大学的学习经历记录在争端中心官网仲裁员名单上传的个人简历中，这份简历是公开的且通过简单途径可获知的，因此不属于披露范围。仲裁庭的其他成员认为，《中心仲裁规则》第6条第2款未对公开信息和非公开信息进行区分，也并未将披露的内容限制在非公开信息，披露的内容应当包含公开信息。因此，仲裁员应当持有充分的注意义务将公开和未公开的信息记录在声明中。[②]

公开信息的难点就在于信息的获知没有一个准确的时间节点，特别是在提出挑战仲裁员资格申请过程中，需要分析当事方何时知道该公开信息，因为这关系到当事方是否在时效内提出申请。在阿尔法案中，仲裁庭的其他成员在分析此案时提出一个开创性的命题，在分析委内瑞拉是否在时效内及时提出取消仲裁员申请时，即委内瑞拉是何时知道突博瓦兹与阿尔法的代理人有共同的学习经历。裁定仲裁员回避案件的成员提出，当事方是否有最基本的调查义务。他们认为，突博瓦兹的个人简历已上传至争端中心网站，只需要用谷歌等普通浏览器搜索仲裁员和原告代理律师的名字就能马上搜到其在哈佛学习的事实。但裁定仲裁员回避案件的成员对这个问题是持谨慎态度的，基于经济性原则，委内瑞拉提起的其他根据均被驳回，其他成员决定对此问题予以保留。仲裁庭的其他成员虽然并未对此问题作出回答，但给未来提交争端中心仲裁的争议当事方一个提示，当事方在仲裁员接受委任之时，应进行基础的调查工作，以避免出现日后因不及时提起申请而被驳回的风险。

---

① Universal Compression International Holdings, S. L. U. v. Bolivarian Republic of Venezuela (ICSID Case No. ARB/10/9), Decision on Disqualification (20 May 2011).

② Alpha v. Ukraine, para. 54.

四、仲裁员披露义务下的调查义务

法律不强人所难，只有在仲裁员本人清楚存在该种关系和情形或是有理由相信存在该种关系和情形时，仲裁员才有披露义务。当仲裁员不知晓该种关系和情形时，仲裁员无披露的义务。仲裁员可以因不知晓而免责。但《中心仲裁规则》并未规定仲裁员是否有调查的义务，即仲裁员是否有调查存在《中心仲裁规则》第6条第2款要求应当披露的关系或情形的义务。

在苏伊士诉阿根廷（Suez v. Argentina，以下简称苏伊士案）[①] 一案中，阿根廷对苏伊士指定的仲裁员考夫曼·科勒（Kaufmann－Kohler，以下简称考夫曼）提出仲裁员回避的申请，理由是考夫曼是瑞士银行（Union Bank of Switzerland）董事会的成员，而她在声明中并未披露此身份。阿根廷指出，瑞士银行是本案中两个申请方苏伊士和维旺迪的股东；瑞士银行对水利部门（同本案苏伊士在阿根廷的投资部门）进行投资研究和营销，并在全球范围内设计并销售水利部门的金融产品；而考夫曼作为瑞士银行董事会成员，瑞士银行以瑞士银行的股票作为考夫曼的部分酬劳，因此她间接持有其中两申请方的股份。考夫曼解释，首先，她并不知情瑞士银行与苏伊士和维旺迪存在商业关系。随后通过向瑞士银行求证，瑞士银行持有2.38%维旺迪的股份（截至2007年3月31日），持有1.3%（截至2006年4月18日）和2.13%（截至2007年3月31日）苏伊士的股份。其次，瑞士银行是一个全球性的金融机构，与许多公司和国家存在经济关系，而她作为独立董事并非执行董事，她个人并未参加任何单个投资决定也没有收到任何关于单个投资的信息。最后，她认为在接受瑞士银行独立董事委任之时，向瑞士银行提交了一份她作为仲裁员正在参与的仲裁案件名单，并被瑞士银行告知她与这些案件没有利益冲突，除了美国杯评委会（America Cup Jury）一案（随后辞职）[②]。仲裁庭的其他成员通过分析考夫曼和瑞士银行的关系，并分析瑞士银行和苏伊士、维旺迪之间的关系，认为考夫曼和苏伊士、维旺迪之间的联系是遥远和微不足道的。而针对考夫曼不履行披露义务的行为，仲裁员是否被要求披露她所不知道的事实，其他成员的回答是否定的，认为当一名仲裁员没有理由去推测存在这种利益冲突的话，那么强加在

---

① Suez, Sociedad General de Aguas de Barcelona, S. A. and Interagua Servicios Integrales de Agua, S. A. v. Argentine Republic (ICSID Case No. ARB/03/17), Decision on Disqualification (12 May 2008).

② Suez v. Argentina, para. 14.

她身上的披露义务是不合适的[1]。仲裁庭的其他成员进一步分析考夫曼在接受这种在全球有大量业务的金融机构的独立董事职位时，是否有调查瑞士银行与当事方利益冲突的责任。

在披露义务下的调查义务这个问题，《华盛顿公约》《中心仲裁规则》和《附件便利规则》均未包含调查的内容，但仲裁员应承担利益冲突的调查义务被争端中心案件所确认[2]。而对于如何履行调查义务却存在两种观点。一种是在挑战仲裁员资格案件中所采纳的观点，即仲裁员需要承担有限的调查义务，这种调查责任可以依赖于第三方的调查结果，因此这是要求较低的调查义务。以苏伊士案为例，仲裁庭的其他成员根据瑞士公司法、银行法和董事股票交易规则，认为瑞士银行有很强的动机确保考夫曼的独立性，否则瑞士银行将面临国内法上的法律后果。因此仲裁庭的其他成员认为考夫曼可以根据瑞士银行作出的利益冲突的检测结果，认为瑞士银行与本案没有利益冲突，因此无需履行进一步的调查义务[3]。

另一种是以撤销裁决临时委员会为代表的观点，即仲裁员不得依赖第三方的调查结果，这是要求较高的调查义务。阿根廷提出撤销苏伊士案的裁决，同样是以考夫曼未披露瑞士银行董事会成员的身份为事实根据，认为考夫曼未履行披露义务的行为显示她缺乏独立性和公正性，因此根据《华盛顿公约》第52条第1款第1项的规定作出仲裁庭的组成不适当，应撤销裁决。临时委员会在分析仲裁员披露义务下的调查义务时，提出了更高的要求。临时委员会认为，考夫曼在接受瑞士银行独立董事任命的第一件事就是应具体调查瑞士银行和正在进行的仲裁双方是否有关系，以及存在何种关系，而仅仅向瑞士银行提交一份其正在进行的仲裁案件名单并未完全承担调查的责任，考夫曼应该要求瑞士银行提供瑞士银行与当事方存在何种具体联系的信息而不是直接接受瑞士银行“不存在利益冲突”的检测结果。调查责任应当由考夫曼自己承担而不是将调查责任转移给瑞士银行，因为瑞士银行是从自身角度判断利益冲突，这个调查结果服务于瑞士银行是否有必要继续聘任考夫曼为董事[4]，但是从仲裁当事方

---

① Suez v. Argentina, para. 46.

② Daele Karel, Challenge and Disqualification of Arbitrators in International Arbitration, Netherlands, Kluwer Law International, 2012, p. 49.

③ Suez v. Argentina, para. 48.

④ Daele Karel, Challenge and Disqualification of Arbitrators in International Arbitration, Netherlands, Kluwer Law International, 2012, p. 53.

的角度看，对于是否存在利益冲突会产生不同的结论。因此以临时委员会为代表的观点认为这个调查责任必须由仲裁员本人承担。

笔者认为临时委员会的观点更合理。首先，“没有人比仲裁员本人更清楚回避事由的存在”①，仲裁员最清楚本人是否和当事方存在利益冲突以及存在何种利益冲突。其次，任何人不成为自己案件的法官（nemo judex in parte sua）是自然正义和基本法律原则的要求②，由瑞士银行自身作出利益冲突的判断有违基本原则，虽然瑞士银行的调查行为有国内法的约束，但存在瑞士国内法所要求的独立性和公正性与《华盛顿公约》要求的内涵是否一致的问题。最后，由于仲裁员身份的独特性，仲裁员大多是社会中的法律从业者，仲裁员的职业关系和内容往往具有保密性，保密协议的存在也限制了仲裁员依据独立第三方进行利益冲突调查的可能。

五、披露义务的标准

《冲突指引》通过对具体情形非穷尽式列举清单的方式，对仲裁员的独立性和公正性产生正当怀疑的情形进行分类，以便相关主体作出是否披露的判断。清单分为四种类型，分别是“不可弃权的红色清单”，包括基于“任何人不得为自己的法官”这一首要原则的各种情形；“可弃权的红色清单”，包括各种重大但不严重的情形；“橙色清单”，即从当事人角度看，视具体情形而定可能会对仲裁员的独立性和公正性产生怀疑的情形；“绿色清单”，即从客观角度看，表面不存在且实际不存在利益冲突的具体情形。虽然《冲突指引》并不具有法律约束力，但争端中心案件中普遍承认该《冲突指引》具有指导性（instructive）和说服力（persuasive force）。③ 因此，在判断 ICSID 仲裁案件中仲裁员没

---

① 2REPORT of the Secretary General on the Preliminary Draft Set of Arbitration Rules, UNCITRAL, 8th Session, UN Doc A/CN. 9/97 (1974), re-printed in (1975) VI, *UNCITRAL Year Book*. 163, 171, Commentary on Draft Article 8 (3). 转引自马占军：《国际商事仲裁员披露义务规则研究》，载《法学论坛》2011 年第 4 期，第 79 页。

② Vermeule, Adrian, Contra Nemo Iudex in Sua Causa: The Limits of Impartiality, Yale Law Journal 122, no. 2, 2012, p. 384 –421.

③ Hrvatska Electroprivreda, d. d. v. Republic of Slovenia (ICSID Case No. ARB/05/24), Decision on Disqualification (6 May 2008), para. 12; EDF International S. A., SAUR Internatinal S. A. and León Participaciones Argentinas S. A. v. Argentine Republic (ICSID Case No. ARB 03/23), Decision on Disqualification (25 June 2008), paras. 25, 34, 50, 60; Azurix v. Argentine Republic (ICSID Case No. ARB/01/12), Decision on Annulment (1 September 2009), para. 263; Participaciones Inversiones Portuarias SARL v. Gabonese Republic (ICSID Case No. ARB/08/17), Decision on Disqualification (12 November 2009), para. 15; The Rompetrol Group N. V. v. Romania (ICSID Case No. ARB/06/3), Decision on Participation of Counsel (14 January 14 2010), note 3.

有履行披露义务时，是否不考虑仲裁员未披露内容的具体情况而将所有未披露的行为认定为仲裁员未履行或未完全履行披露义务值得思考和分析。比如，是否仲裁员没有披露就将其认定为未履行披露义务？是否仲裁员仅仅未披露绿色清单中“仲裁员与一方当事人的法律顾问先前曾经一起担任仲裁员”① 就应被认定为未履行披露义务？笔者认为，披露的目的是避免利益冲突以保障仲裁员的独立性和公正性，仲裁员与当事方有关的情形也有影响力大小的区分，不应将一切未披露的行为一概认定为仲裁员未履行披露义务，《中心仲裁规则》第6条第2款第2项本身也显示披露存在一定的标准，但《中心仲裁规则》对此问题同样没有给出回答。

关于如何判断仲裁员是否履行或是否完全履行披露义务，理论上有主观标准和客观标准两种观点。主观标准指的是应披露从当事人“看来”会对仲裁员独立性和公正性产生怀疑的情形而不考虑是否存在正当怀疑②；客观标准指的是应披露当事人对仲裁员独立性和公正性产生“正当怀疑”的情形③，正当怀疑（justifiable doubt）是指从不了解仲裁员的思想状态的合理第三人角度看，会对仲裁员的独立性和公正性产生怀疑④。主客观标准的区分点在于是否从当事方的角度考虑以及是否要求具有正当性⑤。如前述，《中心仲裁规则》第6条第2款第1项的披露要求是具体且清晰的，而关键在于第2项“任何可能会使一方对仲裁员作出独立判断的信赖产生疑问的情形”具有模糊性。根据文义解释，对比《联合国国际贸易法委员会仲裁规则》“会使本人的独立性和公正性产生合理怀疑（justifiable doubt）的情形”⑥ 和《伦敦国际仲裁院仲裁规则》“可能导致对其公正性或独立性产生任何合理的怀疑（justified doubt）”⑦的表述，可能会“使一方”“可能”（might）产生疑问的表述，显示其采用的是主观标准，

---

① 《冲突指引》第4.3.1条。

② 体现该标准的有《冲突指引》标准3解释第1项；《国际商会仲裁规则》第11条第2款。

③ 体现该标准的有《联合国国际贸易法委员会仲裁规则》第11条；《伦敦国际仲裁院仲裁规则》第5条第3款；《斯德哥尔摩商会仲裁院仲裁规则》第14条第2款；《世界知识产权仲裁规则》第22条第2项和第3项。

④ “ Nevertheless create a sufficiently negative perception about an arbitrator's impartiality and independence to justify his or her removal.” in David D. Caron, Lee M. Caplan, The UNCITRAL Arbitration Rules, A Commentary, 2ed, Oxford, Oxford Press, 2013, p. 214.

⑤ 陈博闻：《仲裁员公正性的保障——以仲裁员披露义务为视角》，载《北京仲裁》2016年第4期，第149页。

⑥ 《联合国国际贸易法委员会仲裁规则》第11条。

⑦ 《伦敦国际仲裁院仲裁规则》第5条第3款。

即哪些情形需要披露必须从当事方的角度考虑，而且这种“可能”（might）只代表可能性（to be possible）[①]，和很有可能（likely）的表述程度不同。

主观标准有利于落实披露的目的，确保当事方判断仲裁员是否符合《华盛顿公约》第14条第1款的要求，同时有利于当事方信任仲裁庭并接受仲裁庭作出的最终裁决。但主观标准的弊端也是显而易见的，第一个弊端在于不确定性，声明由仲裁员作出，仲裁员难以知道哪些情形会使当事方对其独立性和公正性产生怀疑，从当事方的角度考虑就意味着仲裁员要将自己代入当事方的头脑考虑事情，这对于签署《声明书》仲裁的起始阶段，仲裁员与当事方接触非常少的情况下是很难实现的。同时由于仲裁员和当事方国籍的差异，文化背景、法律观念的不同，对同一个事实或情形不同法律背景的人会有不同的看法，加大了仲裁员披露义务的难度。这种差异从英国出庭律师（English barrister）的实践可见一斑。英国的出庭律师是独立的执业者，但出庭律师受大律师行（barrister chamber）的结构组织安排，即大律师行对外作为一整体，宣传律师行的服务，共享律师行的组织地点和法律职员，集体决定吸收新成员。在国际仲裁中，仲裁员和当事一方的代理律师是同一律师行的成员在英国当事一方看来不会产生怀疑，因此对于这一情形不需要披露，因为他们熟知律师行的概念，但是对于非英国当事方看来这种情形会产生怀疑。[②] 主观标准还会产生过度披露的问题，当事方对仲裁员独立性和公正性判断的依赖，特别是公正性，它是一种思想状态，具有较强的主观性，[③] 不同的当事方对情形的敏感度不同，为考虑当事方个体差异会产生鼓励仲裁员尽可能披露所有情形以规避被挑战资格的风险，也有可能导致当事方据披露的内容提出理由不充分的挑战仲裁员资格申请。

但从《中心仲裁规则》的修订过程来看，似乎采取的又是客观标准。2004年10月争端中心秘书处公布《中心仲裁规则》修改工作的讨论文件，参照《联合国国际贸易法委员会仲裁规则》，建议修改《中心仲裁规则》第6条第2款“要求仲裁员披露不仅包含过去和现在与当事方的关系，而且包含任何会对仲裁员独立裁判的能力产生合理怀疑（justifiable doubt）的任何情形。这有利于

---

① Black's Law Dictionary 9th edition, Minnesota, West Group, 2009, p. 1068.

② Daele Karel, Challenge and Disqualification of Arbitrators in International Arbitration, Netherlands, Kluwer Law International, 2012, p. 10.

③ 丁夏：《谁之公正与何种独立——ICSID仲裁员公正性标准研判》，载《国际经济法学刊》2013年第3期，第221页。

帮助仲裁员理解利益冲突的问题”。[1] 从这个文件可以看出，第6条第2款并无“当事方”的表述。2005年5月，争端中心秘书处发布经过讨论之后的修改的文件，文件中的第6条第2款和《中心仲裁规则》2006年正式生效的文件一致，但是2005年工作文件中第6条的记录（note）表示，情形指的是对仲裁员独立判断的能力产生合理怀疑（justifiable doubt）的任何情形[2]。

《中心仲裁规则》第6条第2款的文义和仲裁规则修改的准备文件存在披露标准不一致的问题。学者卡莱尔·达埃勒（Daele Karel）认为，仲裁员的披露义务到底是采用主观标准还是客观标准取决于“一方”（by a party）如何解释的问题，如果“一方”指的是本案中的当事方的话，那么适用的是主观标准；如果“一方”指的是在所有相同情形下所有纠纷的一方都会对仲裁员独立性和公正性产生怀疑的情形，着眼于“一方”的共性，适用客观标准。[3] 因此在实践中对仲裁员履行披露义务标准存在两种观点，一个是“以仲裁员为中心”，另一个是“以当事方为中心”[4]。

“以仲裁员为中心”是仲裁员回避案件中所采取的观点。虽然国际法中并无遵循先例的原则，[5] 但是“以仲裁员为中心”的观点在众多仲裁员回避案件中得到了支持。“以仲裁员为中心”是以仲裁员为视角的合理标准：当仲裁员自己合理地相信这些事实会使一名理性人合理地对其作出独立判断的能力产生怀疑时，仲裁员才需要披露这些事实。[6] 从仲裁员的角度来判断是否未履行披露义务，目的是避免仲裁员承担过重的披露义务和当事方依据仲裁员所披露的相关性小的情形轻率地提起挑战仲裁员资格的案件。[7]

---

① Possible Improvements of the Framework for ICSID Arbitration, ICSID Secretariat Discussion Paper, October 22, 2004, p. 13.

② Suggested Changes to the ICSID Rules and Regulations, p. 12. https://icsid.worldbank.org/en/Documents/resources, March 21, 2019.

③ Daele Karel, Challenge and Disqualification of Arbitrators in International Arbitration, Netherlands, Kluwer Law International, 2012, p. 12.

④ Christoph H. Schreuer et al., eds., The ICSID Convention: a Commentary on the Convention on the Settlement of Investment Disputes between States and Nationals of Other States, 2ed, Cambridge, Cambridge University Press, 2009, p. 1218.

⑤ Loretta Malintoppi, “Remarks on Arbitrators' Independence, Impartiality and Duty to Disclose in Investment Arbitration”, Law and Practice of International Courts and Tribunals 7 (3), 2008, p. 352.

⑥ Suez v. Argentina, para. 46.

⑦ Daele Karel, Challenge and Disqualification of Arbitrators in International Arbitration, Netherlands, Kluwer Law International, 2012, p. 12.

“以当事方为中心”是撤销裁决案件中临时委员会采取的观点，在苏伊士案撤销裁决中，临时委员会对于披露义务这个问题采取比仲裁员回避案件中更加严格的立场，认为应以当事人的利益而非仲裁员的利益优先，尽管要求仲裁员披露的内容可能会导致理由不充分的仲裁员回避申请。临时委员会认为考夫曼作为仲裁员和世界性商业银行董事的双重身份需要承担特别努力（special effort）的义务中。① 因世界性的商业银行和跨国公司产生商业上的联系是非常容易发生的事情，因此，这种特别的努力义务应体现在仲裁员进行利益冲突的调查和及时向当事方披露的义务中。

披露义务的标准在《中心仲裁规则》第6条第2款的文字含义和修改准备文件的含义存在差异，实践中也存在分歧。规则的模糊性不利于仲裁员履行义务，也无法为仲裁员回避案件提供规则指引。笔者认为临时委员会的观点更加合理。首先，虽然从当事方的角度考虑，有可能导致大量的仲裁员回避之诉，但是当事方在清楚仲裁员与当事方相关的事实和情形的基础上接受仲裁员的裁判，可以起到禁反言（estoppel）的作用，即当事方事后不能因此提起仲裁员回避的申请。② 其次，从当事方的角度确定披露的内容，更加符合国际投资仲裁追求的透明化（transparency）目标，有利于加强投资争端解决机制的合法性基础③。最后，有利于维护当事方对仲裁庭的信任。为维护仲裁制度的稳定性和有效性，《中心仲裁规则》需要对披露标准进一步明确化。

六、从披露义务和仲裁员回避的关系看仲裁员披露义务存在的缺陷

《中心仲裁规则》并未规定仲裁员不履行披露义务的法律后果，当事方发现仲裁员未披露的事实往往在仲裁庭组成之后。因此，当事方只能通过申请仲裁员回避的方式否定仲裁员不披露的行为。但由于仲裁员回避的标准高于仲裁员履行披露义务的标准，导致仲裁员不披露的行为在实践中得不到规制。

（一）披露义务的标准和仲裁员回避的标准不一致

《中心仲裁规则》第6条以及整个仲裁规则并未规定仲裁员不披露或不完全

---

① Annulment decision of 10 August 2010, para. 210.

② David D. Caron, Lee M. Caplan, The UNCITRAL Arbitration Rules, A Commentary, 2ed, Oxford, Oxford Press, 2013, p. 195.

③ Bottini, Gabriel. "Should Arbitrator Live on Mars-Challenge of Arbitrators in Investment Arbitration" Suffolk Transnational Law Review 3 (2), 2009, p. 362.

披露需承担的后果，当事方在得知仲裁员未披露某个事实或情形之时，往往会对仲裁员的独立性和公正性产生怀疑，认为仲裁员不披露与对方当事方的关系或情形是为了掩饰自己的不公或不独立。因此当事方只能通过仲裁员回避的申请来否定该仲裁员的裁判。

然而，仲裁员履行披露义务的标准和仲裁员回避的标准并不一致。披露义务要求披露的是仲裁员与双方的关系和任何可能会使一方对其独立裁判的能力产生疑问的情形。而仲裁员回避的要求是《华盛顿公约》第57条："一方可以根据明显缺乏第14条第1款规定的任何事实，向委员会或仲裁庭建议取消其任何成员的资格。"国际法学者詹姆斯·克洛福（James Crawford）将《华盛顿公约》第14条第1款[①]胜任仲裁员的要求分为三项：（1）高尚的道德品质；（2）在法律、商务、工业和金融方面有公认的能力；（3）可以被信赖作出独立的判断。克洛福认为独立性和公正性要求和前两项要求不同，因为前两项是基于对过去事实的评判，而独立性和公正性具有"预期性"（prospective），即仲裁员未来能在仲裁过程中独立、公正地裁判。[②] 成功挑战仲裁员资格必须达到"明显缺乏"（manifest lack）第14条第1款的要求，明显缺乏指的是清楚的（evident）和易于理解的（obvious）[③]，不需要通过深思就可以得出来的[④]。学者克里斯多夫认为，"明显缺乏"给提出取消仲裁员申请一方施加较重的证明责任[⑤]。成功挑战仲裁员资格的证明标准也不统一，存在高度可能性标准（quasi-certain or highly probable）、合理怀疑标准（reasonable doubt）以及客观证据标准（requirement of objective evidence）。高度可能性标准，[⑥] 即申请方要证明仲裁员

① "指派在小组服务的人员应具有高尚的道德品质，并且在法律、商务、工业和金融方面有公认的能力，他们可以被信赖作出独立的判断。对仲裁员小组的人员而言，在法律方面的能力尤其重要。"

② James Crawford, Challenges to Arbitrators in ICSID, in David D. Caron, Stephan W. Schill et al., eds., *Practising Virtue*, Oxford, Oxford University Press, 2015, p. 596–597.

③ Suez, Sociedad General de Aguas de Barcelona, S. A. and Interagua Servicios Integrales de Agua, S. A. v. Argentine Republic (ICSID Case No. ARB/03/17), Decision on Disqualification (26 April 2008), para. 29.

④ EDF International S. A., SAUR International S. A. and León Participaciones Argentinas S. A. v. Argentine Republic (ICSID Case No. ARB/03/23), Decision on Disqualification (25 June 2008), para. 68.

⑤ Christoph H. Schreuer et al., eds., The ICSID Convention: a Commentary on the Convention on the Settlement of Investment Disputes between States and Nationals of Other States, 2ed, Cambridge, Cambridge University Press, 2009, rsity Press (2009), p. 1202.

⑥ Amco Asia Corporation and others v. Republic of Indonesia (ICSID Case No ARB/81/1), Decision on Disqualification (24 June 1982) 6; Hrvatska Elektroprivreda DD v. The Republic of Slovenia (ICSID Case No ARB/05/24), Order Concerning the Participation of a Counsel (6 May 2008) para. 30.

可能高度缺乏《华盛顿公约》第14条第1款的要求而不是仅仅达到可能缺乏的标准。[①] 合理怀疑标准[②]，即在知悉案情的且通情达理的第三人看来具有表面偏见。[③] 客观证据标准，[④] 即仲裁员明显缺乏独立性和公正性必须由客观证据证明，仅仅是怀疑或猜测不足以成功挑战仲裁员资格。[⑤] 无论《中心仲裁规则》第6条第2款采取的是"使一方怀疑"的文义解释，还是修改文件中"合理怀疑"（justifiable doubt）标准以及裁判中的高度可能性标准，成功挑战仲裁员资格的标准都要高于披露义务需达到的标准。[⑥]

---

① Arbitrator's Impartiality and Independence in ICSID: Blue Bank International & Trust (Barbados) Ltd v. Bolivarian Republic of Venezuela Revisited, https://blogs.law.nyu.edu/transnational/2014/01/arbitrators-impartiality-and-independence-in-icsid-blue-bank-international-trust-barbados-ltd-v-bolivarian-republic-of-venezuela-revisited/, February 5, 2019.

② Compañia de Aguas del Aconquija S. A. and Vivendi Universal v. Argentine Republic (ICSID Case No. ARB/97/3) - Annulment Proceeding, Decision on Disqualification (3 October 2001), para. 20; SGS Société Générale de Surveillance S. A. v. Islamic Republic of Pakistan (ICSID Case No. ARB/01/13), Decision on Disqualification (19 December 2002); EDF International S. A., SAUR International S. A. and León Participaciones Argentinas S. A. v. Argentine Republic (ICSID Case No. ARB/03/23), Decision on Disqualification (25 June 2008), para. 64.

③ An appearance of such bias from a reasonable and informed third person's point of view. Urbaser S. A. and Consorcio de Aguas Bilbao Biskaia, Bilbao Biskaia Ur Partzuergoa v. Argentine Republic (ICSID Case No. ARB/07/26), Decision on Disqualification (12 August 2010), para. 43.

④ Suez, Sociedad General de Aguas de Barcelona, S. A. and Interagua Servicios Integrales de Agua, S. A. v. Argentine Republic (ICSID Case No. ARB/03/17), Decision on Disqualification (22 October 2007), para. 40; Suez, Sociedad General de Aguas de Barcelona, S. A. and Interagua Servicios Integrales de Agua, S. A. v. Argentine Republic (ICSID Case No. ARB/03/17), Decision on Disqualification (26 April 2008), para. 24; Alpha Projektholding GmbH v. Ukraine (ICSID Case No. ARB/07/16), Decision on Disqualification (19 March 2010), paras. 34, 37; Universal Compression International Holdings, S. L. U. v. Bolivarian Republic of Venezuela (ICSID Case No. ARB/10/9), Decision on Disqualification (20 May 2011).

⑤ "Such lack be proven by objective evidence and that the mere belief by the challenger of the contested arbitrator's lack of independence or impartiality is not sufficient to disqualify the contested arbitrator." Suez, Sociedad General de Aguas de Barcelona, S. A. and Interagua Servicios Integrales de Agua, S. A. v. Argentine Republic (ICSID Case No. ARB/03/17), Decision on Disqualification (26 April 2008), para. 29.

⑥ Arbitrator's Impartiality and Independence in ICSID: Blue Bank International & Trust (Barbados) Ltd v. Bolivarian Republic of Venezuela Revisited, https://blogs.law.nyu.edu/transnational/2014/01/arbitrators-impartiality-and-independence-in-icsid-blue-bank-international-trust-barbados-ltd-v-bolivarian-republic-of-venezuela-revisited/, February 5, 2019.

（二）驳回以不履行披露义务为根据回避的理由分析

表1 不履行披露义务案件统计

案件名称	案件处理时间	仲裁员回避的根据	驳回“不履行披露义务”理由
Suez v. Argentina	2007.11.29—2008.5.12	考夫曼是瑞士银行董事会成员身份 考夫曼未披露瑞士银行董事会成员身份	无披露义务。仲裁员无需披露不知情的事实和情形，且仲裁员可以依赖于瑞士银行利益冲突的调查结果
EDF v. Argentina	2007.11.29—2008.6.5	考夫曼是瑞士银行董事会成员身份 考夫曼未披露瑞士银行董事会成员身份	未达到“明显缺乏”的标准，未披露行为必须与事实相联系
Electrabel v. Hungary	2007.12.21—2008.1.25	未披露之前参与的某个与本案相似的争端中心仲裁案件	未达到“明显缺乏”的标准，因为该仲裁员参与的案件，是公开信息，没有隐瞒的故意
Tidewater v. Venezuela	2010.9.28—2010.12.23	多次接受一方委任为仲裁员 未披露多次委任	未达到“明显缺乏”的标准，仲裁员认为没有必要披露公开的信息，因此没有隐瞒的故意
Universal v. Venezuela	2010.11.4—2011.5.20	多次接受一方委任为仲裁员 未披露多次委任	未达到“明显缺乏”的标准，仲裁员认为没有必要披露公开的信息，因此没有隐瞒的故意
Alpha v. Ukraine	2010.2.5—2010.3.19	仲裁员与原告代理人有共同的学习经历 未披露共同的学习经历	对此事实没有披露义务
Nations Energy v. Panama	2011.5.14—2011.9.7	仲裁员与被告代理人是昔日的工作伙伴 未披露该关系	未达到“明显缺乏”的标准，仲裁庭的其他成员认为这种关系是公开信息

关于不履行披露义务本身能否单独构成仲裁员回避的根据，还是必须和未披露的事实相结合，《冲突指引》认为，只有和未披露的事实和情形相结合才能判断仲裁员是否需要回避。[①] 在法国电力公司诉阿根廷（EDF v. Argentina）案中，仲裁庭的其他成员认为，未披露行为本身不能成为仲裁员回避的根据，必须与会对仲裁员缺乏独立性和公正性产生怀疑的事实相联系[②]。在阿尔法案中，仲裁庭的其他成员赞同《冲突指引》的观点，但补充了一个新的观点，当未披露的事实或情形本身表明仲裁员明显缺乏独立性和公正性时，或者是未披露行为和未披露的事实或情形相结合足以显示仲裁员缺乏独立性和公正性，此时未披露的行为才能成为仲裁员回避的根据[③]。

在苏伊士案中，仲裁庭的其他成员认为，是瑞士银行与苏伊士和维旺迪之间的商业关系而不是考夫曼在瑞士银行董事的身份导致其遭受质疑，因为考夫曼不知情瑞士银行与苏伊士和维旺迪存在的商业关系，仲裁庭的其他成员认为如果一名仲裁员没有理由推断可能存在利益冲突，那么强加在仲裁员身上的披露义务是不合理的[④]，同时认为仲裁员可以依赖于瑞士银行利益冲突的调查结果，因此仲裁员没有进一步调查的义务，仲裁员无披露其所不知的情形的义务。在阿尔法案中，仲裁庭的其他成员参考了《冲突指引》的方式来判断仲裁员是否有披露的义务。仲裁庭的其他成员认为，突博瓦兹与原告代理人20年前的共同学习经历比《冲突指引》绿色清单列举如“仲裁员与一方当事人的法律顾问曾经一起担任仲裁员”的情形还要微不足道，因此认为仲裁员根据《中心仲裁规则》第6条第2款第2项对此事项没有披露义务。

在比利时电力公司诉匈牙利案（Electrabel v. Hungary）、潮水案和通用案中，公开的信息需要披露已得到承认。但对于未披露这个行为是否能构成仲裁员回避的根据，其他成员采用的是《联合国国际贸易法委员会仲裁规则》评述的观点，即不履行披露义务能否成为仲裁员回避的根据，需要考虑多种因素：未能履行是出于疏忽还是故意，是否为仲裁员出于作出真诚判断无需披露的结果（the result of an honest exercise of discretion），未披露的事实是否足够引起对

---

① “未能披露某些在当事人看来可能对仲裁员的公正和独立产生怀疑的事实和情形，并不必然意味着存在利益冲突，或随即产生仲裁员回避的后果。”《冲突指引》第11－12页。

② EDF International S. A., SAUR International S. A. and León Participaciones Argentinas S. A. v. Argentine Republic (ICSID Case No. ARB/03/23), Decision on Disqualification (25 June 2008), para. 123.

③ Alpha v. Ukraine, para. 64.

④ Suez v. Argentina, para. 47.

仲裁员独立性和公正性的怀疑，是勤勉认真的仲裁员行为误差的一部分还是引起独立性和公正性怀疑的一部分。[①] 但是裁定仲裁员回避案件的成员认为不披露公开信息往往是仲裁员真诚判断的结果，该信息为公开信息，所以仲裁员没有隐瞒的故意，因此认为没有达到“明显缺乏”的标准而驳回。

由于仲裁规则并没有规定仲裁员不履行或不完全履行披露义务的后果，而不披露的行为往往又达不到仲裁员回避的标准，导致的结果是，《中心仲裁规则》第 6 条沦为具文，没有实际约束力。仲裁员虽然有披露的义务，但由于仲裁员回避的门槛比较高，一般情况下都会被驳回（图 3），仲裁员未按照《中心仲裁规则》第 6 条第 2 款的要求披露也不会对自身担任仲裁员的身份产生不利后果。这种制度缺陷容易导致披露义务的目的无法实现，最终将会危害仲裁的权威性和裁决的稳定性。

取消仲裁员资格的决定（1982–2018）	
支持	5
驳回	68
共计	73

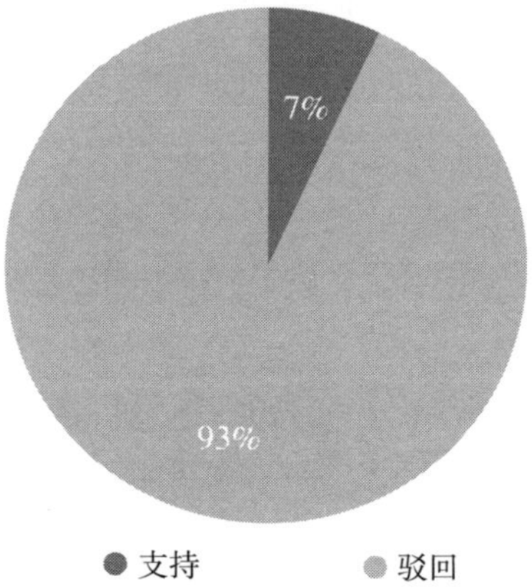

图 3　取消仲裁员资格的决定（1982 – 2018）

结语

《华盛顿公约》框架下，仲裁员的披露义务存在大量的不确定性，特别是披露义务的标准，“以仲裁员为中心”和“以当事方为中心”两种观点代表的是两种价值选择。国际投资仲裁参与主体的多样化导致法律观念的差异，而公

① Baker, S. A., & Davis, M. D. The UNCITRAL arbitration rules in practice: The experience of the Iran-United States Claims Tribunal. Published by Kluwer Law and Taxation Publishers (1992), p. 50. 转引自 Suez v. Argentine Republic, Decision on Disqualification (12 May 2008), para. 44.

正性是一种思想状态，自然人裁判者无法做到绝对的公正，[①] 这种差异使得仲裁员判断哪些内容需要披露产生更大的困难。为了解决这些问题，可以考虑由争端中心理事会制定披露指引，将披露义务具体化，通过参考《冲突指引》和现有仲裁员回避案件中当事方提出的根据对披露内容进行非穷尽式列举，提升披露行为的一致性和避免不必要的仲裁员回避申请。尽管《冲突指引》不具有强制性，但当仲裁员未披露指引中所列举的具体事项时，推定仲裁员独立性和公正性达到“明显缺乏”的标准，可以有效促进仲裁员履行披露义务和减少仲裁员回避案件，加快仲裁效率。

（本文责任编委：陈宓[②]）

① “Absolute impartiality can only be assured by non-human process.” Catherine A Rogers, Ethics in International Arbitration, Oxford, Oxford University Press, 2014, p. 313.

② 陈宓，中国国际经济贸易仲裁委员会监督协调处职员。

热点时评

新冠肺炎疫情对资管业务及其争议解决的影响和应对

霍 伟 陈新平 赵希豪*

摘 要：2020年暴发的新冠肺炎疫情对金融系统以及资管业务产生了深远影响。在资产管理业务方面，存量资管产品的底层经营与新增资管产品的发行和销售都出现了新的问题；在合同履行方面，合同缔约方可以借助不可抗力条款免除责任或者借助情势变更条款变更或解除合同；在争议解决方面，各地法院和仲裁机构都简化了争议解决的程序安排，包括文书送达、线上开庭、财产保全等领域。在此背景下，融资方应当加强与金融机构、投资者的沟通协商；受托机构应加强对资产管理业务的风险管理，稳定投资者预期；资管合同的订立也应考虑纳入不可抗力条款、线上诉讼或仲裁条款等条款；最高人民法院以及有关仲裁机构的在线庭审规则也应在平衡各方当事人利益、尊重当事人程序选择权的基础上，同时作出相应制度安排，赋予仲裁庭或仲裁机构针对程序事项足够的自由裁量权。

关键词：新冠肺炎疫情 争议解决 资管业务

引言

资产管理业务（以下简称资管业务）是指"银行、信托、证券、基金、期货、保险资产管理机构、金融资产投资公司等金融机构接受投资者委托，对受

---

* 霍伟律师，中伦律师事务所合伙人，中国国际经济贸易仲裁委员会仲裁员，中国金融投资争议解决论坛（CFFID）秘书长，先后获得对外经贸大学国际经济法系法学学士、硕士以及美国爱荷华大学法学硕士学位，曾在国有进出口公司及美国知名律师事务所工作多年。他的主要业务领域包括涉外/境外争议和金融与投融资争议的解决等。陈新平，北京市中伦律师事务所律师。赵希豪，北京市中伦律师事务所律师助理。

托的投资者财产进行投资和管理的金融服务”。[①] 资产管理产品（以下简称资管产品），也即金融机构开展资管业务过程中向投资者发行销售的金融产品，“包括但不限于人民币或外币形式的银行非保本理财产品，资金信托，证券公司、证券公司子公司、基金管理公司、基金管理子公司、期货公司、期货公司子公司、保险资产管理机构、金融资产投资公司发行的资产管理产品等”。[②] 金融机构开展的资管业务及发行的资管产品是社会融资的重要组成部分，也是与广大投资者最为息息相关的金融领域之一。2020年伊始，突如其来的新冠肺炎疫情（以下简称疫情）以始料不及的方式席卷全球，稳增长与防风险成为金融政策的主旋律。这对资管业务及其争议解决产生了影响。资管业务衔接了投资者、金融机构以及企业，相应地，疫情对企业的经营状况（即资管产品的底层资产）、金融机构资管业务的开展（即资管产品的发行、销售与管理）及投资者的预期与选择三方面造成了全方位的冲击。目前，中国国内疫情形势虽已经基本稳定，但局部地区仍不时小范围暴发疫情。放眼全球，疫情防控形势依然严峻，疫情在可预见的未来一段时间内仍将持续。在疫情防控常态化的背景下，有必要就疫情对资管业务及其争议解决产生的影响进行研究，从而提出应对建议。

本文首先从宏观角度出发，介绍了金融政策因疫情产生的变化和金融系统应对疫情的多项举措；其次，基于金融政策变化对疫情中资管业务的开展产生的深远影响，本文分析了合同履行以及争议解决程序在疫情下的变化；最后，本文通过结合法律视角下资管业务相关方的“战疫”策略，梳理疫情对资管业务及其争议解决的影响，针对疫情相关热点问题，提出了法律风险防范建议。

一、金融系统应对疫情的相关举措

如前所述，疫情对资管业务的冲击不仅在于疫情本身，更在于因疫情导致的宏观金融政策变化对实体企业经营与资管业务开展产生的巨大影响。因此，对宏观金融政策变化的梳理系本文后续分析疫情对资管业务影响的前提与基础。

---

① 人民银行、银保监会、证监会、外汇局：《人民银行、银保监会、证监会、外汇局关于规范金融机构资产管理业务的指导意见》（银发〔2018〕106号），载中央人民政府网，2018年4月27日，http://www.gov.cn/gongbao/content/2018/content_5323101.htm。

② 人民银行、银保监会、证监会、外汇局：《人民银行、银保监会、证监会、外汇局关于规范金融机构资产管理业务的指导意见》（银发〔2018〕106号），载中央人民政府网，2018年4月27日，http://www.gov.cn/gongbao/content/2018/content_5323101.htm。

为减少疫情对经济及金融市场的冲击，金融系统提前布局，积极采取一系列举措加大公开市场操作力度、保持流动性合理充裕，加大对疫情防控重点影响企业（特别是小微企业）的金融支持力度，改善金融业务流程效率。例如，中国银行保险监督管理委员会（以下简称银保监会）于2020年1月26日发布《关于加强银行业保险业金融服务配合做好新型冠状病毒感染的肺炎疫情防控工作的通知》（银保监办发〔2020〕10号，以下简称10号文）;[①] 又如，中国人民银行、财政部、银保监会、证监会、国家外汇管理局于2020年1月31日联合发布《关于进一步强化金融支持防控新型冠状病毒感染肺炎疫情的通知》（银发〔2020〕29号，以下简称29号文）。[②] 这些通知在保持流动性合理充裕、加大对疫情防控相关领域的信贷支持力度、提供差异化优惠金融服务、提高债券发行等服务效率、灵活调整企业信息披露等监管事项、适当放宽资本市场相关业务办理时限等方面提出了诸多举措，为稳定疫情下的金融市场秩序提供了有力的政策支持。

对于疫情防控期间金融借款、债券到期还款事宜，相关监管机构也有针对性地出台了具体政策。例如，10号文提出："对于受疫情影响较大的批发零售、住宿餐饮、物流运输、文化旅游等行业，以及有发展前景但暂时受困的企业，不得盲目抽贷、断贷、压贷。"银保监会、人民银行等部门于2020年3月1日联合印发《关于对中小微企业贷款实施临时性延期还本付息的通知》，进一步要求，对2020年1月25日以来到期的困难中小微企业（含小微企业主、个体工商户）贷款本金，以及2020年1月25日至6月30日中小微企业需支付的贷款利息，银行业金融机构应根据企业申请，给予企业一定期限的临时性延期还本付息安排。还本付息日期最长可延至2020年6月30日，免收罚息。[③] 同时，

---

① 《关于加强银行业保险业金融服务配合做好新型冠状病毒感染的肺炎疫情防控工作的通知》，载中国银行保险监督管理委员会官网，2020年1月26日，http：//www. cbirc. gov. cn/cn/view/pages/ItemDetail. html? docId = 888850&itemId = 4169&generaltype = 0。该通知于2020年1月26日生效。

② 《关于进一步强化金融支持防控新型冠状病毒感染肺炎疫情的通知》，载中央人民政府网，2020年1月31日，http：//www. gov. cn/zhengce/zhengceku/2020 - 02/01/content_ 5473639. htm。

③ 参见银保监会、人民银行、发展改革委、工业和信息化部、财政部《关于对中小微企业贷款实施临时性延期还本付息的通知》第2条规定："对于2020年1月25日至6月30日中小微企业需支付的贷款利息，银行业金融机构应根据企业延期付息申请，结合其受疫情影响的实际情况，给予企业一定期限的延期付息安排。贷款付息日期最长可延至2020年6月30日，免收罚息。延期利息的具体偿还计划，由银行业金融机构与企业双方自主协商、合理确定。"该通知全文详见中国银行保险监督管理委员会官网，2020年3月1日，http：//www. cbirc. gov. cn/cn/view/pages/ItemDetail. html? docId = 892278&itemId = 928&generaltype = 0。

证监会有关部门负责人在2020年2月2日的采访[①]中表示，对疫情防控期间到期的公司债券，一方面，证监会将通过设立绿色通道等措施，支持生产经营正常的发行人发新还旧；另一方面，证监会将积极引导证券公司等中介机构加强与投资者沟通协调，通过展期安排、调整还款周期等举措平缓市场。

另外，中国证券投资基金业协会、中国证券业协会、中国银行间市场交易商协会等行业协会也先后发布通知，就疫情防控期间私募基金登记备案、建立有关疫情防控领域的资管产品绿色通道[②]、证券市场信用评级[③]、银行间市场债务融资工具注册发行及存续管理[④]等做出了相关安排。

二、疫情对资管产品的影响

在宏观金融系统多项措施并举的背景下，资管业务作为直接联结“投资者—金融机构—企业”的重要一环，这类业务项下的资管产品，无论是在疫情前成立发行的存量资管产品，还是在疫情发生之后新设发行的新增资管产品，均不可避免地受到了全面影响。

（一）疫情对存量资管产品的影响

从企业的角度来看，疫情对存量资管产品的影响主要涉及底层资产的经营风险，部分行业的存量资管产品的底层资产经营风险或将集中暴露。在非典疫情暴发较为严重的2003年第二季度，公用事业、轻工制造、传媒、化工、交通运输和休闲服务业的营收增速出现了明显的下行走势。[⑤] 与非典疫情下的经济运行情况类似，在本次疫情背景下，受错失春节黄金消费期、较非典疫情期间更为严格的疫情管控举措等多重因素叠加影响，休闲服务、交通运输、传媒、餐饮、轻工制造和商业贸易等行业的短期经营均受到较大冲击，涉及该等行业

---

① 参见《证监会有关部门负责人答记者问》，载中国证券监督管理委员会官网，2020年2月2日，http：//www. csrc. gov. cn/pub/newsite/zjhxwfb/xwdd/202002/t20200202_ 370474. html。

② 参见《关于疫情防控期间私募基金登记备案相关工作安排的通知》，载中国证券投资基金业协会官网，2020 年 2 月 1 日，http：//www. amac. org. cn/aboutassociation/gyxh _ xhdt/xhdt _ xhyw/202002/t20200201_ 6561. html。

③ 参见《关于疫情防控期间证券市场信用评级机构业务开展有关事宜的通知》，载中国证券业协会官网，2020年2月13日，https：//www. sac. net. cn/tzgg/202002/t20200213_ 141580. html。

④ 《关于加强银行间市场自律服务 做好疫情防控工作的通知》，载中国银行间市场交易商协会官网，2020年1月28日，http：//www. nafmii. org. cn/zdgz/202001/t20200128_ 79335. html。

⑤ 参见《专家：疫情对资管行业冲击整体可控，底层资产局部风险或暴露》，载《证券时报》2020年2月15日。

的部分资管产品底层资产的经营风险短期内将呈现扩大趋势。

从金融机构的角度来看，疫情对存量资管产品的影响主要涉及产品存续期管理以及产品转型两个方面。一方面，疫情对存量资管产品的存续期管理产生了较大阻碍，疫情管控措施在一定程度上影响了金融机构作为受托管理人开展投资运作、管理底层资产、履行信息披露义务等方面的工作。同时，对已经发生违约或者受疫情影响发生违约的资管产品，疫情管控措施更是进一步影响了金融机构的违约处置速度和效果。另一方面，疫情管控举措将加大存量产品的转型难度。如前所述，疫情期间的管控举措将对市场经济产生冲击，加上企业经营本身存在的问题，导致部分资管产品的资产质量下降，进而加大存量资管产品尤其是非标资产的整改和处置难度。针对《关于规范金融机构资产管理业务的指导意见》（以下简称资管新规）过渡时期面临的实际困难，中国人民银行和银保监会于2020年2月7日在国务院应对新型冠状病毒感染的肺炎疫情联防联控机制新闻发布会上联合表示，正在对资管新规过渡期延长进行评估，预计后续会出台具体延长时间表及资管产品差异化处置等举措。2020年7月31日，中国人民银行发布通知，考虑到疫情对经济金融带来的冲击，资管新规过渡期延长至2021年底。①

从投资者的角度来看，疫情导致部分投资者面临资金周转的问题，因而导致未到期的资管产品被投资者提前赎回。以某酒店为例，2020年2月10日，该企业向中国银行提出赎回价值人民币1000万元的未到期按期开放理财产品，用于发放员工工资及购买防护消毒用品。尽管对银行而言，投资者提前赎回产品存在系统、清算等诸多挑战，但特殊时期特殊应对，在企业发起赎回24小时内，银行需要帮助企业实现资金到账，以实现平稳过渡。②

（二）疫情对新增资管产品的影响

相对存量资管产品而言，疫情对新增资管产品的发行、销售工作的影响更为直观。具体而言：

从企业的角度来看，危机之下亦潜藏机遇，新增资管产品的投资领域扩宽，抗疫相关领域的资管产品或迎来爆发。例如，《中国证券投资基金业协会关于疫

---

① 参见《优化资管新规过渡期安排 引导资管业务平稳转型》，载中国人民银行官网，2020年7月31日，http://www.pbc.gov.cn/goutongjiaoliu/113456/113469/4066284/index.html。

② 参见《抗击疫情，中行上海市分行投行资管人拿出了这些“干货”》，载人民网，2020年2月17日，http://sh.people.com.cn/n2/2020/0217/c134768-33804450.html。

情防控期间私募基金登记备案相关工作安排的通知》中明确鼓励私募基金投资防疫抗疫相关医疗设备、疫苗药品的生产研发企业。[①] 另外，疫情管控也催生了新的生活和消费理念，线上社交、远程办公、网络销售和购物、绿色生活等新领域也将成为资管产品关注的重点投资领域。

从金融机构的角度来看，疫情对新增资管产品的发行和销售均产生了影响。首先，在资管产品的发行方面，疫情管控举措直接地阻碍了尽职调查等线下工作的开展。对标准化的债券业务、融资方及担保方基础信息等的尽职调查或可尽量通过网络方式进行，但在底层资产的真实性、非标准化的股权投资、项目类投资等的尽职调查，以及在抵押质押工商登记、托管户和监管户等银行账户开立等环节，仍不可避免地受到疫情管控措施影响。其次，在资管产品的销售方面，受疫情管控措施影响，过去产品发行所依赖的现场路演、产品推介会等人员聚集性活动将受到极大限制，无疑大大增加了新产品发行销售的难度。尽管近期相关政策鼓励企业和居民通过互联网、手机APP等线上方式办理金融业务，但近年来监管机构及司法机关对销售环节中有关投资者适当性管理等方面的要求日益趋严，在相当程度上降低了金融机构进行线上销售的可行性。

从投资者的角度来看，疫情对投资者投资资管产品的信心（即市场信心）也产生了影响，但自2020年疫情伊始至今，金融市场走势已趋平稳，市场信心受疫情影响较小。同时，随着目前疫情防控政策成效显现、疫苗接种稳步推进，尽管部分地区不时出现疫情反复，但当前已呈现国内疫情防控形势持续向好、生产生活秩序全面趋常的态势。在市场流动性充裕、整体经济稳中向好的情形下，业内普遍认为，疫情对资管行业的长期影响有限，有望在短期波动后趋稳。

三、疫情对资管业务项下相关合同履行的影响

从法律层面来看，疫情对资管业务的影响直接反映在相关合同的履行上。如前所述，疫情导致资管业务底层资产经营风险扩大，包括投资者或金融机构与底层资产债务人之间的债权或股权投资合同在内的存量资管产品相关合同的

---

① 参见《中国证券投资基金业协会关于疫情防控期间私募基金登记备案相关工作安排的通知》第2条："为鼓励更多的私募基金管理人募集设立更多的私募基金参与疫情阻击战，更好更快地投资到与防疫抗疫相关的医疗设备、疫苗药品生产研发企业，自本通知发布之日起，协会针对参与抗击疫情所需的医药卫生类的私募股权基金、创业投资基金备案申请，提供办理私募基金产品备案的绿色通道。"该通知全文详见中国证券投资基金业协会官网，2020年2月1日，http://www.amac.org.cn/aboutassociation/gyxh_xhdt/xhdt_xhyw/202002/t20200201_6561.html。

履行也将受到影响。下文将结合《民法典》关于不可抗力与情势变更的规定，探究疫情对资管业务项下相关合同履行的影响。

（一）疫情对债券、金融借款合同等债权投资合同履行的影响

债券等债权类资产是资管业务最常见的底层资产之一，而疫情对企业经营的冲击最直观的后果就是对融资方偿付能力的影响。融资方能否以受疫情影响为由主张延期还本付息、免除或减轻责任这一问题，可以从不可抗力和情势变更来进行分析。

第一，关于不可抗力的适用。《民法典》第 180 条第 2 款规定“不可抗力是不能预见、不能避免且不能克服的客观情况”。如《最高人民法院关于依法妥善审理涉新冠肺炎疫情民事案件若干问题的指导意见（一）》（以下简称《指导意见（一）》）所阐明，疫情或者疫情防控措施直接导致合同不能履行的，依法适用不可抗力的规定，根据疫情或者疫情防控措施的影响程度部分或者全部免除责任。但这并不意味着所有融资方关于疫情的不可抗力抗辩都将获得支持。根据《民法典》第 563 条第 1 款第 1 项“因不可抗力致使不能实现合同目的”、第 590 条“因不可抗力不能履行合同”的表述，不可抗力的适用必须以不可抗力与“不能实现合同目的”或者“不能履行”之间存在因果关系为前提。换言之，因果关系为此类案件裁判机关的审查重点。

具体到债券、金融借款合同，尽管疫情防控导致的延迟复工、经营困难等情况可能对融资方的偿还能力产生极大影响，但并不构成融资方还本付息的金钱给付义务的客观履行不能，融资方无法援引不可抗力主张免除还款义务，债权人仍可要求强制履行。[①] 当然，如果债务人能够举证证明疫情或管控措施是其迟延履行还款义务的原因，则可以主张全部或部分免除逾期罚息、违约金等

① 从“非典”时期案例来看，对于金融借款合同，法院亦认为不论是“非典”、禽流感疫情还是市政施工，可能影响的只是宏观的经营环境，对合同的履行并不产生任何直接、必然的影响，因此对以不可抗力为由主张减免民事责任不予支持［参见（2005）穗中法民二终字第 1150 号、（2004）昆民四初字第 385 号］。类似地，对于租赁合同中给付租金的金钱之债，法院同样认为，“非典”仅对部分经营活动造成影响，不足以导致合同根本无法履行的，不能据此认定合同解除系不可抗力原因所致［参见（2013）辽审二民抗字第 14 号］。

迟延履行的违约责任。[①] 值得注意的是，根据《民法典》第590条及《指导意见（一）》第3条规定，债务人因疫情管控无法按时还款的，应及时履行通知义务，以减轻可能给债权人造成的损失，否则将对未及时通知导致的扩大损失承担责任。

第二，关于情势变更[②]的适用。根据现行法律规定，不可抗力仅作为合同解除事由和免责事由，当事人能否援引不可抗力请求法院或仲裁机构变更合同，则存在争议。[③] 但除不可抗力外，融资方还可以考虑依据情势变更，请求法院变更合同。根据《民法典》第533条，如果个案中疫情确实导致金融借款合同的基础条件发生变化，按期履行会导致结果明显不公，融资方则可以主张情势变更抗辩，申请延期偿还本息。

但需注意的是，情势变更的主张在具体操作中也面临一定的困难。首先，情势变更只能通过向法院起诉或向仲裁机构申请仲裁的方式主张，而是否构成情势变更需根据个案事实来逐一确定，由法院判断继续履行是否显失公平。同时，不同于不可抗力，情势变更并非法定免责事由，是否应当变更或解除合同以及是否可以免责，将由法院依照公平原则裁量，兼顾债权人和融资方的合法权益。此外，根据《最高人民法院关于正确适用〈中华人民共和国合同法〉若干问题的解释（二）服务党和国家的工作大局的通知》中的要求，适用情势变更的，应当由高级人民法院审核；必要时还应报请最高人民法院审核。这些规

---

① 贵州省高级人民法院在《贵州民营企业涉疫情商事合同履行中的法律风险提示书》中明确指出，“对于主要义务为‘金钱给付’的合同，新冠肺炎疫情与合同履行之‘金钱给付’之间无法建立法律上的因果关系，因此，一般来说该类合同无法主张不可抗力抗辩……但可以作为申请人民法院对违约责任予以酌减的影响因素之一”。该提示书全文详见贵州省高级人民法院官网，2020年2月20日，http：//www. guizhoucourt. cn/xwtt/214331. jhtml。广西壮族自治区高级人民法院在其《关于审理涉及新冠肺炎疫情民商事案件的指导意见》中强调，债务人一般不得主张适用不可抗力来免除金钱给付义务。债务人以疫情原因或者政府及有关部门实施疫情防控、应急措施导致其迟延履行还款主张免除迟延履行违约责任的，需要提供充分证据证明迟延履行与上述疫情措施有关。该指导意见全文详见广西壮族自治区高级人民法院官网，2020年3月9日，http：//gxfy. chinacourt. gov. cn/article/detail/2020/03/id/4841766. shtml。

② 《民法典》第533条规定：“合同成立后，合同的基础条件发生了当事人在订立合同时无法预见的、不属于商业风险的重大变化，继续履行合同对于当事人一方明显不公平的，受不利影响的当事人可以与对方重新协商；在合理期限内协商不成的，当事人可以请求人民法院或者仲裁机构变更或者解除合同。人民法院或者仲裁机构应当结合案件的实际情况，根据公平原则变更或者解除合同。”

③ 例如，内蒙古高院在其《关于依法公平处理新冠肺炎疫情防控期间执行案件的实施意见》中指出，“情势变更是指合同成立以后客观情况发生了重大变化，继续履行将明显不公平或者不能实现合同目的。因疫情构成不可抗力的，原则上不再适用情势变更原则”。该实施意见全文详见全国法院切实解决执行难信息网，2020年2月15日，http：//jszx. court. gov. cn/main/ExecuteNewsletter/260503. jhtml。

定都反映了司法机关对适用情势变更的谨慎态度。

（二）疫情对股权投资合同履行的影响

由于企业经营情况受疫情的影响而发生变化，股权投资资管业务合同中特定条款的履行也将受到影响。例如，投资方与融资方为解决交易双方对目标公司未来发展的不确定性、信息不对称以及代理成本而设计的包含股权回购、金钱补偿等对未来目标公司的估值进行调整的条款，[①] 也即所谓的“对赌条款”，以及标的公司或创始股东在对赌失败后应向投资机构回购标的公司股权义务的条款，也即“回购条款”，等等。受疫情影响，这些条款的履行将受到影响。对此等情况，目标公司或其他回购义务人是否可以援引不可抗力主张解除合同、减轻或免除责任？目前实践中的相关案例较少，法院通常会重点审查回购义务人主张的不可抗力事实与合同履行障碍之间的因果关系。例如，在“四川某瑞眼界户外传媒有限公司与杭州某翔广告有限公司、某岳翔股权转让纠纷案”［（2016）川01民初593号］中，未完成业绩指标的回购义务人辩称经营情况不如预期系因当时出台的各类市政整治规划行动造成的。法院从举证责任的角度出发，认定债务人未提供相应证明文件或其他证据证明其主张的不可抗力事实与其未能履行合同义务之间存在因果关系。

与前述债权投资争议类似，对股权投资争议，诉诸情势变更要求变更或解除合同可能是更为可行的路径。但需注意的是，目标公司业绩无法达到预期或无法实现上市目标通常是多方因素综合影响的结果，突发疫情只是其中的一个因素，其影响与合同履行障碍之间是否具有直接因果关系，是否足以构成情势变更，仍需依据案件事实进行分析。从实践上来说，根据个案情形的不同，法院可能会从行业性质、盈利模式等方面分析疫情与目标公司的经营收益是否存在直接的因果关系，综合判断是否适用情势变更。[②]

四、疫情对资管业务相关争议解决程序的影响

为应对疫情影响，各地法院以及仲裁机构纷纷发布通知，对疫情防控期间

---

① 参见《第九次全国法院民商事审判工作会议纪要》中“对赌协议”的定义。

② 参见广西壮族自治区高级人民法院：《关于审理涉及新冠肺炎疫情民商事案件的指导意见》，载广西壮族自治区高级人民法院官网，2020年3月9日，http：//gxfy. chinacourt. gov. cn/article/detail/2020/03/id/4841766. shtml；参见北京市第一中级人民法院：《新冠肺炎疫情下民营企业法律风险防范及建议》，载微信公众号“北京市第一中级人民法院”2020年2月8日，https：//mp. weixin. qq. com/s/FkxsKqlMr-JqWiruPltHRDg。

的诉讼或仲裁服务、在线庭审、财产保全及强制执行等工作作出调整，最大限度地保障相关程序的开展。对涉及资管业务的争议解决（尤其是融资方违约的争议解决）而言，尽快确权、行权往往是金融机构或投资者的首要目标。因此，资管业务的争议解决对财产保全、诉讼/仲裁程序的快速推进有着更为迫切的要求。而各地的疫情管控举措不可避免地在一定程度上延缓了资管业务相关争议解决程序的进程。

立案和文书送达方面，由于小规模疫情仍有发生，各地法院和仲裁机构的现场立案服务虽时有中止，但均已出具相关措施鼓励当事人通过网上平台或微信公众号、小程序等方式进行线上立案、线上咨询，或通过邮寄方式立案，从而作为现场递交立案材料的替代性方案。但相较于现场直接立案，邮寄或网络提交立案材料后与谁联系、处理周期等问题在过去逾一年的实践中均体现出很大的不确定性。同时，尽管很多法院已发布通知要求灵活运用网络送达、电子送达等信息化方式寄送文书，以避免因停工、交通管控等造成的送达延迟，但由于电子送达方式通常需要当事人事先同意，如合同中无相关约定，在适用时也面临一定障碍。

庭审安排方面，对因疫情影响应当延期或中止审理的案件，法院或仲裁机构原则上均会根据当事人的申请予以延期或中止。同时，法院或仲裁机构业已积极开通网上庭审平台，推动案件的远程办理，并在过往一年多的实践中成为行之有效的常态式做法。但值得注意的是，根据《最高人民法院关于新冠肺炎疫情防控期间加强和规范在线诉讼工作的通知》（法〔2020〕49号）（以下简称49号文）关于“尊重当事人对案件办理模式的选择权”“当事人不同意案件在线办理……不得强制适用在线诉讼”的规定，在违约方拒绝配合的情况下，网络庭审很可能难以实现。①

财产保全和强制执行方面，一方面，交通管制、社区防控等管控措施在一定程度上妨碍了保全和执行措施的落实力度。例如，在笔者代理的某案件中，

① 参见《最高人民法院关于新冠肺炎疫情防控期间加强和规范在线诉讼工作的通知》第2条：“各级人民法院推进在线诉讼，既要充分考虑案件类型、难易程度、轻重缓急等因素，又要切实维护当事人合法诉讼权益，尊重当事人对案件办理模式的选择权，全面告知在线诉讼的权利义务和法律后果。当事人同意案件在线办理的，应当在信息系统确认、留痕，确保相关诉讼活动的法律效力。当事人不同意案件在线办理，依法申请延期审理的，人民法院应当准许，不得强制适用在线诉讼。案件符合诉讼法律关于中止审理有关规定的，人民法院可以中止诉讼。”该通知全文详见最高人民法院官网，2020年2月18日，http://www.court.gov.cn/fabu-xiangqing-220071.html。

尽管法院采取了开通值班热线、法官轮流值班等措施，但受承办法官被抽调参与社区疫情防控、保险公司因疫情管控无法出具盖章版保函、拟保全财产为外地房产等因素的影响，财产保全程序基本上处于停滞状态。另一方面，受防疫政策影响，可查控财产的范围也受到一定限制。最高人民法院在《关于认真贯彻落实中央全面依法治国委员会第三次会议精神，切实做好防控新型冠状病毒感染肺炎疫情期间审判执行工作的通知》[①] 中明确要求，各地法院暂缓对承担疫情防控任务的单位、人员以及场所、设备、物资、资金采取执行措施，对明确专用于疫情防治的资金和物资，不得采取查封、冻结、扣押、划拨等财产保全措施和强制执行措施。同时，多地法院也出台意见，要求审慎适用对企业的财产保全措施，加强对中小微企业的财产保全等强制措施的审查力度，兼顾申请双方利益，避免加重对企业生产经营造成的影响。

五、法律视角下资管业务相关方的“战疫”策略

如前文所述，新冠肺炎疫情对资管业务、资管业务项下相关合同以及争议解决程序产生了广泛而深刻的影响，其中部分疫情时期应急办法，例如普遍适用线上立案、线上庭审等，已经逐步沉淀为常态。对此，资管业务相关方应当充分重视本次疫情的深远影响并积极应对。

（一）对融资方的建议

第一，加强与金融机构、投资者的沟通协商。（1）融资方应尽早审阅融资文件，评估疫情对按期还款、披露审计报告、IPO 等事项的影响。（2）在疫情导致企业经营困难，可能影响融资合同履行的情况下，融资方应及时向金融机构和投资者提交书面报告，坦率客观陈述实际困难、原因和已作出的努力，并积极就合同调整方案进行磋商。

第二，妥善留存证据。证据之所在，胜负之所系。由于融资方需要诉诸法律解决争议时，必须证明自身受到疫情影响从而客观不能履行义务或履行义务将产生明显不公的后果，才具有不可抗力或情势变更的适用基础。因此，融资方应当注意保留相关证据，如政府关于交通管制、延迟企业复工复业等文件，道路封闭的现场照片或视频，为维持企业经营所作努力的相关凭证，向金融机

① 《最高人民法院关于认真贯彻落实中央全面依法治国委员会第三次会议精神，切实做好防控新型冠状病毒感染肺炎疫情期间审判执行工作的通知》，载《人民法院报》2020 年 2 月 18 日，第 1 版。

构、投资者反映企业经营困难、协商合同变更的短信、微信、邮件沟通记录等，以备不时之需。

（二）对受托管理人的建议

第一，加强存量资管产品的存续期管理，稳定投资者预期。尽管受到疫情影响，受托管理人仍应恪尽职守，积极履行诚实信用、谨慎勤勉等信义义务。包括但不限于：（1）受托管理人应全面排查疫情对存续期资管产品的投资运作、融资方经营状况、还款能力、股权退出等方面的影响，制定差异化的风险防控策略。（2）对融资方可能发生的经营风险与违约风险，受托管理人应根据各监管机构的通知审慎应对，在对投资者负责的同时，遵守监管机构关于“不得盲目抽贷、断贷、压贷”“予以展期或续贷”的政策要求，加强与融资方的协商沟通。（3）受托管理人应当穷尽可实现的沟通方式履行信息披露义务，对确因疫情影响无法及时披露的，应及时向投资者说明情况；如有必要，还应及时向监管部门说明情况、申请延期披露。① （4）受托管理人还应当注意留存上述履行勤勉尽责义务、信息披露义务等约定或法定义务的证据。

第二，重视期限利益，灵活妥善推进违约资管产品的处置程序。一方面，对诉讼时效、抵质押权利行使期间、保证期间、上诉期限、申请执行期限等重要的实体和程序权利期间临近届满的资管产品，金融机构应积极向相对方发出主张权利的通知，或者向法院申请顺延相关期限；另一方面，对受到疫情影响的相关争议解决程序，金融机构可以灵活运用各类信息化手段，积极与仲裁机构或法院沟通，必要时可主动申请适用电子送达、远程庭审、书面庭审等方式，以推动各项程序的进行。

第三，加强新增资管产品的线上销售管理。如前所述，在出行受限、出行意愿降低的情形下，如何恰当地对合格投资者进行确认、履行风险提示义务是金融机构销售新增资管产品面临的一大问题。建议金融机构严守底线思维，加大合格投资者确认、风险承受能力测评、产品风险评级和匹配、签约真实性和有效性审查等环节的合规性审查力度，注意与监管机构的近期通知或安排保持一致，不擅自将明文规定须柜台办理的业务转为远程办理，避免承担不必要的合规风险。

---

① 例如，29 号文规定：“受疫情影响较大的证券基金经营机构管理的公募基金或其他资产管理产品，管理人可向当地证监局申请延期办理年报审计和披露。对疫情严重地区的证券基金期货经营机构，适当放宽相关风控指标监管标准。”

（三）对资管业务项下相关合同条款的完善建议

基于此次疫情对资管业务相关合同履行及争议解决产生的影响，对未来资管业务项下相关合同条款的完善，本文建议如下：

第一，完善不可抗力条款。不可抗力条款作为标准条款，几乎出现在每一个资管合同中，但在实际操作中却最常被忽视。建议相关方今后在订立合同时，对属于不可抗力的事件范围、发生不可抗力时的通知标准、法律后果及风险负担等作出更合理的约定。

第二，提前约定送达方式。对争议解决程序中各项法律文书的送达，国内目前仍是以邮寄送达及当面送达为主，在遇到诸如本次疫情管控的特殊情况时，案件难免因快递停运无法送达而导致程序迟延。相比较而言，电子送达具有不可比拟的便捷、可靠、快速等优势。建议今后提前在合同中对电子送达的方式和后果进行约定，提高未来确权、行权的程序效率。

第三，关于争议解决方式。在各地法院、仲裁机构的信息化改革进一步推进的背景下，线上诉讼或仲裁或将越发普遍。但由于目前线上争议解决模式的选择往往需要以当事人同意为前提①，在违约方故意拖延诉讼程序、不配合开展线上庭审的情况下，线上争议解决模式的适用仍存在较大难度。建议相关方可以考虑对是否接受线上诉讼或仲裁事先进行约定，以进一步简化争议解决流程，降低争议解决的时间与经济成本。

（四）对法院及仲裁机构的建议

为了应对疫情带来的影响，最高人民法院对庭审作出了“战疫”安排，发布了49号文。同时，国内许多仲裁机构也纷纷采取措施对庭审作出了灵活规定，其中较为典型的是中国国际经济贸易仲裁委员会（以下简称贸仲）于2020年4月28日发布的《关于新冠肺炎疫情期间积极稳妥推进仲裁程序指引（试行）》（以下简称《程序指引》）②。这些规则为在线庭审作出了规定，在一定程度上保障了当事人的争议解决需求。但站在资管业务争议解决的角度来看，这些规则内容还具有一定的完善空间。

例如，根据最高人民法院49号文规定，在有当事人不同意在线庭审的情况

---

① 《最高人民法院关于新冠肺炎疫情防控期间加强和规范在线诉讼工作的通知》（法〔2020〕49号）第2条。

② 《关于新冠肺炎疫情期间积极稳妥推进仲裁程序指引（试行）》，载中国国际经济贸易仲裁委员会官网，2020年4月28日，http：//www. cietac. org/index. php？ m = Article&a = show&id = 16910。

下，法院尊重当事人对案件办理模式的选择权，在线庭审很可能难以实现，诉讼进程可能被搁置。

又如，贸仲的《程序指引》规定“在新冠肺炎疫情期间，开庭审理的案件，建议仲裁庭优先考虑在线开庭的可行性”“决定在线开庭时，仲裁庭应综合考虑双方当事人的意见、案件的复杂程度、证据材料的多少、是否有证人出庭、当事人不同意在线开庭的理由是否正当、参加开庭人员获得在线开庭服务的便捷性和平等性等因素作出决定”。同时该指引也明确在线开庭的“仲裁庭应当充分保护当事人的程序权利”。然而，资产管理业务衔接投资者、金融机构和企业，涉及多方当事人，关于线上开庭、电子送达等事项，争议发生后各方当事人间往往难以协调达成共识。但值得注意的是，贸仲的《程序指引》中并未赋予仲裁庭或仲裁机构最终决定是否在线开庭的权力，换言之，线上开庭能否进行仍最终取决于各方当事人的合意。

对此，最高人民法院以及有关仲裁机构可以对有关规则进行修改完善，在平衡各方当事人利益、尊重当事人程序选择权的基础上，同时作出相应制度安排、赋予仲裁庭抑或仲裁机构针对程序事项足够的自由裁量权。这样的规则可以更高效地解决纠纷，避免程序过度拖延，对资管业务相关争议的高效、妥当解决有极大助益。

结语

“沉舟侧畔千帆过，病树前头万木春。”尽管疫情对资管业务的短期影响已逐渐消弭，但无论是国内偶发性的小规模区域疫情，抑或是境外仍不容乐观的全球大流行，仍然在多方面影响资管业务开展、合同履行及争议解决程序，同时更在一定程度上重塑着资管业务的投资领域、销售路径和合同条款，改变着争议解决的线上线下模式。

从争议解决的角度来看，自疫情发生以来的近两年时间，无论是不可抗力与情势变更的适用，抑或是合同中财产保全和强制执行、庭审安排、立案和文书送达、争议解决模式的选择，均与疫情前有所不同。其中由疫情所引发的实体争议仍在不断发生，不可抗力与情势变更仍是时下境内及涉外争议解决的热点问题。同时，疫情也加速了争议解决程序的电子化进程，原本仅作为应急举措的线上立案、电子送达、云上开庭已逐步成为当事人及争议解决机构的常规机制之一，而疫情期间法院对财产保全与强制执行的审慎倾向在后疫情时代亦一定程度上有所留存。对此，相关方应审慎评估疫情对资管业务项下相关合同履行的影响。从融资方的角度来看，应当切实加强沟通与合作，预防可能发生的风险，在日常管理、运营中重视对相关证据的保存。从受托管理人的角度来看，应加强对风险和期限的管理，增强新增资管产品的线上销售管理。从资管业务项下相关合同的订立来看，应当特别注意不可抗力条款、争议解决条款等条款的约定，尽可能在争端发生之前就做好充分的准备，各方也应妥善履行各自的法定或约定义务，以最大限度实现各方利益，共克时艰。最高人民法院以及有关仲裁机构还可以对有关规则进行修改完善，在平衡各方当事人利益、尊重当事人程序选择权的基础上，同时作出相应制度安排、赋予仲裁庭抑或仲裁机构针对程序事项足够的自由裁量权。

（本文责任编委：田雨酥①）

① 田雨酥，中国国际经济贸易仲裁委员会国内案件处职员。

域外参考

论涉外劳动合同及劳务合同中仲裁条款的效力

——以加拿大“优步案”为例

王 旭*

摘 要：加拿大优步司机诉优步案中，合同中仲裁条款的效力成为解决本案的关键，该案对于中国现阶段的立法及司法实践具有借鉴意义。随着“一带一路”倡议的深入推行，中国劳动者在海外就业和外国劳动者来中国境内就业的人数越来越多，劳动关系和劳务关系的国际化趋势凸显，相关涉外合同的纠纷也日益复杂。然而，中国在涉外劳动关系中排斥当事人的意思自治，合同双方约定仲裁无效，否定了当事人在合同中选择法律和仲裁条款的效力，这样“一刀切”的做法使得《涉外民事关系法律适用法》的适用在此领域被限缩。此外，中国2021年开始实施的《民法典》并未将涉外民事关系编纂入典，新旧法适用的衔接问题在涉外劳务关系中问题凸显。为适应现阶段社会的发展，修改现行法律已势在必行。加拿大法院在审理优步司机诉优步案时所运用的审判逻辑及法理分析，为中国解决以上问题提供了有益经验。如何达成尊重意思自治及保护弱者权益的平衡，则是法律修订和司法实践亟须解决的应用性问题。

关键词：涉外合同 仲裁条款 法律选择条款 意思自治

引言

2018年，加拿大安大略省（以下简称安省）的优步司机，向安省高等法院提起了针对优步的集体诉讼（Heller v. Uber Technologies Inc.，以下简称优步

* 王旭，加拿大麦吉尔大学法律博士（JD），现就职于中国国际金融股份有限公司。

案)。优步司机诉称优步违反了合同约定及安省的《雇佣标准法》(Employment Standards Act),未向优步司机提供法律规定的雇佣标准待遇,因此向优步提出4亿加元的索赔。被告辩称,在司机与优步签订的服务合同中,包含了仲裁条款,规定"本合同由荷兰法律专门管辖及解释,但不包括其冲突法…… 因本合同产生的任何纠纷,应该由位于阿姆斯特丹的仲裁机构根据《国际商会仲裁规则》予以解决"。[①]被告由四个统称为"优步"的公司组成。[②] 其中,优步提升运营荷兰公司(Uber Rasier Operations B. V.)则根据荷兰法律成立并在阿姆斯特丹设有办公地点。因此,优步司机与被告签订的合同为涉外合同。加拿大《仲裁法》(Arbitration Act)第7条第1款规定:"如果合同一方根据仲裁协议,将仲裁事项提交法院审理的,法院应中止审理,第7条第2款规定的例外情况除外。"优步据此提出中止审理的请求。以海勒为代表的共同原告则主张,在安省使用优步软件为本地顾客提供食物外送服务和个人交通服务的优步司机,根据《雇佣标准法》之规定,应被视为优步的雇员。因此,《雇佣标准法》应当适用于双方的雇佣关系,而由雇佣关系产生的纠纷,安省法院亦有管辖权。合同中的仲裁条款因规避《雇佣标准法》而无效,这符合《仲裁法》第7条第2款规定的例外情形,法院应当继续审理。

优步司机根据加拿大联邦最高法院(以下简称加拿大最高院)确立的"强力因素测试"(Strong Cause Test)诉称该仲裁条款无效,"强力因素测试"即除非有强有力的因素不去执行该仲裁条款,否则应该尊重当事人的意思自治而判定该仲裁条款有效。[③]一审中,安省高等法院绕开"强力因素测试",认为只要双方同意将纠纷提交仲裁,那么法院只有很小的权限去否定仲裁条款的效力,而在本案中,安省高等法院认为该院不具有否定仲裁条款效力的权限,因而认定仲裁条款有效。[④]

上诉法院不仅遵从"强力因素测试",还结合加拿大最高院的一个先例(Douez v. Facebook Inc.),[⑤]撤销了一审判决,判定仲裁条款显失公平而无效,因为优步司机和优步公司在签订合同时具有十分不平等的议价能力,而且选择

---

① Heller v. Uber Technologies Inc. , 2018 ONSC 718, para 21.

② 被告包括优步科技公司(Uber Technologies Inc.),优步加拿大公司(Uber Canada, Inc.),优步荷兰私人有限公司(Uber B. V.),及优步提升运营荷兰公司(Rasier Operations B. V.)。

③ Z. I. Pompey Industrie v. ECU - Line N. V. , 2003 SCC 27.

④ Heller v. Uber Technologies Inc. , 2018 ONSC 718, para. 79.

⑤ Heller v. Uber Technologies Inc. , 2019 ONCA 1, paras. 50 & 65.

在阿姆斯特丹仲裁将会浪费不必要的高昂的仲裁费用。①

2020年6月26日，加拿大最高院的法官在终审中遵循先例作出了多数判决（Majority Decision），认为上诉法院判决所依据的“强力因素测试”合法合理，维持上诉法院的判决，判定仲裁条款因显示公平而无效。②

加拿大“优步案”提出了一个值得关注的问题，即仲裁条款在涉外合同中的效力问题。这一问题涉及涉外合同类型的认定，例如是一般合同还是劳动合同。不同的合同类型下，能否根据意思自治选择仲裁应考虑的因素不同。涉外合同中的意思自治原则，将当事人意志置于选择法庭（Choice of Forum）和选择法律（Choice of Law）的中心。③意思自治原则是一项古老的法律适用原则，源自契约自由原则，也是合同之债法律适用的首要原则。④仲裁条款和选择法律条款是意思自治的体现自不多言，就本案而言，它不仅规定所有与合同相关的纠纷提交位于阿姆斯特丹的仲裁机构裁决，还规定主合同的准据法为荷兰法律。对涉外合同中仲裁条款的效力问题进行探讨，将会为当今中国的立法和司法提供借鉴和参考，以解决日益复杂的涉外合同的纠纷；同时，也能立法修补因《民法典》的实行造成的在涉外领域新旧法适用的衔接问题；最后，还能从“优步案”所运用的审判逻辑及法理分析，探讨在涉外合同中约定仲裁条款的时候，如何达成尊重意思自治及保护弱者权益的平衡。

鉴于此，本文将立足于意思自治原则的适用空间，结合“优步案”中的“强力因素测试”，分析在以下三个法域中本案涉外合同中的仲裁条款的效力。

第一，以安省为例的加拿大普通法体系。结合普通法体系下的相关判例及学说理论，分析加拿大最高院判决中意思自治原则的适用和相关学理依据。

第二，假设该案发生在加拿大魁北克省（以下简称魁省），以加拿大大陆法体系为背景，分析该案的可能判决结果。选择加拿大的两大法系分析，是因为加拿大开创了世界上“一国两法系”的双轨模式。加拿大历史上曾被英国和法国殖民，英法两国恰好代表了不同的法律体系。1791年，英法战争中，英国取胜后，英国将加拿大分为上加拿大和下加拿大，其中，以英裔人口为主的上

---

① Heller v. Uber Technologies Inc., 2019 ONCA 1, para. 74.

② Uber Technologies Inc. v. Heller, 2020 SCC 16, paras. 54 & 64.

③ Catherine Walsh, The Uses and Abuses of Party Autonomy in International Contracts, (2010) 60: 1 UNBLJ 12 at 13.

④ 丁伟：《〈民法典〉编纂催生2.0版〈涉外民事关系法律适用法〉》，载《东方法学》2019年第1期，第36页。

加拿大（安省）适用普通法体系，以法裔人口为主的下加拿大（魁省）适用以罗马法为核心的大陆法系。[①]通过比较加拿大的两法系地区对此案的裁判逻辑和理论分析，将会得出比较完善的分析方法和结论，对当前国际化背景下面临类似问题的中国具有借鉴意义。

第三，假设该案发生在中国，依据中国现行法律对类似案件进行分析，并讨论涉外合同中仲裁条款效力问题，如在涉外劳动关系领域法律适用被限缩的问题和当事人意思自治受限制的现象，并借鉴相关经验提出解决方法，以更好地适应《民法典》实行背景下日趋国际化和新型化的劳动关系。

一、加拿大普通法体系下涉外合同中仲裁条款的效力

在加拿大普通法体系下，判断涉外合同（包括涉外劳动合同、涉外劳务合同等）中的仲裁条款是否有效，主要看其能否通过“强力因素测试”，即当事人通过仲裁条款合意选择仲裁的情况下，法院一般会尊重当事人的意思自治，除非一方当事人有很强的理由不去执行该仲裁条款。加拿大最高院在论证“强力因素测试”时主张，根据以下理由，当事人可以申请不去执行该仲裁条款：（1）当事人不平等的议价能力（unequal bargaining power）；（2）判定隐私权的重要性（the importance of adjudicating privacy rights）；（3）在另一辖区诉讼相对更加便利且费用更低廉（the comparative convenience and expense of litigating in another jurisdiction）；（4）公共秩序以及司法公正（public policy concerns, and the interests of justice）。[②]

在“优步案”中，优步司机提出了“强力因素测试”，一审中，安省高等法院并未采用；上诉审理中，安省上诉法院采用了“强力因素测试”去判断仲裁条款的效力，基于“当事人不平等的议价能力”和“在另一辖区诉讼相对更加便利且费用更低廉”这两个“强力因素”认定仲裁条款无效，这一认定在终审中得到了加拿大最高院的认可。具体分析如下：

（一）当事人不平等的议价能力

安省上诉法院认为，优步司机和优步双方的议价能力并不平等。不平等的议价能力体现在当事人的实力悬殊上，优步作为全球性的科技公司，不仅有雄

---

① 高仰光：《加拿大民事法律制度的双轨制》，载《中国人大》2017年第8期，第56页。

② Z. I. Pompey Industrie v. ECU – Line N. V. , 2003 SCC 27.

厚的资金基础，先进的技术支持，还配备有专业的法务团队为其提供法律服务，而优步司机作为使用“Uber Apps”和“Uber Eats”两种软件为消费者提供出行和送餐服务的服务行业个体，则处于十分弱势的地位。最重要的是，优步司机与优步签订的是格式合同（Adhesion Contract），司机在签订合同时，没有协商合同的机会与能力，要想使用优步提供的软件，必须接受该格式合同的所有条款，包括其中的仲裁条款。因此，优步司机与优步之间存在极不平等的议价能力。①

（二）在另一辖区诉讼相对更加便利且费用更低廉

安省上诉法院认为，相较于在荷兰提起仲裁，优步司机在安省起诉优步更为便利、费用更为低廉，因此仲裁条款增加了优步司机的维权负担。仲裁地为荷兰阿姆斯特丹，亦是优步的办公所在地，对于优步来说，统一选择阿姆斯特丹作为仲裁地是优步的战略经营措施，方便其处理纠纷并节省开支，而其专业的法律团队，亦能为优步提供关于荷兰法律方面的法律服务。但对于优步司机来说，仲裁条款无疑是阻止他们解决纠纷的关卡，如果他们提起仲裁，将会产生的费用包括在加拿大与荷兰之间的往返交通费用，在荷兰的住宿及日常开销、律师服务费，还有败诉可能产生的仲裁费用。这对于通过使用优步软件赚取低廉服务费的优步司机来说，几乎无法承担。同时，仲裁条款排除了原告在安省提起诉讼寻求公益律师维权的权利，与在安省提起诉讼相比，在荷兰仲裁不合理地提高了争议解决费用，极大增加了原告的维权负担。

因此，根据“强力因素测试”，安省上诉法院认为双方不平等的议价能力提高了弱势群体解决纠纷的不合理费用支出，该案应该在安省法院继续审理，否定了仲裁条款的效力。加拿大最高院维持了安省上诉法院的判决，判定该仲裁条款因显失公平而无效。

需要注意的是，安省上诉法院与加拿大最高院均认定优步司机与优步之间的关系为劳动关系，他们签订的合同为劳动合同；但安省上诉法院与加拿大最高院并不基于合同的“劳动”属性来判定合同中的仲裁条款无效，而是基于合同中的仲裁条款没通过“强力因素测试”而认定其无效。

二、加拿大大陆法体系下涉外合同中仲裁条款的效力

在魁省，优步司机同样面临相似的问题，如果魁省的优步司机在魁省法院

① Heller v. Uber Technologies Inc., 2019 ONCA 1, paras. 50 & 65.

提起诉讼，魁省法院首先需要解决的，就是判断涉外合同中仲裁条款效力的问题。与加拿大其他省份不同，魁省法律制度属于大陆法系，《魁北克民法典》（Code Civil du Québec）是大陆法系标志性的民法典之一。在起草之初（1865年），该法典大量借鉴了当时法国的《拿破仑民法典》（Napoleonic Code），之后根据魁省的实际情况，又对法典的体系及结构进行了系统性调整。不同于中国2020年5月通过的《民法典》[①]的编纂体系，《魁北克民法典》将国际私法作为第十编纳入了其体系。若本案在魁省审理，魁省法院将依据《魁北克民法典》第十编分析仲裁条款的效力。

（一）相关法律规定

《魁北克民法典》第3149条规定，如果消费者或雇员在魁省有住所或居所，魁省法院也有权受理基于消费者合同或劳动合同而产生的诉讼；消费者或雇员不得放弃在魁省的起诉权。在消费者合同和劳动合同的背景下，魁省法院会限制当事人在协议管辖上的意思自治。立法者希望通过第3149条保护作为弱势群体的魁省消费者和雇员在魁省寻求司法救济的权利。[②]因为该法规涵盖的其中一类主体为雇员，所以首先需要识别该服务合同是否为涉外劳动合同，才能决定魁省法院能否通过第3149条来限制当事人在协议管辖方面的意思自治。[③]

（二）劳动合同的认定

魁省虽适用大陆法系，但在法律无规定的情况下，在诉讼过程中，判例同样具有填补法律空白的重要参考价值。根据魁省的判例和主流学术观点，劳动合同需要同时满足以下三个条件：（1）雇员的工作内容与其职务相关（即“雇员表现标准”）；（2）雇主以工资的形式支付报酬；（3）雇员与雇主存在从属关系。[④]最重要的是第三点，即雇员对雇主的从属关系，这是劳动合同与《魁北克

---

① 《民法典》体系：第一编“总则”，第二编“物权”，第三编“合同”，第四编“人格权”，第五编“婚姻家庭”，第六编“继承”，第七编“侵权责任”，及“附则”。

② John P. McEvoy, Forum of necessity in Quebec Private International Law: C. c. Q. art. 3136, (2010) 35: 1 Revue Générale de Droit at 62. See also art 3149 CCQ.

③ 《魁北克民法典》第3149条涵盖的主体包括消费者和雇员，但本案的优步司机不是消费者，与消费者有关的论述与本文无关，因此本文对第3149条下的消费者的适用情况不予赘述，而将主要围绕劳动合同展开。

④ 相关判例：Modern Cleaning Concept Inc. v. Comité paritaire de l' entretien d' édifices publics de la région de Québec, 2019 SCC 28; Cabiakman v. Industrial Alliance Life Insurance Co. , 2004 SCC 55, para. 27; 相关文献：R. P. Gagnon, Le droit du travail du Québec (7th ed. 2013), at p. 88; F. Morin et al. , Le droit de l' emploi au Québec (4th ed. 2010), para. 52. “涉外劳动合同”和“劳动合同”均需满足这三个条件，只是“涉外劳动合同”还需要具备涉外因素。

民法典》第2098条规定的服务合同之间最重大的区别。①如果没有从属关系，那么，从业者将被认定为合同工/独立承包人（Independent Contractor）。这与美国“二分法”的法律结构一致，将提供劳务的人员分为“雇员”（Employee）和合同工/独立承包人，前者受劳动法的特殊保护，后者则是普通的民事关系。

在魁省的法律体系下，优步与优步司机之间的合同很有可能因无法满足上述第二和第三个条件而不被认定为劳动合同。从“雇主以工资的形式支付报酬”这一条件看，司机并非从优步公司领取酬劳；从“当事方之间存在从属关系”这一条件看，和其他普通雇员相比，优步司机在工作中有更多的自由，因为他们可以自由选择工作时间和工作地点，优步无权向优步司机分配工作任务，因此，司机和优步并没有法律上的从属关系，当事人签订的合同，并非严格意义上的劳动合同。

（三）可能的判决结果

若优步司机在魁省提起诉讼，魁省受理案件的法院有可能认定该案合同中的仲裁条款有效。这主要基于以下情况考虑：优步司机作为合同工或独立承包人，并非优步的雇员，该合同在魁省的法律框架下，属于涉外民商事合同而非劳动合同。同时，该仲裁条款并未剥夺魁省消费者或雇员在本省寻求司法救济的权利，魁省法院无法通过第3149条来限制当事人在协议管辖方面的意思自治。因此，在魁省提起的诉讼可能会被驳回，魁省法院会尊重通过仲裁条款所设定的约定管辖。②

三、中国相关法律规定及其改进

在“一国两法系”的加拿大，“优步案”在实行不同法系的省份可能会得到截然不同的判决结果，而两种判决结果所代表的判断涉外合同仲裁条款效力的逻辑与分析手段，对中国现阶段立法发展具有十分重要的借鉴意义。

一方面，借鉴“优步案”判决的有益经验，可以在中国《民法典》实施背景下，完善和补充中国的涉外民事关系法律法规。2020年5月，《民法典》经全国人民代表大会讨论通过，并于2021年1月1日起实施，该民法典具有典型

---

① 相关判例：Cabiakman, at para. 28；Dicom Express inc. v. Paiement, 2009 QCCA 611, para. 15；相关文献：R. P. Gagnon（2013），p. 90；M. F. Bich，“Contracts of Employment”，in Reform of the Civil Code, vol. 2B, Obligations（1993），1，p. 6.

② *Rees v Convergia*, 2004 CanLII 8850,［2004］QJ no 6290.

的大陆法系特征，但并未将涉外民事关系编纂入典，而现行《合同法》中关于涉外合同的相关规定，在《民法典》“合同编”中全部被删除。中国的涉外民事法律关系适用的法律为2010年通过的《涉外民事关系法律适用法》（以下简称《法律适用法》）。为适应现阶段社会的发展，全方位推行《民法典》的适用，有必要根据现阶段的法律法规，在借鉴国外有益经验的基础上，编纂全新的涉外民商事关系法律适用法。

另一方面，借鉴“优步案”的相关经验，可以用于调整中国日趋复杂和多元化的劳动关系。随着“一带一路”倡议广泛和深入的推行以及国内市场的进一步开放和完善，越来越多外国企业来华设置分公司，中国企业也加快了在海外的业务拓展。截至2019年末，在海外工作的中国人有近100万。①而来中国境内就业的外国人已经超过了95万。②国际合作的程度日渐加深，劳动关系和劳务关系日趋国际化，工作方式日趋新型化，合同纠纷也更加复杂。当前的法律规定和纠纷解决模式，在处理诸如“优步案”这样的涉外纠纷时，则显得落后和僵化。值得注意的是，最高人民法院在《关于人民法院为“一带一路”建设提供司法服务和保障的若干意见》中提出要充分尊重“一带一路”建设中外市场主体协议选择管辖的权利以减少涉外管辖的国际冲突，这意味着中国的现行法律规定和司法实践都应当根据社会的发展作适当的调整。

虽然优步已于2016年退出了中国市场，但是，却存在类似的“平台用工”，那么，基于此产生的纠纷，员工向法院提起诉讼，中国法院应当如何处理这一涉外合同中仲裁条款的效力问题？下文中，笔者将会分析中国现行法律体系下处理“优步案”类似案件的思路，并从加拿大两法系中吸取有益经验对中国法律体系提出补充完善的建议。

（一）合同类别认定的法律问题

根据中国《劳动法》，劳动合同是指劳动者与用人单位之间协商一致而确立劳动关系，明确双方权利和义务的协议。③劳动关系存在财产关系和人身关系的双重属性，劳动者必须遵守用人单位的规章制度，双方是领导与被领导、支

---

① 2019年末在外各类劳务人员99.2万人。参见“走出去”公共服务平台，http：//fec. mofcom. gov. cn/article/tjsj/ydjm/lwhz/202001/20200102932466. shtml，最后访问日期：2020年6月29日。

② 2018年中国累计发放外国人才工作许可证33.6万份，在中国境内工作的外国人已经超过95万人。参见新华网，http：//www. xinhuanet. com/fortune/2019－04/14/c_ 1124365178. htm，最后访问日期：2020年6月29日。

③ 《劳动法》第10条和第16条。

配与被支配的隶属关系。但在司法实践中，对劳动关系的认定则出现了两种截然不同的审判思维，即合意论和事实论。[①]合意论认为，劳动关系的确立需要用人单位和劳动者双方在建立劳动关系这一事实上达成意思表示的一致。而事实论则认为，只要用人单位和劳动者存在用工的事实，用人单位和劳动者之间就存在劳动关系，而用工的事实则需要法院综合案件事实去考量，用工的本质特征是劳动者与用人单位之间的从属性。但无论是合意论还是事实论，都是基于传统的劳动关系建立的审判思维模式，而在分析诸如优步这样的新兴共享经济建立的“平台用工”法律关系时，就显得力不从心。

基于此，国务院办公厅于2019年8月发布了《关于促进平台经济规范健康发展的指导意见》。[②]意见提出，应当“探索适应新业态特点”“避免用老办法管理新业态”，在劳动关系这一块，要探索并确立新的平台用工法律关系；界定“平台责任”，明确“劳动者权益保护等方面的相应责任”；还进一步区分了“平台企业用工”和“灵活就业等从业人员”。笔者认为，国务院办公厅在实质上界定了“平台用工”的两种法律关系，一是通过平台企业灵活就业产生的劳务关系，二是以平台企业雇用劳动者产生的劳动关系。而二者的区分问题，则可借鉴魁省判定劳动关系和劳务关系采用的三个要件：（1）雇员的工作内容与其职务相关；（2）雇佣者以工资的形式支付报酬；（3）雇员与雇佣者存在从属关系。[③]在这三个条件中，二者的从属关系最为重要。[④]如果满足了这三个条件，则为劳动关系，受劳动法保护，如果没有同时满足这三个条件则为劳务关系。因此，如果平台用工人员通过雇主提供的平台参与工作，从雇主处领取工资，与雇主构成从属关系，则双方的关系为劳动关系；如果平台用工人员未通过雇主分配工作，只是通过平台而灵活就业，具有很强的自主性，那么双方的关系则为劳务

---

① 张立鹏、赵志：《劳动关系标准的司法确认——某印务公司诉贾某劳动合同纠纷案相关法律问题分析》，载《审判前沿——新类型案件审判实务》，法律出版社2016年版，第85页。

② 《国务院办公厅关于促进平台经济规范健康发展的指导意见》，参见国务院网站，http://www.gov.cn/zhengce/content/2019-08/08/content_5419761.htm，最后访问日期：2020年7月7日。

③ 相关判例：Modern Cleaning Concept Inc. v. Comité paritaire de l'entretien d'édifices publics de la région de Québec, 2019 SCC 28; Cabiakman v. Industrial Alliance Life Insurance Co., 2004 SCC 55, para. 27；相关文献：R. P. Gagnon, Le droit du travail du Québec (7th ed. 2013), at p. 88; F. Morin et al., Le droit de l'emploi au Québec (4th ed. 2010), para. 52.

④ 相关判例：*Cabiakman*, at para. 28；Dicom Express inc. v. Paiement, 2009 QCCA 611, para. 15；相关文献：R. P. Gagnon (2013), p. 90; M. F. Bich, Contracts of Employment, in Reform of the Civil Code, vol. 2B, Obligations (1993), 1, p. 6.

关系。下文将探讨仲裁条款和法律适用在这两种法律关系中的效力。

（二）涉外劳务关系领域的法律问题及完善

如果优步司机与优步之间的关系被认定为平台企业灵活就业产生的劳务关系，双方签订的合同则为劳务合同，合同中的仲裁条款应受《仲裁法》调整。同时，如前所述，优步提升运营荷兰公司（Uber Raiser Operations）是依据荷兰法律成立，并且在阿姆斯特丹拥有办公室，满足《最高人民法院关于适用〈中华人民共和国涉外民事关系法律适用法〉若干问题的解释（一）》（以下简称《法律适用法司法解释》）第1条对涉外民事关系的认定，即当事人一方是外国法人或者其他组织。因此，优步司机与优步之间的劳务合同中的仲裁条款还要受到《法律适用法》及其他相关法律的调整。

关于仲裁条款的效力，中国法律规定涉外合同的当事人可以约定由仲裁机构作为争议解决机构。《民事诉讼法》第271条规定，因涉外经济贸易、运输和海事中发生的纠纷，当事人可以通过订立仲裁条款提交给中国仲裁机构或其他仲裁机构予以解决。中国《合同法》第128条规定涉外合同的当事人可以根据仲裁协议向中国仲裁机构或者其他仲裁机构申请仲裁。上述法律规定的“其他仲裁机构”即指外国的仲裁机构。因此，中国立法尊重当事人选择仲裁的意思自治，优步和优步司机选择的仲裁条款在涉外劳务关系中是有效的。但是，《民法典》删除了所有涉外合同的相关规定。笔者认为，《民事诉讼法》第271条并不能单独为双方选择仲裁提供充足的法律依据，因为当事人之间的涉外民事关系纠纷并不是严格意义的涉外经济贸易、运输和海事纠纷。因此，该仲裁条款可能在《民法典》生效前后效力不一致，在《民法典》生效前，可以根据《合同法》第128条判定其有效；而在《民法典》生效后，《合同法》因《民法典》的生效而废止，却没有相关法律能予以约束，而这样的衔接问题，需要通过修改现行法或发布司法解释予以解决。

（三）涉外劳动关系领域的法律问题及完善

如果优步司机与优步之间的关系被认定为平台企业雇用劳动者产生的劳动关系，双方签订的合同则为劳动合同，主要由《劳动法》《劳动合同法》和《法律适用法》等相关法律来调整。如前所述，近年来中国劳动关系国际化特点凸显，但还没有系统调整涉外劳动合同的法律规范，《劳动法》和《劳动合同法》在这方面的规定较为单一化，与《法律适用法》的衔接也存在逻辑问题，导致当事人意思自治在劳动关系领域毫无用武之地。有学者呼吁，中国亟需根据《民法典》的体系结构，以现行《法律适用法》为基础，打造 2.0 版的《法律适用法》以适应社会的发展。具体分析如下：

关于劳动合同中仲裁条款的效力，中国劳动方面的法律已经对劳动合同纠纷的管辖权作出了强制性规定，因此，基于“特别法优于一般法”的原则，在确定劳动合同纠纷管辖权的时候，应当遵循相关法律的特别规定而不再适用《民事诉讼法》关于涉外管辖方面以及《仲裁法》关于涉外仲裁的一般规定。[①]根据《仲裁法》第 77 条规定，关于劳动争议的仲裁，由其他法律另行规定。关于劳动争议的解决，主要规定在《劳动法》《劳动合同法》以及《劳动争议调解仲裁法》等有关法律中。首先，《劳动法》第 79 条规定，发生劳动纠纷以后，当事人应当先到劳动争议仲裁委员会申请劳动仲裁，不服仲裁结果的才可以在法定期间到法院起诉。换言之，在中国进行劳动仲裁是解决劳动纠纷的前置程序。其次，《劳动争议调解仲裁法》第 21 条规定，劳动争议由劳动合同履行地或者用人单位所在地的劳动争议仲裁委员会管辖。此规定属于效力性强制性规定，同时根据《劳动合同法》第 26 条的规定，劳动合同中通过仲裁条款约定管辖的，违反了法律强制性规定的，该约定应属无效。由此可见，在涉外劳动关系中约定仲裁条款是无效的。因此，中国法律绝对限制涉外劳动关系中当事人选择纠纷解决方式的意思自治。

虽然这些法律的立法本意是保护劳动者这一弱势群体及社会公共利益，但是这样的规定不仅不符合社会的发展，还存在以下问题：

第一，与现实脱节，限缩了《法律适用法》的适用范围。中国法律否定了涉外劳动合同仲裁条款的效力，在一定程度上限缩了《法律适用法》的适用空间，片面地要求所有以中国为劳动地的劳动合同发生的纠纷全部适用中国的劳动法并在中国起诉，这一规定与劳动关系不断国际化和新兴劳动关系不断涌现的现实十分不符。

第二，当事人意思自治受限制。在处理涉外民事关系时，《法律适用法》第 3 条将意思自治原则作为处理涉外民事关系各个领域的基本原则，劳动关系作为私法关系中的一种，本该由当事人通过意思自治在其法律关系中发挥作用。但是，

① 戴曙：《我国涉外协议管辖制度的理解与适用》，载《法律适用》2019 年第 17 期，第 82 页。

最高人民法院却认定这一原则属于“宣示性”条款。[①]《法律适用法司法解释》第4条规定，中国法律明确规定允许当事人选择适用法律的，当事人才可以对该领域的法律做出选择，否则选择无效，人民法院亦不予支持。同时，《法律适用法》第4条规定了强制性规定，并在《法律适用法司法解释》第8条对劳动法上的强制性规范进行宽泛化规定，将“涉及劳动者权益保护”的事项都纳入《法律适用法》第4条。[②] 换言之，《法律适用法》及其司法解释完全限制了意思自治原则在涉外劳动关系中的适用，当事人无法在合同中选择法律和选择仲裁，因为中国的劳动法将被视为强制性规范而被直接适用于当事人之间的劳动关系中。

涉外劳动关系是私法关系，理应有意思自治原则的适用空间，这不仅符合契约自由原则，还符合国际私法的自身逻辑，更符合与国际接轨的社会发展需求。强行适用中国劳动法并在中国仲裁起诉，虽然体现了保护弱者的立法精神，但是，这样容易损害一些具有较强议价能力的高端劳动者的利益。在此情况下，应当允许当事人的意思自治，他们可以选择具有较高劳动标准国家或地区的法律进行仲裁来保护自身权益。此观点在加拿大普通法系地区通过“强力因素测试”得以论证，允许有较强议价能力的劳动者通过意思自治来保护自己的权益，法院也会通过考量以下两个主要因素判断双方仲裁条款的效力，一是合意双方的议价能力是否平等，二是在另一个司法辖区提起诉讼是否便利。因此，高端劳动者具有较强的议价能力，与雇主的议价能力较为平等，而且因为劳务派遣关系，他们在工作地或者另一个司法辖区，提起诉讼也较为便利，也会避免强行适用中国劳动法与当地劳动法产生冲突，即使劳动者选择较高劳动标准的第三国的法律作为准据法或者该地作为管辖地，也是为了更好地保护自己的权益。

“强力因素测试”对中国具有重要的借鉴意义，因为其内在逻辑遵循了形式正义，且符合实质正义。首先，法官在评估合意双方议价能力是否对等的时候，暗含了对议价能力较弱的劳动者的保护，体现了保护弱者的立法精神。其次，允许有较强议价能力的劳动者充分发挥其主观能动性，尊重双方的意思自由，有助于全球化背景下高端劳动力的流动，解决了“一刀切”带来的僵化后果。最后，充分考量在另一司法辖区提起诉讼的便利程度，其价值是通过考量

① 《正确审理涉外民事案件 切实维护社会公共利益——最高人民法院民四庭负责人答记者问》，参见中国法院网，https://www.chinacourt.org/article/detail/2013/01/id/810388.shtml，最后访问日期：2020年7月10日。

② 孙国平：《论涉外劳动合同准据法之确定》，载《法学》2017年第9期，第115-132页。

"诉讼便利性"了解当事人参与诉讼所需资源紧缺与否（包括资金和人力等其他资源），侧面反映双方当事人议价能力的强弱，从而通过诉讼便利这一形式正义，达到保护弱势群体权益这一实质正义，实现了尊重意思自治及保护弱者权益的平衡。

结论

综上所述，在判定涉外合同中仲裁条款的效力时，尤其是在判定涉外劳动合同和劳务合同中仲裁条款的效力时，应当借鉴加拿大"优步案"的判决经验中的"强力因素测试"，综合考量当事人双方的议价能力及提起仲裁和诉讼所需费用和便利性的对比，从而判断仲裁条款是否显失公平而无效，而非一律认定劳动合同中的仲裁条款无效。

在新兴平台用工兴起的大背景下，雇员通过平台"灵活就业"，认定其与用工平台的法律关系时，可参考魁省在区分劳动关系和劳务关系时采用的三要素：（1）雇员的工作内容与其职务相关；（2）雇主以工资的形式支付报酬；（3）雇员与雇主存在从属关系。针对以上限缩《法律适用法》的适用范围和当事人意思自治受限制的问题，笔者认为：一方面，应区别优步这种新兴"平台用工"的劳务关系和劳动关系，对不同的用工模式适用不同的法律。在涉外劳务关系中，充分肯定当事人的意思自治，但是需要对《民法典》实行后新旧法的衔接问题作出相应的修补。另一方面，在涉外劳动关系中，为适应劳动关系国际化的趋势，应借鉴加拿大的相关立法及学理知识，根据《民法典》修订2.0版《法律适用法》，并对《劳动法》作相应修订。关于仲裁条款的有效性，应当摒弃"一刀切"的做法，并对意思自治原则的适用减少限制，在遵循"实质正义"的前提下尊重用人单位和劳动者的意思自治。

（本文责任编委：许天舒[①]）

---

① 许天舒，中国国际经济贸易仲裁委员会仲裁研究所职员。

案例评析

自然人D与中国B互联网金融公司、中国C银行资产管理协议争议仲裁案及案例评析

孟　霆*

第一部分：裁决书

中国国际经济贸易仲裁委员会（以下简称贸仲）根据案外人自然人A和第一被申请人中国B互联网金融公司（以下简称第一被申请人或B公司）、第二被申请人中国C银行（以下简称第二被申请人或C银行）于2014年12月签订的《资产管理合同》中仲裁条款的约定、申请人自然人D提交的申请人和案外人A于2016年10月签署的《声明》，以及申请人于2017年8月提交的书面仲裁申请，受理了双方当事人之间上述协议项下的资产管理合同争议仲裁案。

本案仲裁程序适用贸仲自2015年1月1日起施行的《中国国际经济贸易仲裁委员会仲裁规则》（以下简称《仲裁规则》）。

由于申请人和两被申请人未在规定期限内共同选定或共同委托贸仲主任指定一名独任仲裁员，贸仲主任根据《仲裁规则》之规定指定X担任本案独任仲裁员。X在签署声明书之后成立仲裁庭，审理本案。

仲裁庭如期开庭审理本案。申请人及其授权代理人、第一被申请人委派仲裁代理人出席了庭审。经有效通知，第二被申请人未委派其代表或仲裁代理人出席庭审，亦未事前向仲裁庭申明不能到庭的理由，根据《仲裁规则》第39条

* 孟霆，金阙律师事务所创始合伙人。

的规定，仲裁庭对本案进行了缺席审理。庭审中，申请人和第一被申请人就案件事实进行了陈述，对证据进行了核对，并回答了仲裁庭提出的问题。庭后，仲裁庭向第二被申请人通报了庭审情况，并通知第二被申请人如对本案实体及程序问题有任何意见或异议或需提交证据材料，或要求本案再次开庭，均应于相应期限内书面提交，同时告知第二被申请人，在该期限内如未收到被申请人提交的案件材料，将不影响本案仲裁程序的进行。

鉴于初次庭审后各方当事人围绕案件证据材料争议较大，且申请人增加了其仲裁请求，经商仲裁院，仲裁庭决定于2018年9月对本案进行第二次开庭审理。

2018年9月，仲裁庭对本案进行了第二次开庭审理。申请人本人、双方当事人均委派仲裁代理人出席了庭审。第二被申请人当庭提交了“仲裁答辩状”。庭审中，双方当事人就案件的事实进行了进一步陈述，就证据进行了质证，并回答了仲裁庭的问题。

本案现已审理终结，仲裁庭根据经审理查明的事实和有关法律的规定，作出本裁决。

现将本案案情、仲裁庭意见及裁决结果分述如下。

一、案情

（一）申请人的仲裁申请

1. 涉案各方签订《资产管理合同》的事实是真实存在的。

2014年12月，申请人在C银行E分行支行行长F（此人在第二被申请人E分行的多家支行任过职）的极力推荐下购买了以第一被申请人为资产管理人、以第二被申请人为资产托管人的理财产品，申请人委托其友A代其与第一被申请人、第二被申请人签署了涉案合同。该合同有第一被申请人、第二被申请人的盖章及经办人第二被申请人工作人员F的签字，真实有效。《资产管理合同》签署后，申请人委托A从A在第二被申请人开设的账户中转款至第一被申请人。庭审中，第一被申请人亦承认收到了来自A账户转来的人民币约230万元。申请人已完全履行了合同约定的付款义务。

2. 涉案合同效力及贸仲的管辖权问题。

涉案合同是一份成立但并未生效的合同。该《资产管理合同》多处条款均言明合同的生效要件是必须向中国证监会备案，取得证监会书面确认，资产管理计划备案手续办理完毕。现经申请人向证监会查询，第一被申请人及该合同均未在证监会备案，也即该份《资产管理合同》至今未生效。庭审时，第一被申请人也承认未进行备案是事实，且称该公司经营的是借贷中介服务，没有发行理财产品或理财计划的金融资质。既然合同未生效，就应该根据《合同法》有关合同无效如何处理的法律规定，裁决第一被申请人返还申请人已交纳的款项，并加计相应利息。①

3. 申请人是本案的适格主体。

根据相关法律规定及大量的裁判案例，申请人是本案适格的申请人。理由具体如下：

（1）申请人与A是好友关系，申请人委托A代其签署涉案《资产管理合同》以及代为转款，是典型的代理关系，是好友间互帮互助的无偿行为，并未违反相关法律的规定。

（2）A出具了《声明》，表述了代申请人签约及转账的事实，并言明款项的直接来源就是申请人，申请人才是账户中款项的实际所有人。并且，A还特地出具了《放弃权利的声明》并于公证处作了公证，声明了其以代理人的身份对相关法律权利进行处置。

（3）第二被申请人E分行行长、理财经理F明知申请人与A的代理关系，购买该理财产品的全过程都是F与申请人直接接触并极力推荐促成，事后，F也向申请人出具了《情况说明》。F是第二被申请人的高管，其行使的是职务权利，完成的是职务行为，其对申请人与A代理关系的认可，直接代表了第二被申请人以及与第二被申请人合作的第一被申请人的该代理关系的认可。

鉴于以上所述，依据《合同法》第402条的规定，涉案《资产管理合同》真正的权利主体及约束的对象为申请人、第一被申请人及第二被申请人。

4. 第一被申请人以其实际的收款行为履行了涉案《资产管理合同》的前置义务。

对收款的事实，第一被申请人并未否认。

首先，对于申请人提出的调取该账户的使用情况及银行流水的申请，第一被申请人坚决不予配合。申请人有理由认为其账户一直在使用。其次，公司在

① 《合同法》第58条："合同无效或者被撤销后，因该合同取得的财产，应当予以返还；不能返还或者没有必要返还的，应当折价补偿。有过错的一方应当赔偿对方因此所受到的损失，双方都有过错的，应当各自承担相应的责任。"

开立账户时，按银行的规定和开户程序，定会在银行预留公章印鉴及法人（经办人）签名，并设置密码，网络转账时更是要有U盾、K宝的动态密码，简直是重重防火墙，如果不是公司亲自操作，很难有人将账户中的钱款转走。即使如第一被申请人所言有人操纵了其账户，也是公司管理不规范所致，其也应对自己的行为负责。最后，对其公司账户的款项进出，银行都会对其负责人发送短信提示。

5. 第一被申请人应返还申请人人民币约230万元（加计相应利息）以及申请人的合理维权费用。同时，第二被申请人应与第一被申请人一起向申请人承担连带赔偿责任。

（1）第一被申请人在收取申请人人民币约230万元的款项后，并未就该合同向证监会备案，也未履行《资产管理合同》约定的作为资产管理人义务，更违反了《资产管理合同》的约定，在收到申请人款项后于当日即向第三人转款。故，第一被申请人应向申请人承担赔偿责任。

（2）第二被申请人作为涉案《资产管理合同》理财产品的资产托管人，并未做到《资产管理合同》列明的资产托管人义务，应根据《资产管理合同》的约定承担连带赔偿责任。

《资产管理合同》详列第二被申请人作为资产托管人，并言明资产托管人的相关权利及义务，该合同上第二被申请人的印鉴也赫然在列，第二被申请人应本着诚信原则如实履行相关义务。

经变更仲裁请求，申请人提出如下仲裁请求：

①确认申请人委托A与两被申请人签订的《资产管理合同》未生效。

②两被申请人连带返还申请人人民币约230万元，并支付自2014年12月起至实际返还完毕之日止的利息，暂计至2016年12月共人民币近2万元（按中国人民银行同期活期存款年利率0.35%计算）。

③两被申请人承担申请人因申请仲裁支出的仲裁费。

（二）第一被申请人的答辩意见

1. 本案申请人的主体并不适格

（1）申请人出示了A的情况说明，说明A签订合同，进行转账投资等行为均是申请人借A的卡使用，实际上钱是申请人的，权利义务也归属于申请人，但是《人民币银行结算账户管理办法》第45条以及中国人民银行《银行卡业务管理办法》第28条，均有明确规定，银行卡及账户只限经发卡银行批准的持卡人使用，不得出租和转借，基于货币的特殊属性，银行卡登记在谁名下，权利义务则归属于谁，那么A用自己的银行卡产生交易的行为及本人亲自签署合同的行为的法律关系自然归属于A。

（2）申请人于2018年3月又提交了A新写的一份说明，并进行了公证，同时提交了公证书，说明A在2014年签署合同进行投资的行为是接受申请人的委托，作为申请人的代理人，代理其签署合同，进行投资，其行为的法律关系应归属于委托人申请人。但这份说明和公证书明显是根据第一次庭审过程进行了调整，作出的有利于申请人的声明，缺乏真实性，不足以采信。

2. 关于引起本案争议的《资产管理合同》

本案中的《资产管理合同》，由A跟第二被申请人员工F在C银行E分行办公室所签，但第一被申请人从成立至今，从未推出过此款产品，第一被申请人的营业范围也限制了无权推出此类产品，超范围经营是可能面临被吊销营业执照的风险的，且第一被申请人从未与第二被申请人达成合作或者签署过任何托管协议。

然而加盖第一被申请人公章和第二被申请人公章以及C银行工作人员签字的这份合同却真实存在，也造成了实际损失。作为一个有担当的企业，无论是因为负责人管理不当，还是有内部员工利用职务之便进行盗用，第一被申请人均应承担管理不利的责任。

3. 本案的责任承担问题

本案中，责任划分是一个重要问题，申请人要求两名被申请人连带承担损失，但在本案情况下，很难以第一被申请人违约或是第二被申请人违约抑或是双方共同违约为由，要求某一方单独赔偿或者双方连带赔偿。

第一被申请人与第二被申请人均提出并认可双方没有合作，没有任何托管协议，但第二被申请人却销售着第一被申请人没有的产品，对外宣称其是第二被申请人的理财产品，基于普通人对银行的信任，造成了投资者的误解，且不说第一被申请人与第二被申请人没有合作，未签署过任何托管协议，无论是银行自主开发的还是代理销售类的，按照《商业银行理财产品销售管理办法》相关规定，从产品设计到入市都有其固定流程，包括但不限于其产品概述、产品投资对象、产品收益与风险评估、可行性评估报告、销售内控、监督管理等都有严格要求，不符合规定的产品或者可行性缺乏的产品在风控阶段就可能被停止，不再有入市的可能。第二被申请人在销售所谓的第一被申请人的这款理财产品时，是否尽到自身尽职的义务，是否审核与第一被申请人有托管的合作协议，第一被申请人是否有资质发行相关产品，是否评估过销售的产品的风险和可行性，如果第二被申请人真的尽了义务，那么这款产品根本不可能入市。

（三）第二被申请人的答辩意见

1.《资产管理合同》所载明的“第二被申请人”的印文系虚假，《资产管理合同》对于第二被申请人不成立。

经核实，第二被申请人从未与第一被申请人签署过任何《资产管理合同》，亦从未与申请人的受托人A、第一被申请人签署过涉案合同。涉案合同上的“第二被申请人”的印文并非第二被申请人的真实印章所加盖，第二被申请人并未参与此合同的签订，故，涉案合同对于第二被申请人不成立。

2. 在F自始至终均未出庭的情况下，涉及F的涉案合同和《情况说明》均不能证明其系F所书写，不能证明F向申请人销售了涉案的资产管理计划理财产品，更不能证明F从事的是职务行为。

F曾经系C银行E分行员工，但该员工已经于2015年5月离职。申请人提交的现有证据不能证明涉案合同上的“经办人：F”系F本人所书写，不排除其他人以“F”的名字签署的可能；且无证据证明该合同系在第二被申请人的工作时间、工作地点签署的。对于申请人提供的F出具的《情况说明》，第二被申请人对其真实性不予认可，申请人亦未提交任何证据证明确实系F所书写。

3. 针对申请人的诉请，假定“第二被申请人”的印文是真实的，根据《资产管理合同》的形式约定和目前所掌握的案件事实，第二被申请人亦不应承担任何赔偿责任。理由如下：

（1）《资产管理合同》尚未成立，更未生效，故对各方当事人均无约束力。

根据《合同法》第32条的规定，采用书面形式订立的合同，自当事人签字或盖章时成立。这是合同成立的一般规则，若当事人对于合同成立有特殊约定的，在不违反法律行政法规强制性规定的情况下，应当遵从当事人的约定。

根据《资产管理合同》约定，涉案合同尚未取得第一被申请人和第二被申请人法定代表人或授权代表的签字，合同尚未成立；且该合同所涉资产管理计划并未在中国证监会办理备案，合同约定的生效条件并未成就。因此，《资产管理合同》未成立、未生效，对各方当事人没有法律约束力。

（2）即使合同成立，但在尚未生效的情况下，根据案件查明的事实及合同的约定，第二被申请人尚未开始履行且无法履行任何的资金托管义务。

退一步讲，即使合同成立，但《资产管理合同》所涉资产管理计划尚未取得银监会的书面确认，根据合同约定，该合同尚未生效，申请人在申请书和庭审过程中亦认可合同尚未生效的事实。

（3）根据《资产管理合同》约定，资产托管人对资产管理人进行计划财产投资的监督和检查自本资产管理合同生效之日起。因此，根据约定，在合同尚未生效的情况下，第二被申请人尚未开始履行监督和检查职责，尚未达到履行托管义务的前提条件。

（4）尽管申请人已经以A的名义进行款项划转，但第一被申请人根本不知道该资产管理计划的存在，亦从未按照《资产管理合同》的约定发出交易清算的授权和投资指令。同时，第二被申请人或者C银行G分行亦并未收到任何的交易清算的授权和投资指令，故根本无法行使资产托管的权利和义务，更无从讨论在资产托管过程中是否存在过错和是否应当赔偿的问题。

根据以上分析，从合同约定的情况来看，在《资产管理合同》尚未成立更未生效的情况下，对第二被申请人没有约束力，资产托管的义务尚未开始；即使申请人的资金已经汇入第一被申请人指定的银行账户，但因为第一被申请人未发出且第二被申请人亦未收到任何交易清算的授权和投资指令，无法履行托管义务。因此，对于第二被申请人或C银行G分行而言，无论在形式上还是实质上，均自始至终尚未开始履行托管义务，申请人诉请要求第二被申请人承担连带赔偿责任，没有任何事实和法律依据。

4. 申请人在仲裁申请中涉及第二被申请人、C银行E分行、C银行G分行，但其在主张要求第二被申请人承担连带责任理由上，逻辑混乱，法律关系混淆，没有任何事实和法律依据。

根据《民事诉讼法》（2012年修正）第48条和《最高人民法院关于适用〈中华人民共和国民事诉讼法〉的解释》（2015年）第52条的规定，C银行E分行和C银行G分行均属于《民事诉讼法》第48条规定的合法成立、有一定的组织机构和财产，但又不具备法人资格的其他组织。《民法总则》第74条第2款规定："分支机构以自己的名义从事民事活动，产生的民事责任由法人承担；也可以先以该分支机构管理的财产承担，不足以承担的，由法人承担。"根据以上规定和其他规范性文件的规定，分支机构的诉讼主体地位和法人机构的责任承担主体地位是完全可以分开的，且在分支机构不足以承担全部责任的情况下，可以通过执行程序来追加法人主体，请求其承担不足的责任。这是目前银行业的涉及诉讼和责任承担的现实情况。但是，申请人却以C银行E分行和C银行G分行不具有法人主体地位为由要求第二被申请人承担责任，三种法律关系混为一谈，适用法律错误。现就本案涉及的三个主体逐一分析如下：

（1）关于第二被申请人

如前所述，第二被申请人作为法人机构，从未与申请人的受托人A、第一被申请人签署过本案的《资产管理合同》，涉案合同对第二被申请人没有任何的法律拘束力。

即使签署了上述合同，《资产管理合同》的主要目的仍在于确定资产托管，以及因资产托管所产生的权利和义务。但是合同约定的资产托管机构是C银行G分行，与第二被申请人没有任何关系，C银行未参与任何资产托管行为，申请人要求第二被申请人承担责任，没有任何事实和法律依据。

（2）关于C银行E分行

申请人主张C银行E分行承担法律责任的理由是，F的行为是职务行为。但是，首先，从申请人提交的资料来看，申请人并没有任何证据能够证明，F在工作场所、工作时间向申请人或其代理人销售了诉争的理财产品，不能证明职务行为的存在。正如申请人在庭审过程中提及的“飞单事件”，但任何一个“飞单事件”的当事人均是其个人行为，而非职务行为。从F提供的《情况说明》来看，其销售给申请人产品是一种个人行为，都是相关机构找到F本人，而非相关机构与C银行E分行确定相关合同条款后由F进行销售，故不存在任何职务行为的适用余地。

其次，尽管F是C银行E分行的职工，但是，C银行E分行从未授权F销售过案涉《资产管理合同》项下的投资产品，亦未参与合同的具体履行或收取申请人的投资款。因此，F的行为纯属个人行为，与C银行E分行无关，与第二被申请人更无任何关系。

最后，申请人作为一次性投资人民币约230万元的客户，根据F出具的《情况说明》，申请人具有频繁的投资经历，其投资经验和风险防范意识完全不同于小额投资者，更完全不同于一般的老百姓。但是，在购买诉争的理财产品时，一方面通过自己的受托人A来购买，非其本人亲自购买；另一方面将合同拿给A签字，而在一旦签字则合同项下的权利和义务都将由申请人自行承担的情况下，受托人A在签字时未对合同的条款进行任何形式的审查。显然，申请人作为一个大额投资者，没有尽到应尽的安全注意义务，其明显存在过错，不存在申请人所说的表见代理的任何余地。

因此，申请人以上述理由主张C银行E分行应当承担责任，继而以C银行E分行无法人资格要求第二被申请人承担连带责任，没有任何事实和法律依据。

(3) 关于C银行G分行

首先，鉴于第一被申请人的银行账户开设在C银行G分行，在合同尚未生效且在C银行G分行没有取得交易清算的授权和投资指令的情况下，无法实施任何资产托管行为，故根本无从认定是否存在过错，是否应当承担赔偿责任的问题。

其次，第一被申请人在C银行G分行营业部确实开立过银行账户，但从未签署过任何账户资金监管或托管类的协议或合同，C银行G分行从未对第一被申请人开立的上述账户进行过监管和托管，不应承担任何托管义务，更不可能对申请人仲裁申请所涉及的侵权责任承担任何赔偿责任。

最后，就申请人的起诉要求承担连带赔偿责任而言，其依据的是《资产管理合同》的条款。

申请人适用法律严重错误：

(1)《资产管理合同》尚未生效，不存在根据合同约定适用违约责任的前提；根据法律的相关规定，至多仅适用缔约过失责任。

(2) 本案中，申请人没有提供任何证据证明C银行G分行实施了侵权行为，尤其是与第一被申请人共同实施了侵权行为，不具备侵权的四个基本构成要件。而对应的是涉案合同条款，但在C银行G分行没有亦无法实施任何托管行为的情况下，该侵权行为发生的前提都不具备。

因此，对于C银行G分行而言，尽管其作为账户开立银行，但由于与第一被申请人没有任何的托管业务约定，无法实施资产托管，不存在违约和侵权的前提，故不应当承担任何的赔偿责任。

5. 关于F行为的认定。

关于F的行为，通过法庭调查和法庭辩论，在两被申请人均没有参与的情况下，其通过合同诈骗申请人的资金，其行为显然涉嫌合同诈骗罪，应依法追究相关责任人的刑事责任。

二、仲裁庭意见

(一) 关于涉案合同的真实性

涉案《资产管理合同》，由作为资产委托人的案外人A、作为资产管理人的第一被申请人，以及作为资产托管人的第二被申请人于2014年12月签署。涉案合同打印成册，装帧正规，不计封皮、封底，条款非常齐备。

真实存在的合同是确定各方权利义务和法律责任的基础，因此，确认涉案合同是否真实存在十分必要。本案中，第一被申请人和第二被申请人都对加盖在涉案合同上的各自印章的真实性提出质疑，因此有必要分别进行讨论。

1. 关于第一被申请人印章的真实性

第一被申请人辩称加盖在涉案合同上的印章是伪造的。第一被申请人在庭前即主张对该印章进行鉴定，在第一次开庭时提供了可供对比的章样，又在庭后支付了鉴定费用。

仲裁庭根据第一被申请人的申请，在征求了申请人与第一被申请人意见的基础上（仲裁庭注：在处理这个问题时，第二被申请人没有发表意见，也没有参加第一次庭审），仲裁庭委托鉴定中心对加盖在涉案合同上的第一被申请人的印章的真实性进行了鉴定。两名参加了鉴定过程的鉴定人员参加了第二次庭审。

鉴定结果表明，加盖在涉案合同上的第一被申请人的印章，与第一被申请人在第一次庭审时留下的“章样”，以及存档于G市市场监督委的第一被申请人的部分工商文件所载印章印文是一致的。但值得注意的是，鉴定结果还显示，存档于G市市场监督管理局信息中心的第一被申请人的部分工商文件所载印章印文却与前述印章的印文并不一致。

面对第一被申请人两枚不同的印章，限于所见资料的局限性以及与争议问题的关联性，仲裁庭不能也没有必要核实第一被申请人对两枚公司印章的实际使用情况和上缴销毁情况。基于鉴定中心做出的鉴定结果，仲裁庭认为，既然这枚加盖于涉案合同的印章，与第一被申请人在此之前工商存档的印章，以及第一被申请人在第一次开庭时留下的章样完全一致，那么就足以认定，第一被申请人一直在各种实际经营活动中使用这枚印章，特别是，这枚印章在各方签署涉案合同之日，属于第一被申请人。如此，第一被申请人所谓不曾在合法活动中使用这枚印章，以及不知这枚印章来自何处的辩论意见不能被仲裁庭采信。第一被申请人就应当承担因为在涉案合同上加盖其印章而产生的相关责任。

2. 关于第二被申请人印章的真实性

第二被申请人在《答辩状》中辩称涉案合同上的“C银行的印文并非C银行的印章所加盖”。意思是说，加盖在涉案合同上的第二被申请人的印章也是伪造的。可是第二被申请人一方面主张“如确实需要鉴定，C银行可以配合仲裁庭依法申请对印章的真伪进行鉴定”；另一方面又主张因为涉案合同尚未生效，为“降低各方当事人的经济和时间负担，减少仲裁庭不必要的工作负担”，无需对涉案合同所加盖的第二被申请人的印章进行鉴定。可是在第二次庭审之后，第二被申请人又提出《鉴定申请书》，申请对加盖在涉案合同上第二被申请人的公章进行鉴定。

鉴于第二被申请人，第一，没有在仲裁程序的适当阶段及时提出相关主张，特别是缺席了第一次庭审；第二，在《答辩状》中对印章鉴定的表态模棱两可、闪烁其词；第三，在两次庭审之后才正式提出鉴定申请，但是在提出印章鉴定申请的同时并没有提供对比章样；第四，没有提出有说服力的理由及证据以证明进行印章鉴定的必要性，仲裁庭因此认为，同意其请求会不恰当地、过分地延长仲裁程序，故此，仲裁庭不同意第二被申请人提出的对第二被申请人加盖在涉案合同上的印章进行真伪鉴定的请求。在无相反证据的情况下，仲裁庭没有理由怀疑加盖在涉案合同上的第二被申请人的印章是伪造的。

3. 小结

基于本案的证据材料，特别是鉴定中心所作的鉴定结论，以及上述分析，仲裁庭认为，加盖在涉案合同上的第一被申请人和第二被申请人的印章都是真实的。在排除了当事人对合同真实性的质疑之后，仲裁庭进一步认定，涉案合同真实存在。

（二）关于涉案合同的效力

申请人主张涉案合同已经成立但是尚未生效，主要理由是该合同没有按照涉案合同的相关约定向中国证监会备案。对于涉案合同的效力，第一被申请人并未发表清晰的意见，只是说，如果加盖在涉案合同上的第一被申请人的印章被鉴定为真实，则认可涉案合同的约定。第二被申请人则认为涉案合同并未成立，更未生效。理由是涉案合同没有经过公司法定代表人或授权代表签字，而代表第二被申请人签字的F从未获得相关授权，因此F的签字对第二被申请人没有约束力。关于F的行为是否对第二被申请人具有约束力这个问题，仲裁庭将在后文进行讨论。仲裁庭首先需要对涉案合同的效力进行审查。

仲裁庭注意到，涉案合同所涉交易，从字面上看，是第一被申请人发行一个面向多个特定客户的理财计划，名为“H资产管理计划”，并同时担任该理财计划的资产管理人，而第二被申请人则作为该理财计划的托管人。涉案合同约定了该理财计划的初始募集资金、最终规模、销售期以及投资者收益。从字面上看，涉案合同的核心内容是委托理财，即委托人将一定的资金交付给管理人和受托人进行投资管理，并且获得回报的法律关系。

仲裁庭还同时注意到以下事实：

第一，没有证据显示，在涉案合同之外，作为资产管理人的第一被申请人采取了任何其他积极措施，以使所谓的“H 资产管理计划”初始募集资金达到涉案合同约定的基本水平。

第二，没有证据表明，第一被申请人曾经依据涉案合同约定，向中国证监会办理备案或者试图办理备案。

第三，涉案合同约定，第一被申请人收取顾问费的银行账户为：C 银行 G 分行营业部。第一被申请人确实通过这个账号接收了案外人 A 的人民币约 230 万元理财款。但是，《基金管理公司特定客户资产管理业务试点办法》第 21 条明确规定“资产管理人应当将资产管理计划初始销售期间客户的资金存入专门账户”，《证券投资基金法》第 5 条也规定“基金财产独立于基金管理人、基金托管人的固有财产。基金管理人、基金托管人不得将基金财产归入其固有财产”。同时，涉案合同第 12 条“资产管理计划财产相关账户的开立和管理”也明确约定“资产托管人按照规定开立资产管理计划财产的专用银行资金账户”。总之，将委托人的资金存入独立于资产管理人的账户是这个领域必须遵守的制度，也是所有从业者明知或者应当知晓的基本制度。第一被申请人以自己的账户收取理财款的做法明显违法违约。

第四，特别需要注意的是，第一被申请人于 2014 年 12 月收到人民币约 230 万元理财款项，在案外人 A 不知情的情况下，当天就将这笔款项全部转走。这种做法显然有违《基金管理公司特定客户资产管理业务试点办法》第 21 条所规定的“在资产管理计划初始销售行为结束前，任何机构和个人不得动用。”同时，也违反了涉案合同约定，呈现出典型的“飞单”特征。

第五，第一被申请人声称该账号属于“久悬”账号，自己对理财款项的转出并不知情。在没有任何证据佐证的情况下，第一被申请人的答辩实在有悖常理。须知，既然这个账号能被写入涉案合同，能够用于接收理财款项，就说明第一被申请人对此账号拥有绝对的控制权，这个账号也是一个正常使用的账号。因此，第一被申请人的这个答辩意见不能令仲裁庭接受。

第六，作为托管人，第二被申请人并未恪尽职守，履行其作为托管人的职责，这不仅表现在第二被申请人没有有效管理其公章和员工，尤其是在第一被申请人转移款项的时候，第二被申请人既未阻止，也未在事后向投资人和监管部门及时通报，完全无视《基金管理公司特定客户资产管理业务试点办法》第36条的规定，即“资产托管人发现资产管理人的投资指令违反法律、行政法规和其他有关规定，或者违反资产管理合同约定的，应当拒绝执行，立即通知资产管理人和资产委托人并及时报告中国证监会”。

综合这些因素，仲裁庭认为，第一被申请人在客观上并未针对涉案理财计划向中国证监会办理备案手续；而鉴于本案的具体情况，其在主观上是否有办理备案的意图也十分可疑。如果两被申请人真的具有实施涉案合同的意图，则不应违规地令委托人将其理财款打入第一被申请人的非独立账号，更不应在理财款入账的当天，在不通知委托人的情形下将全部款项转走。

仲裁庭因此认为，既然涉案合同没有依照合同的约定向中国证监会备案，就意味着合同生效所依赖的前提条件尚未成就。如此，根据《合同法》第45条第1款，以及涉案合同第2条、第6条的约定，应当认定涉案合同尚未生效。仲裁庭进一步认为，基于本案的实际情况，特别是申请人的理财款已经被转移，“H资产管理计划”已经不可能继续建立，以及两被申请人在执行涉案合同过程中所体现的主观态度，已经不存在能令涉案合同生效的基础了。

（三）关于申请人是否适格

尽管不是涉案合同的签约方，但是申请人坚持认为自己是适格的仲裁主体。申请人主张，案外人A是自己的代理人，自己才是真实的投资人，而且，自己一直在与F进行交流，A只是受托签署了涉案合同，对此，F是明知的。第一被申请人不同意申请人的观点，认为既然理财款项出自案外人A的银行卡，那么A就应当被认作理财投资的委托人。第二被申请人没有就这个问题发表明确观点。

代理关系的基本特点是，代理人以被代理人名义实施民事法律行为，其行为后果对被代理人发生效力。本案中，全部理财款皆源自申请人；所涉交易系由申请人与F协商确定；A签署涉案合同以及支付理财款的行为完全是在申请人的授意下完成的，而且在所涉交易中并无独立利益。A曾经在2018年3月20日签署了两份文件，一份是在E市公证处公证人员面前签署的《事实说明》，E市公证处还为此出具了《公证书》；另一份是一个《声明》。两个文件的内容很相似。而且，A出席了第二次庭审，重申了她在两份文件中的描述的内容，特别是“本人承诺放弃因签订前述合同以及汇款行为而产生的可以向B公司、C

银行主张返还、赔偿等一切相关的法律权利”以及“涉及该合同及该案的一切法律权利由我的委托人D（仲裁庭注：申请人）独立行使”。由此可见，A明知其在签署涉案合同时，就是代申请人行事。仲裁庭因此认定，在申请人与A之间存在委托代理关系，A是代理人，申请人是委托人。

《合同法》第402条规定：“受托人以自己的名义，在委托人的授权范围内与第三人订立的合同，第三人在订立合同时知道受托人与委托人之间的代理关系的，该合同直接约束委托人和第三人，但有确切证据证明该合同只约束受托人和第三人的除外。”本案中，一如前面的分析，全部理财款项源自申请人；涉案交易的协商与执行，都是在申请人的直接主导下完成；直至产生纠纷，也是由申请人直接处理；作为第二被申请人员工的F自始至终都明知A是申请人的代理人，同时，第一被申请人也通过F办理相关业务，因此，凡是F所获消息亦应为第一被申请人所知晓。故此，仲裁庭认为涉案合同应直接约束申请人及两名被申请人。

仲裁庭进一步认为，《合同法》第402条所赋予委托人的权利义务一旦成立，既包含实体上的利益，也包含程序上的利益。作为委托人的申请人既可以在实体上根据涉案合同和相关法律法规向两名被申请人主张民事权利，亦可根据涉案合同所含仲裁协议向两名被申请人提起仲裁申请。故此，申请人针对两名被申请人向贸仲提起仲裁并无不当。

在国际仲裁中，无论是在大陆法系国家还是在英美法系国家，通过代理关系将没有签署仲裁协议的委托人纳入仲裁程序的做法十分普遍。有国际著名仲裁权威将“代理关系”称为将仲裁协议扩张至未签约方“最简单、最少争议”的理论基础。而该理论的核心与《合同法》第402条的规定如出一辙，一则强调代理关系确实存在，二则在一定程度上要求第三人知道代理关系的存在。这也正是本案的情形，特别是在A已经明确表示放弃相关诉权和实体受偿权的情形下，申请人自当有资格提起仲裁。

（四）关于两被申请人的法律责任

一如前面分析的那样，造成涉案合同尚未生效的重要原因在于第一被申请人没有向中国证监会报备涉案理财计划并且实施了一系列违约违法的行为。而第二被申请人是否应当承担责任仍然需要分析和讨论。第二被申请人认为自己无需承担责任，理由是：第一，F没有获得必要授权，涉案合同没有成立更未生效；第二，本案涉及加盖了其公章的第二被申请人、F所在的C银行E分行，以及第一被申请人的开户行C银行G分行，但是，第二被申请人因为没有参与合同签订及履行，所以不应承担法律责任。

1. 关于第二被申请人是否应为F的行为承担法律责任

各方当事人均不否认，当各方签署涉案合同时，代表第二被申请人签字的F系第二被申请人E分行I支行的理财经理，而且，在此之前，F已经与申请人通过推荐和办理相关业务而相识。

仲裁庭认为，F作为第二被申请人E分行I支行的理财经理，其职责就是向包括申请人在内的客户介绍各种理财产品，第二被申请人（包括其分支机构）也通过销售、托管理财产品而获取报酬。仲裁庭认为，在没有足够证据的情况下，不应认定第二被申请人曾经授意F签署涉案合同，诱使申请人购买所谓的“H资产管理计划”。但是，即使F未获第二被申请人授权签署涉案合同，由于第一，F的行为与其职务很匹配，以及第二，在中国，普通投资人对银行抱有很强信任度，银行托管金融理财产品也十分普遍，因此，可以理解，申请人会对F的介绍产生依赖，并认为其拥有必要的授权。《合同法》第49条规定：“行为人没有代理权、超越代理权或者代理权终止后以被代理人名义订立合同，相对人有理由相信行为人有代理权的，该代理行为有效。”仲裁庭因此认为，F的行为构成了表见代理，其行为造成的后果应由第二被申请人承担。

2. 关于第二被申请人及两个分支机构在本案中的角色

对于银行总行及分行的诉讼主体地位以及如何承担民事责任，中国人民银行早在1995年就通过银条法〔1995〕37号文作出过澄清。本案中，代表第二被申请人签署涉案合同的F系第二被申请人E分行的员工，而扮演托管人角色的系第二被申请人G分行，这其实是给申请人选择诉讼对象增加了选项，至于选择谁作为被申请人，则完全是申请人的权利。简而言之，仅仅涉案合同所加盖的是第二被申请人自己的印章这一个事实，以及因此产生的权利义务相对性，就足以令第二被申请人成为仲裁对象并承担责任。因此，申请人将第二被申请人列为本案的被申请人并无不当。

3. 关于两被申请人是否要承担连带赔偿责任

《民法通则》第130条规定：“二人以上共同侵权造成他人损害的，应当承担连带责任。”《侵权责任法》第8条也有完全相同的规定。仲裁庭认为，本案中，申请人之所以遭受财产损失，一方面是因为第一被申请人的一系列违约违法行为，而另一方面，F也在其中扮演了重要角色。没有F，申请人不会接触到并且投资涉案的理财计划；没有F，申请人的理财款也不会在入账的当天就被第一被申请人转走。而第二被申请人应为F的行为负责。故此，两被申请人应当为申请人遭受的损失承担连带赔偿责任。

（五）关于申请人的仲裁请求

申请人有三项仲裁请求，现分别讨论：

1. 关于申请人的第一项仲裁请求

申请人请求确认涉案合同未生效。基于前面的分析，根据《合同法》第45条第1款，以及涉案合同的约定，仲裁庭支持申请人的主张，认定涉案合同未生效。

2. 关于申请人的第二项仲裁请求

申请人请求两被申请人连带返还人民币约230万元的理财款，并支付自2014年12月起至实际返还完毕之日的利息。

根据涉案合同的约定，在涉案合同因故未生效的情形下，应将委托人已缴理财款返还给委托人，并加计银行同期活期存款利息。本案中，涉案合同虽然尚未生效，但是，仲裁庭认为上述约定是各方真实意思表示，而且并不违法，因此，可以作为裁决的依据。

基于前面的分析和讨论，在涉案合同已经难以继续履行的情形下，仲裁庭认为申请人要求两名被申请人连带返还人民币约230万元理财款的请求应当获得支持。又因为转款时间为2014年12月，所以，两名被申请人也应针对人民币约230万元理财款连带地支付从该日起发生的利息。

3. 关于申请人的第三项仲裁请求

申请人请求两名被申请人承担申请人因仲裁而支付的律师费、差旅费和仲裁费等合理必要费用。根据《仲裁规则》第52条的规定，鉴于第一，造成本案的原因主要在于第一被申请人与F共同侵害了申请人的财产权益，而第二被申请人应为F的行为承担责任；第二，本案举行了两次庭审、各方提交了多轮意见的事实，仲裁庭认可申请人提出的这项仲裁请求，两被申请人应连带赔偿申请人律师费、差旅费；以及第三，难以区别第一被申请人与第二被申请人在整个案件中过错程度的大小，因此，仲裁庭认为两被申请人应各自承担50%的仲裁费。

对于本案第一被申请人申请鉴定所产生的鉴定相关费用，由第一被申请人自行承担。

三、裁决结果

综上，仲裁庭裁决如下：

1. 确认申请人委托 A 与两被申请人签订的《资产管理合同》未生效。

2. 两被申请人连带地向申请人返还理财款人民币约 230 万元。

3. 两被申请人连带地向申请人支付与人民币约 230 万元理财款相关的利息。

4. 两被申请人连带地向申请人支付律师费和差旅费。

5. 驳回申请人的其他仲裁请求。

6. 本案仲裁费用由两被申请人各自承担 50%。鉴于本案仲裁费用已由申请人全额预缴，故，两被申请人应各自向申请人支付相应费用以补偿申请人代其垫付的仲裁费。

上述第二项、第三项、第四项、第六项裁决事项所确定的应付款项，两被申请人应在本裁决作出之日起 10 个工作日内支付完毕。

本裁决为终局裁决，自作出之日起生效。

第二部分：案例评析

【关键词】

交易的合法性；商业银行的连带责任；主体适格

【焦点问题】

商业银行作为托管人在资金管理业务中的连带责任

【焦点评析】

案涉资产管理合同订立于 2014 年 12 月，仲裁程序启动于 2017 年 8 月，而由中国人民银行、中国银行保险监督管理委员会、中国证券监督管理委员会、国家外汇管理局联合制定的《关于规范金融机构资产管理业务的指导意见》（以下简称《资管新规》）直到 2018 年 4 月 27 日才颁布，《商业银行理财业务监督管理办法》（以下简称《理财业务管理办法》）则要在更晚一些的 2018 年 9 月 26 日才公布实施。这在一定程度上意味着，在各方进行相关业务时，资产管理的配套法律尚不健全。特别是，2008年美国次贷危机以来，我国金融业报警连连，“钱荒”“股灾”“汇灾”“债灾”接踵而来，各种形式的金融骗局更是令人触目惊心，已经到了影响人民日常生活和社会稳定的程度。中央政府随即采取一系列果断措施严厉打击金融犯罪，基本遏制了这股势头。本案就是在这样的背景下发生的。

本案涉及三名当事人：作为投资人的申请人，是一名自然人（以下简称投资人）；作为资金管理人的第一被申请人，系一家位于深圳的普通咨询公司（以下简称咨询公司），以及作为资金托管人的第二被申请人，一家总部位于深圳的知名商业银行（以下简称银行）。投资人是银行某支行的常年客户。2014年底，正当投资人在该支行办理日常业务时，该支行的一位理财经理F向投资人推荐了咨询公司管理的一个理财计划。这个理财计划最令投资人感兴趣的部分是：其一，预期年化收益率为13%，是当时定期存款利率的好几倍，而且是半年兑现；其二，由银行本身而非银行的分行或者支行，作为“托管人”直接监督理财资金的运作；其三，资产管理合同要在资金池建立以后，特别是要待该合同在证监会备案后方才生效。条件如此优厚，资产的安全性又有知名银行本身和证监会的双重保险，投资人就通过她的朋友A（关于这个问题，后面会专门讨论）与咨询公司和银行签署了案涉资产管理合同。两日后，投资人通过她的朋友A向咨询公司指定的账户转入了230万元。半年之后，投资人不仅没有获得投资回报，就连本金也不知去向。之后查明，这笔款项在进入指定账号的当天就被转移而且去向不明。又查明，投资人曾经为追回款项而向支行所在地警方报警，但是银行相关支行报告说A已离职，不知去向，因此这个报警也就不了了之。也就是说，通过刑事程序弥补投资人损失的希望很渺茫。

现结合该案案情及各方争议焦点，评述如下：

（一）一起可疑的交易

眼见案涉合同条款完备、措辞严谨，加之打印成册，装帧正规，特别是还加盖了银行的印章，不要说投资人，就是仲裁庭也不会立即对整个交易的合法性和真实性产生怀疑。但是，在金融业乱象丛生，国家正在酝酿严厉打击非法集资、管道融资等现象的背景下，仲裁庭在审理案件时的确非常谨慎。特别是，有如下事实进入了仲裁庭的审查视野：

第一，案涉合同并未在证监会备案，也没有迹象表明银行曾经试图办理备案。也就是说，投资人最为依赖的中央政府背书根本就是子虚乌有。

第二，即使《资管新规》和《理财业务管理办法》在各方签订案涉合同时尚未出台，但是，基于当时可供参考的《证券投资基金法》《证券公司客户资产管理业务管理办法》《信托公司集合资金信托计划管理办法》《基金管理公司特定客户资产管理业务试点办法》等法律法规和行业规章，理财资金应当进入资产管理人单独设立的账号早已是资产管理制度的基石。而且案涉合同也明确约定理财资金应与资产管理人的财产相互独立，并且“分别管理、分别记账”。但是，在本案中，投资人的全部投资都汇入了咨询公司的“顾问费账户”，也就是咨询公司自己的经营账户。如此，资产管理的基石不复存在。

第三，根据案涉合同，本来是要凑够3000万元的资金池作为集合资金，可是，没有证据表明这个资金池真实存在。

第四，特别是，就在230万元理财资金进入咨询公司账号的当天，全部理财资金就在银行的“托管监控下”，在投资人毫不知情的情况下，在资金池尚未建立的情况下，在案涉合同没有在证监会备案的情况下，被转移走了，而且去向不明。这种明显而且严重的违法违规行为是非常大胆的。

第五，可是到了仲裁庭查明事实真相的时候，银行职员B失踪了；而且银行对整个理财产品、签约过程和资金去向等都是一问三不知。甚至，咨询公司和银行都声称加盖在案涉合同上的印章是伪造的。

再联想到当年业内轰动一时的银行员工与行外不法人员里外勾结、骗取投资人钱财的“飞单”事件，仲裁庭有理由认为，案涉交易的合法性和真实性极度可疑，大概率是一起“你图人家利息、人家图你本金”的故意构陷。因此，仲裁庭应当以此作为基础来审视各方的诉求和抗辩，而不应拘泥于普通商事合同违约中常见的立场。

这里需要解决一个技术问题，就是申请人主张合同未生效，而在仲裁庭看来，无论是咨询公司还是银行都很可能从一开始就不打算执行这份合同，案涉合同不过是一个道具而已，因此，这根本就是一份无效合同。但是，鉴于缺乏足够的证据（仲裁庭显然不具有人民法院那样的调查权和执行权，尤其是面对这样一件可能涉及刑事的案件，更是感觉不可能做到证据效力达到排除一切合理怀疑的高度），在咨询过仲裁院的意见之后，仲裁庭还是依据《合同法》第45条，以及案涉合同约定案涉合同应在证监会备案之后方才生效的约定。在仲裁庭看来，如果合同“未生效”能够导致与“无效”合同相同的结果，而且更容易为社会各界所接受，那么，还是从解决问题的角度出发，才对当事人和仲裁事业更为有利。事实上，从裁决结果看，仲裁庭认可了投资人提出的几乎全部仲裁请求。

（二）商业银行是否应当承担连带责任

裁决咨询公司承担赔偿责任毋庸置疑。咨询公司曾以“伪造公章”为由提出抗辩。于是就进行了公章鉴定，结果发现咨询公司在相关的同一时间段，至少使用了两枚“公章”，而且咨询公司也说不清其中的缘由。这个鉴定结果进一步增强了仲裁庭对于交易性质的认定。在撰写这篇分析的时候，又发现这家咨询公司已于2020年6月注销了。

问题在于是否裁决银行承担连带责任。资产管理业务中，管理人与托管人并存的现象由来已久。“基金管理人”和“基金托管人”的概念早在2003年的《证券投资基金法》中就已经确立了。按照2013年版《商业银行资产托管业务指引》的说法，通过商业银行对理财资金进行“托管”的目的是“解决委托—代理关系导致的时间和空间上的信息不对称问题”。但是，二者之前的关系一直到现在也还是扑朔迷离，就是2019年《全国法院民商事审判工作会议纪要》（即《九民纪要》）也还没有说清楚。如此，还是要基于《信托法》中“受托人”的基本概念，结合托管资产的具体内容，以及管理人与托管人之间的协议，来确定托管人是否必然承担连带责任。

正如此前分析和讨论的那样，仲裁庭并不认为案涉交易是一个正常的资产托管交易，而银行在本案中所扮演的角色，与其说是协助投资人解决“信息不对称”的问题，更不如说是给咨询公司做幌子、打掩护，完全没有尽到《证券公司客户资产管理业务管理办法》《基金管理公司特定客户资产管理业务试点办法》《商业银行理财业务监督管理办法》等各种规章制度中的“恪尽职守”“诚实信用”“谨慎勤勉”义务。① 如果银行对于资金的安全性起到一点点监督和保管作用，则这笔资金也不会在汇入指定账号的当日就被转移而且不知去向。仅此一点就足以令银行难辞其咎。更何况，银行显然知道或者应当知道案涉合同并未在证监会备案、案涉合同所约定的资金池尚未建立，以及理财资金并未进入管

① 《基金管理公司特定客户资产管理业务试点办法》《证券公司客户资产管理业务管理办法》已失效，取而代之的是《证券期货经营机构私募资产管理业务管理办法》（中国证券监督管理委员会第151号令，2018年10月22日发布），其中第3条规定：“证券期货经营机构从事私募资产管理业务，应当遵循自愿、公平、诚实信用和客户利益至上原则，恪尽职守，谨慎勤勉，维护投资者合法权益，服务实体经济，不得损害国家利益、社会公共利益和他人合法权益。”

理单独设立的账户。所以，仲裁庭毫不犹豫地认定银行应当承担连带责任。

在仲裁过程中，银行缺席了第一次庭审，之后提出加盖在案涉合同上的印章是伪造的，但是既未提供对比章样，也未提出相反的证据，因此也就没有进行印章鉴定。除了印章问题，仲裁庭在裁决里还特别提及银行职员 B 在签约过程中的重要作用，因此增强了银行应当承担连带责任的事实基础。

（三）申请人是否为适格的仲裁主体

实际签署案涉合同的人士系投资人的好朋友 A。但是，仲裁程序是由投资人提起。对于仲裁庭而言，投资人的适格问题很棘手。

一方面，可以确认的事实是：投资人是银行的老客户、银行员工 F 一直是在联系投资人、全部理财资金均来自投资人、咨询公司和银行都明知投资人与 A 的关系，而且向银行和咨询公司追索资产的也是投资人本人；但是，另一方面，银行业务，包括资产管理，一贯奉行实名制；而且在我国司法和仲裁实践中，将没有签订仲裁协议的一方纳入仲裁程序，除非有明确的法律规定，否则是一个风险很高的尝试。

本案中，还是从案涉交易的合法性和真实性出发，尤其是考虑到投资人恐怕难以通过刑事程序获得补偿，面对此等明显的构陷，仲裁庭决定进行一次冒险。第一步，借助于《合同法》第 402 条的规定[①]，基于 A 是投资人的（隐名）代理人，而且是咨询公司和银行都明知的事实，确认投资人具有实体权利；以及第二步，通过国际上通行的“代理关系”理论，在 A 明确表示放弃受偿权的前提下，将这种实体权利扩展到程序权利，认定投资人可以依据案涉合同中的仲裁协议提起仲裁程序。当然，需要强调的是，作出这种决定的前提是在仲裁庭看来案涉交易绝非正常的资产管理，而且如果不在本程序中解决这个问题，投资人可能会面临投诉无门的境地。这里需要感谢仲裁院的支持。事实上，对于仲裁庭这个心里有些忐忑的尝试，仲裁院并未提出异议！

结语

回顾本案审理过程和裁决制作过程，经历了两次开庭（第一次银行缺席了）、一次鉴定，加之实体上需要解决银行是否需要承担连带责任的问题，程序上需要解决投资人的适格问题，而且，还要兼顾刑事考量，所以，本案持续了

---

① 对应《民法典》第 925 条。

一年多的时间。如果有一些心得，归纳起来可以有三点：其一，一定要在时代背景下，在了解行业政策和实操的基础上理解合同约定和实际履行。如果没有大局观，则对于法律规定及合同约定的理解，对于当事人争议的理解往往机械和偏颇。其二，公正永远是法律追求的终极目标，特别是在法律存在空白、交易处于灰色地带、各方均有过错的情况下，对于诸多利益的平衡往往需要回归裁判者的社会经验、常识，甚至是一种“直觉”，一种在职业上经过千锤百炼锻就而成的“条件反射”。其三，勇气是一种仲裁员必备的品格。一份裁决发出后，可能一方满意，一方不满意；可能双方都不满意；甚至可能其他仲裁员也不满意，但是，以法律的名义、以公正的名义、以善的名义，勇敢地、艺术地完成每一份裁决是社会对仲裁庭的期许。正如西塞罗所言：“法律是公正与善良的艺术。”

（本文责任编委：卢雅函①）

① 卢雅函，中国国际经济贸易仲裁委员会网上争议解决中心副秘书长。